COURS D'ÉTUDE

POUR L'INSTRUCTION

DU PRINCE DE PARME

COURS D'ÉTUDE

POUR L'INSTRUCTION

DU PRINCE DE PARME,

AUJOURD'HUI

S. A. R. L'INFANT

D. FERDINAND,

DUC DE PARME, PLAISANCE, GUASTALLE,
&c. &c. &c.

Par M. l'Abbé de CONDILLAC, *de l'Académie fran-*
çoise & de celles de Berlin, de Parme & de Lyon ;
ancien Précepteur de S. A. R.

TOME QUINZIEME.

INTRODUC. A L'ÉTUDE DE L'HISTOIRE MODERNE

A PARME,
DE L'IMPRIMERIE ROYALE

M. DCC. LXXV.

TABLE
DES MATIERES.

Pag. 1.

*Charles XII donne de la confiance à la Suede
alarmée. Il tourne ses armes contre le Danemarck. Il force Frédéric IV à la paix. Il marche contre le czar qui ravageoit l'Ingrie. Déroute entiere des Russes, qui assiégeoient Narva.
L'épouvante des Russes assuroit de nouveaux succès à Charles, s'il n'eût pas donné au czar le
temps de les rassurer. Mais voulant humilier son
troisieme ennemi, il marche contre les Saxons
qu'il défait: il soumet la Courlande & la Lithuanie. Le gouvernement de Pologne est une anar-*

Tom. XV.   a 3

CHAPITRE II.

Dn midi de l'Europe depuis 1702 jufqu'en 1710.

a 4

niſtere de Londres. *Plus la France cédoit, plus la Hollande demandoit, & la négociation n'avançoit point. D'ailleurs la Hollande ne s'engageoit point, & vouloit que la France s'engageât. Elle refuſe de traiter ſéparément quoiqu'on lui accorde tout ce qu'elle demande pour elle. Elle ſouffre beaucoup de la guerre: mais elle ſe flatte d'achever la ruine de la France. Etat de la France, & ſituation de Louis d'après Mr. de Torci. Louis ſe réſout à faire de nouveaux ſacrifices. Torci ſon principal miniſtre, part pour la Haye. Le roi vouloit prouver à l'Europe & à la France combien il déſiroit ſincérement la paix. Torci a des conférences avec Heinſius, & la négociation ſouffre de nouvelles difficultés. A l'arrivée de Marlborough les conférences recommencent. Louis ſatisfait l'Angleterre & la Hollande ſur toutes leurs demandes; & renonce pour ſon petit-fils à toute la monarchie d'Eſpagne. Il offre de retirer les troupes qu'il avoit données à Philippe V. On veut qu'il ſoit garant que cette monarchie ſera dans deux mois livrée tout entiere à la maiſon d'Autriche. On veut qu'il donne des places en ôtage. Torci remet à Heinſius un écrit, contenant les offres du roi. Heinſius y répond. Il eſt prouvé qu'on met la paix à des conditions, qui ne ſont pas au pouvoir de Louis. L'Angleterre & la Hollande ſe plaignent qu'on laiſſe échapper la paix. Les François ſont prêts à tout ſacrifier pour ſoutenir le roi dans cette guerre. Ils ſont défaits à*

Malplaquet : mais la victoire coûte cher aux en-
nemis. Louis se soumet à toutes les conditions
qu'on lui impose, & demande seulement qu'on
trouve quelque tempérament à la garantie qu'on
exige de lui. Philippe V ne recevoit plus de se-
cours de la France, & se défendoit avec ses seu-
les forces. Voyant le peu de concert de ses en-
nemis, & l'attachement de ses sujets, il étoit ré-
solu à ne pas céder sa couronne. Cependant on
ne conféroit que de loin avec les plénipotentiai-
res françois, qu'on tenoit comme enfermés à
Gertruidenberg. On demande que Louis arme
contre son petit-fils. Encore se réserve-t-on des
demandes ultérieures qu'on n'explique pas. On
offre en dédommagement la Sicile à Philippe
V. Louis consent à tout, pourvu qu'on ne le
force pas à armer contre son petit-fils. Mais
on veut qu'il se charge lui seul de le détrôner.
Plus Louis est humilié, plus il trouve de ressour-
ces. Cependant la campagne de 1710 parut
les lui ôter toutes & à lui & à son petit-fils.

CHAPITRE III.

De la campagne de Pultawa avec ses suites,
& de celle du Pruth.

Pag. 58.

L'Europe étonnée (observoit Charles XII

cès en même temps. Elles tombent toutes deux :
mais la Suede est sans ressources. La chûte de
la Suede cause une diversion en faveur de la
France. Moyen qu'on imagina pour empêcher
l'effet de cette diversion. Il ne pouvoit réussir.
Charles XII tente d'armer la Porte contre la
Russie. Le kan des Tartares de Crimée sollici-
te aussi la Porte à prendre les armes, & la guerre est résolue. Le czar qui veut prévenir ses ennemis, s'avance sur le Niester. Il comptoit sur
les vaivodes de Moldavie & de Valachie dont il
ne retire aucun secours. Il hâte sa marche pour
dégager son avantgarde, qui campoit sur le
Pruth. Il ne peut plus ni se retirer ni combattre qu'avec désavantage. Hauteur déplacée de
Charles XII. Cruelle situation du czar. Le czar
avoit épousé Catherine. Ce mariage étoit contraire aux usages des Russes. Les vertus de Catherine pouvoient faire taire les préjugés. Elle négocie avec les Turcs. La paix qu'elle obtient, sauve l'armée. Pendant que Catherine
le devance à Pétersbourg, il fait avec Auguste
une alliance défensive contre les Turcs. Il déclare plus solemnellement son mariage avec Catherine. Il songe à mettre la derniere main à
ses grands desseins.

LIVRE DIX-NEUVIEME.

CHAPITRE I.

De la pacification d'Utrecht.

Pag. 82.

*La grande alliance étoit menacée d'une dissolu-
tion entiere. Cependant Philippe pensoit à se retirer dans les Indes occidentales, lorsqu'il obtient
le duc de Vendôme. Ce général le rétablit sur
le trône. Si les confédérés eussent accepté les
offres de Louis XIV, Philippe n'eût pas recouvré sa couronne. Le dixieme sur les terres levé
sans murmures prouve les ressources, que Louis
trouvoit dans ses sujets. Une révolution qui se
préparoit en Angleterre, devoit rendre le calme
à l'Europe. Les Stuarts avoient été à la tête
de la faction des Torys. Les sectes comprises
sous le nom de Non-conformistes, formoient la
faction des Whigs. Guillaume III avoit mé-
nagé les Whigs, qui entroient dans ses vues,
& à qui il devoit la couronne. Marlborough
s'étoit attaché à eux, & ce parti s'étoit rendu
maître du gouvernement. Les Whigs oublierent l'objet de la grande alliance. Ils s'obsti-
nerent dans une guerre, qui ruinoit la nation.*

Ce que cette guerre coûta dans cinq ans à l'Angleterre. Fauße politique des puißances de l'Europe. Il importoit de caßer le parlement d'Angleterre, & de changer tout le miniftere. Intrigue de la Hill. Elle prend les conseils de Harlei. Sermon d'un torys. Il souleve le parlement, où les Whigs dominoient. La reine Anne voit que les Whigs font les ennemis de fon autorité. Comme elle vouloit caßer le parlement: la Hill lui conseille de donner fa confiance à Harlei. La reine change tout fon conseil; caße le parlement; & en convoque un nouveau. Cependant elle conserve le commandemen des armées à Marlborough, parce qu'elle n'ofe encore découvrir fes deßeins. Il importoit à la reine & aux nouveaux miniftres de rendre Marlborough inutile, & par conféquent de faire la paix. Ils font connoître leurs intentions à Louis XIV. Contents des propofitions, que le roi leur fait, ils font jaloux de refter maîtres de la négociation que la Hollande veut reprendre. Louis devoit fe refufer, & fe refufe aux offres des Hollandois. Prior lui apporte les propofitions de la reine Anne. Ménager paße à Londres pour y traiter les articles qui souffroient des difficultés. Sur ces entrefaites, Joseph étant mort, il n'étoit pas de l'intérêt des confédérés de donner l'Efpagne à l'archiduc, qui héritoit de tous les domaines de la maifon d'Autriche. Mais Marlborough & les Whigs s'opiniâtroient à vouloir

qu'il fait. *Plus le parti, qui veut la guerre, s'oppose à la paix, plus il importe au conseil de Londres de la hâter, même par des complaisances pour la France. Le nouveau parlement est pour la paix, malgré les oppositions de beaucoup de membres. Les plénipotentiaires françois se rendent à Utrecht. Eugene, sollicité par les Whigs, vient à Londres: mais il trouve Marlborough dépouillé de toutes ses charges, accusé & jugé coupable. Mort du duc de Bourgogne & du duc de Bretagne. On craint que la couronne d'Espagne & celle de France ne se réunissent sur la tête de Philippe V. Cette crainte retarde la négociation. Il falloit la dissiper. Dans cette vue le ministere de Londres demande que Philippe V renonce purement & simplement à la couronne de France. Réponse du ministere de France, qui s'imagine que la renonciation seroit nulle. Cette réponse, qui ne portoit que sur des mots, eût rendu la paix impossible. Le ministere anglois ne croit pas que la renonciation fût nulle. En attendant la réponse de Philippe, on leve les autres difficultés, qui s'opposoient à la paix. On propose à Philippe un échange qui retarde encore la négociation. Philippe donne une renonciation solemnelle à la couronne de France. Tout étoit d'acord entre la France & l'Angleterre, & la reine Anne avoit l'aveu de son parlement. Les troupes angloises se séparent du prince Eu-*

CHAPITRE II.

De l'Europe depuis le traité d'Utrecht jusqu'à
la cessation de toute hostilité.

Pag. 131.

Quoique le traité d'Utrecht eût terminé bien
des querelles, il n'ôtoit pas tout sujet de guerre.
Charles XII revient dans ses états. La Suede
avoit perdu plusieurs provinces. Ligue, qui

se

*se propose de chasser tout-à-fait d'Allemagne les
Suédois. Frédéric I, roi de Prusse, dissipoit
ses finances, & trafiquoit du sang de ses peuples. Frédéric Guillaume son fils, qui se ligue
contre la Suede, se rendoit puissant par son économie. Charles XII perd toutes les places qu'il
occupoit en Allemagne. Il porte ses plaintes à
la diete de Ratisbonne qui n'y a nul égard. Etat
de la Suede qui avoit encore la guerre avec le
Danemarck. Georges succéde à la reine Anne.
Il fait le procès à Oxford & à Bolingbroke. Les
commencements de son regne sont troublés par
une guerre civile. Mort de Louis XIV. Leçon
qu'il laisse au dauphin. Inquiétudes de la France & de l'Europe en considérant la jeunesse
de Louis XV. Traité de la triple alliance. C'est
après des guerres civiles qu'un bon gouvernement peut retirer une nation de la létargie où elle étoit auparavant. Le gouvernement de Philippe V n'a fait que jeter les peuples dans leur
premier assoupissement. Fortune du cardinal Albéroni. Il médite la conquête de l'Italie. Il suscite des troubles en France pour ôter la régence au
duc d'Orléans. Il intrigue de concert avec le
baron de Gœrtz qui médite une révolution dans
le nord, & qui fait goûter ses projets au roi de
Prusse son maître. Cette intrigue se tramoit
tout-à-la fois en Angleterre, en France, en
Hollande, en Espagne, en Russie, & en Suede.
Gœrtz & Gillembourg, ambassadeur de Suede*

LIVRE DERNIER.

Des révolutions dans les lettres & dans les sciences depuis le quinzieme siecle.

CHAPITRE I.

Révolution que produifent dans les lettres les Grecs qui fe réfugient en Italie après la prife de Conftantinople.

Pag. 152.

L'Europe étoit dans l'ignorance & ne faifoit que de mauvaifes études: lorfque le goût fe forma tout-à-coup en Italie. Mais il se perdit à l'arrivée des Grecs de Constantinople. L'étude de la langue grecque avoit commencé en Italie avec le quinzieme siecle. C'est pourquoi les Grecs y trouverent un asyle & de puissants protecteurs. Alors l'étude de leur langue devint la passion des Italiens qui cherchoient l'instruction ou la considération. Ils auroient dû étudier le grec pour en transporter les beautés dans leur langue. Mais ils laisserent leur langue pour lire du grec & pour écrire en latin ; & l'Italie fut féconde en écrivains latins. Au seizieme siecle les meilleurs esprits d'Italie cultiverent l'italien : mais par tout ailleurs les langues vulgaires furent négligées & méprisées. Cette passion pour les langues mortes devoit retarder les progrès du goût. Les langues n'ont d'élégance qu'autant qu'il y en a dans l'esprit de ceux qui les parlent. Les esprits étoient donc bien grossiers au quinzieme siecle, puisque les langues étoient grossieres. Ils auroient pu se former le goût, s'ils n'eussent étudié les langues mortes, que pour perfectionner les langues vulgaires. Mais dès qu'ils se bornoient à l'étude des langues mortes, le goût ne pouvoit plus se former. Cependant ils se comparoient aux écrivains du siecle d'Auguste. La manie du latin a nui à la langue italienne. La langue françoise a été formée sous de plus heureux auspices. Tant que le goût étoit encore grossier, les autres facultés ne pouvoient pas se per-

fectionner. Si Corneille n'eût écrit qu'en latin,
il n'eût été que médiocre. Il ne pouvoit pas y
avoir de grands écrivains dans le quinzieme fiecle. Dans le seizieme fiecle les arts fleurissent
en Italie. La cour de Léon X y contribue beaucoup. Mais ce pontife a fait payer cher à l'é-
glise & à l'Europe la protection qu'il a donnée
aux arts. Les arts se font formés en Italie
malgré les savants.

CHAPITRE II.

Absurdités & fanatisme des littérateurs & des
scholastiques du seizieme fiecle.

Pag. 166.

Dans un temps où l'on commençoit à quit-
ter la scholastique pour lire les meilleurs écrivains
de l'antiquité, il étoit naturel qu'on se livrât
avec trop de passion à l'étude du grec & du latin.
Delà deux partis : celui des scholastiques, qui
traitoient de payens ou d'athées ceux qui les méprisoient ; & celui des latinistes qui canonisoient
les écrivains de l'antiquité, & qui en transportoient le langage jusques dans la théologie. Au
milieu de ces disputes, les meilleurs esprits s'é-
clairoient. Tel est Erasme. Erasme se refuse
aux invitations de François I. Il voyage. L'é-
loge de la folie lui suscite des ennemis & la Sor-

bonne le condamne. Il reconnoît qu'il y a des chofes
à reprendre dans cet ouvrage. Reproches qu'il fai-
foit avec fondement aux théologiens de fon temps.
Il écrit contre les Cicéroniens qui lui répondent
avec des injures. *Le goût de l'antiquité s'étoit*
répandu trop promptement pour ne pas dégénérer
en fanatifme. *Mauvais raifonnements des en-*
nemis d'Erafme. Il étoit fufpeƈt parce qu'il n'ap-
prouvoit pas qu'on punît de mort les Luthériens.
Scene pantomime où l'on joue l'empereur &
Léon X. *Les difputes de religion fe multi-*
plioient, & détournoient de toute autre étude :
mais elles devoient enfin produire la lumiere.

CHAPITRE III.

Des feƈtes de philofophie au quinzieme & au feizieme fiecles.

Pag. 177.

Les anciens étoient de mauvais guides en phi-
lofophie. Cependant il étoit naturel de les con-
fulter ; & de fe prévenir pour eux & pour les
Grecs modernes qui paroiſſoient les entendre.
Cette prévention devoit fe porter à l'excès. *On*
croira que les anciens ont tout fu, & qu'il ne nous
refte qu'à les étudier. *De là naîtront toutes les*
feƈtes. *Le péripatétifme & le platonifme paſſent*
de Conſtantinople en Italie. *Ces deux feƈtes*

y élevent des disputes l'une contre l'autre, & ne s'accordent que dans le mépris qu'elles ont pour la scholastique. Une secte de Sincrétistes veut concilier Aristote & Platon. Jean Pic de la Mirandole, phénix du quinzieme siecle. Le seizieme siecle donne la préférence à Aristote sur Platon. Deux sectes de Péripatéticiens. La naissance du luthéranisme donne de nouveaux partisans à Aristote. Les scholastiques les moins passionnés conviennent, qu'il y a des vices dans leur méthode. Mais ils pensent qu'il la faut conserver pour défendre la religion. Ils croient la corriger, en se rapprochant du péripatétisme, & Aristote prend possession des écoles. Il eût été bien étonné d'enseigner dans les universités la doctrine de S. Thomas & de Scot. Le premier défaut de la scholastique est de n'avoir voulu faire qu'une science de la philosophie & de la théologie. Les Péripatéticiens ne se rapprochoient pas des scholastiques, qu'ils continuoient de mépriser, & ils croyoient que pour être chrétien il suffisoit de penser comme Aristote. Mais on ne raisonnera bien, que lorsqu'on abandonnera & le péripatétisme & la scholastique. Secte ennemie des Péripatéticiens. Bernardo Télesio, qui a le premier réfuté solidement Aristote, renouvelle la secte de Parménide. Les erreurs où tombent d'autres ennemis d'Aristote, font dire que hors le péripatetisme il n'y a plus de religion. Erreurs ou absurdités de Giordano Bruno. Il y a cepen-

dant dans ses écrits des choses, dont des philosophes se sont fait honneur. *Tommaso Campa-*
nella, & d'autres qui puisoient dans le platonisme, n'enseignoient guere que des visions.
Parmi les troubles du seizieme siecle, *Juste-*
Lipse cherche un asyle dans la philosophie
des Stoïciens.

CHAPITRE IV.

Des opinions philosophiques du dix - septieme siecle.

Pag. 197.

Dans le seizieme siecle, on avoit renouvellé
quantité de sectes : mais sans critique, & comme
au hasard.   Dans le dix-septieme, des observations, ou des hasards plus heureux convaincront peu-à-peu qu'il faut étudier la nature. La
secte Ionique avoit été oubliée.   Claude Guillermet de Bérigard la renouvella pour attaquer
indirectement *Aristote*, qu'il n'osoit combattre
ouvertement.   Il n'étoit pas permis d'écrire
contre ce philosophe quoique ses principes com-
mençassent à être démentis par les observations.
Pendant la guerre de trente ans on put le combattre avec plus de liberté ; mais pas encore bien
ouvertement.   *Bérigard* est appellé en Toscane

où l'inquifition ne permettoit pas d'attaquer
Ariftote. Au lieu donc de le combattre lui-même, il fait des dialogues où l'un des interlocuteurs oppofe les fentiments d'Anaxagore à
ceux d'Ariftote. En France on pouvoit être
plus hardi, pourvu néanmoins qu'on fût prudent.
Avec quelle précaution Gaffendi combat Ariflo-
te. Il ne fuit pas le plan qu'il s'étoit fait de détruire le péripatétifme dans toutes les parties. Il
renouvelle le fyftême d'Epicure. Jufqu'alors les
philofophes avoient commencé par les caufes pour
defcendre aux effets. Il étoit temps de s'appercevoir qu'il falloit commencer par les effets
pour remonter aux caufes. Defcartes ne s'eft
pas mis à l'abri des reproches qu'il fait aux philofophes de fon temps. Pour former le monde,
il ne demande que de la matiere & du mouvement. Effence du corps, felon lui. Il divife
la maffe de la matiere en cubes. Les cubes étant
mus, ils s'arrondiffent, & forment des globules,
ou le fecond élément. Les parties des angles
brifés forment la matiere fubtile, ou le premier
élément. Ce qui refte de parties plus groffie-
res produit le troifieme élément, dont fe forment
les planetes. Le foleil eft formé d'une portion de
la matiere fubtile. Formation des tourbillons.
Comment un tourbillon eft enveloppé dans un autre. Chaque planete eft entraînée dans une couche du grand tourbillon. Ce fyftême devoit avoir
& a eu le plus grand fuccès. Il devoit auffi fe

défendre long-temps. Descartes n'eût pas com-
battu avec succès les erreurs, s'il n'eût pas subf-
titué d'autres erreurs. Ses erreurs mêmes étoient
un pas vers la vérité. Il n'y a point de syſtême
qu'on n'ait effayé de concilier avec la théologie.
Tant d'efforts inutiles pour découvrir la vérité,
font juger que la raiſon eſt inſuffiſante. On a
donc recours à la révélation ; & on imagine une
philoſophie moſaïque & chrétienne. Excès où
tombent les philoſophes moſaïques. Leurs viſions
infectent les ſectes luthériennes. Ils ont donné
naiſſance au Quiétiſme. Leurs abſurdités ont
pour principe les émanations de Zoroaſtre.
L'eſprit humain humilié par les erreurs de tant
de ſiecles, prend le parti de douter de tout, &
le ſcepticiſme ſe renouvelle. De Bayle.

CHAPITRE V.

Commencemens de la vraie philoſophie. De
l'aſtronomie ſous Copernic, Ticho-Bra-
he, Képler & Galilée.

Pag. 218.

Les découvertes n'ont fait un corps de ſcien-
ce que vers la fin du dix-ſeptieme ſiecle. Quoi-
qu'il fût temps d'obſerver, les philoſophes les

plus *sages avoient bien de la peine à se borner à l'observation. Il faut étudier la philosophie pour apprendre comment on évite l'erreur & comment on acquiert des connoissances. La vraie méthode a été connue avant qu'il y eût des philosophes. En effet, dès l'origine des sociétés, les hommes ont su qu'il falloit observer pour s'instruire. C'est ainsi qu'ils se sont fait une idée de la rondeur de la terre, de la distance des astres; & qu'avant Thalès & Pythagore ils ont fait de grandes découvertes. Ils pouvoient déja former des conjectures sur le système du monde. Il est certain qu'ils en savoient assez pour cela. C'est le besoin de déterminer les saisons qui les avoient mis dans la nécessité d'observer. Dans les siecles d'ignorance on n'a cultivé la chymie & la physique, que pour abuser de la crédulité. Naissance de l'astronomie moderne. Système de Copernic. L'inquisition le comdamne, lorsque de nouvelles observations le confirmoient. Découverte du télescope. Galilée en fait un, qui augmente trente-trois fois le diametre des objets. Avec ce télescope il découvre des inégalités dans la lune. Il découvre plus de 500 étoiles dans l'orion seul. Il découvre les satellites de jupiter. Il découvre les phases de vénus, deux globes qui accompagnoient saturne & des taches dans le soleil. D'après ces observations, il juge que la terre n'est pas immobile au centre du monde. Il est cité à l'inquisition qui le fait arrêter. Il recouvre sa li-*

CHAPITRE VI.

Naissance de plusieurs sciences.
L'algebre, l'analyse, principes de méchanique, loix du mouvement, l'horloge à pendule.

Pag. 140.

Les découvertes qu'on doit à l'observation, étendront nos connoissances, & nous forceront, à créer de nouvelles sciences & de nouveaux arts. De l'optique perfectionnée naîtront la catoptrique & la dioptrique. L'astronomie, alors mieux connue, perfectionnera la géographie & la navigation, & ce sera une nécessité d'étudier les méchaniques. Pour réussir dans ces sciences, il faudra être géometre. Ce sera donc encore une nécessité de perfectionner la géométrie. Voilà les ob-

jets qui vont occuper les génies du dix-septieme
fiecle. Les fciences doivent leurs progrès à la
fimplicité des méthodes. L'art de calculer en eft
la preuve. C'eft ainfi que l'algebre s'eft perfectionnée ; & que la géométrie à laquelle on l'a appliquée, s'eft perfectionnée elle-même pour perfectionner enfuite les méchaniques & la phyfique.
Les méthodes fe fimplifient en fubftituant des
expreffions abrégées : c'eft ce que fait l'analyfe
de Defcartes. Du temps de ce philofophe, & depuis, on a cultivé la géométrie avec paffion, &
l'analyfe s'eft perfectionnée de plus en plus. Il
n'y a point de repos réel. Il n'y a point de repos
relatif, fans une tendance au mouvement. C'eft
dans les loix du mouvement & dans celle de l'é-
quilibre que font les principes des méchaniques.
Pour les découvrir il faut donc mefurer & calculer. C'eft pourquoi la méchanique & la géométrie
fe cultivent enfemble. Galilée fait voir que des
corps de pefanteur inégale tombent avec la même
vîteffe. Il découvre les loix du mouvement accéléré dans la chûte des corps. Il fait voir que le
long d'un plan incliné, elles font les mêmes, que
dans une direction perpendiculaire. L'idée qu'il
s'en fait, lui découvre les loix du pendule dans
fes vibrations. Il détermine le rapport de la longueur du pendule au nombre des vibrations. Il
découvre la courbe que décrit un corps projeté obliquement. Caftelli & Torricelli fes difciples. On
voyoit les effets de la pefanteur de l'air & on les

expliquoit par l'horreur du vuide. Galilée, qui croyoit l'air pesant, tenoit lui-même à ce préjugé. L'expérience du mercure qui se soutient dans un tube au-dessus de son niveau, fait soupçonner la pesanteur de l'air à Toricelli. Pascal acheve de démontrer la pesanteur de l'air. Descartes est le premier qui ait expliqué par la pesanteur de l'air l'expérience du mercure suspendu dans le tube. Loix générales du mouvement données par Descartes. La société royale propose la recherche des loix de la nature dans le choc des corps. Principe général de ces loix. Loix du choc dans les corps parfaitement durs. Loix du choc dans les corps parfaitement élastiques. Ces loix peuvent être appliquées aux corps dont l'élasticité n'est pas parfaite. Recherches d'Huyghens sur les forces centrifuges. Il invente l'horloge à pendule. Il détermine la longueur du pendule, en déterminant le centre d'oscillation.

CHAPITRE VII.

De l'optique & de ses premiers progrès.

Pag. 166.

A quoi se bornoient les connoissances des anciens sur l'optique. Jean-Baptiste Porta a le premier observé les rayons qui entrent dans une

chambre obscure, à laquelle il compare l'œil.
Maurolicus a le premier connu l'usage du crys-
tallin. Il explique le premier un phénomène proposé par Aristote. Premieres découvertes sur
l'arc-en-ciel. Marc-Antoine de Dominis explique l'arc inférieur en ne le supposant que lumineux. Descartes rend raison de l'arc extérieur.
Il les mesure l'un & l'autre : mais il ne rend pas
raison des couleurs, dont ils se peignent. Képler explique le premier l'usage des parties de
l'œil. Mais l'image renversée l'embarrasse, & il
n'eût pas su dire comment nous voyons des grandeurs & des distances. Képler perfectionne la
théorie des télescopes. D'après cette théorie on
fait des télescopes qu'on perfectionne encore. Découverte du microscope. Képler étudie les effets
de la lumiere dans les télescopes & dans les microscopes. Il détermine le foyer ou le point dans
lequel se réunissent les rayons paralleles. Il fait
voir ce que deviennent les rayons qui partent du
foyer, ou d'un point en-deçà ou d'un point en-
delà. Exemple qui rend sensibles les premieres
observations de Képler. Explication du télescope de Galilée. Explication des télescopes à
deux verres convexes. A trois. L'apparence de
grandeur est sur-tout sensible dans le microscope.
Pour expliquer parfaitement ces phénomenes, il
falloit déterminer avec précision le rapport de
l'angle de réfraction à l'angle d'incidence. Képler ne le détermine qu'à peu près, & pour un

cas particulier. *Descartes a supplée en cela à ce qui manquoit à la théorie de Képler. Le pere Grimaldi a le premier remarqué l'inflexion des rayons. phénomenes qu'on n'expliquoit pas encore.*

CHAPITRE VIII.

Grandes découvertes.

Pag. 282.

Les découvertes précédentes ne font que des préliminaires à de plus grandes. On trouve les nœuds & l'inclinaison d'une planete inférieure, en obfervant fon paffage fur le difque du foleil. Képler prédit le paffage de mercure fur le difque du foleil. Gaffendi l'obferve, & perfectionne la théorie de cette planete. D'après les tables de Képler, Horoxes prédit le paffage de vénus fur le difque du foleil, l'obferve, & marque avec plus de précifion le cours de cette planete. Halley fait voir qu'en obfervant de deux endroits la durée de ce paffage, on peut déterminer la parallaxe du foleil à peu de chofe près. Huyghens découvre l'anneau & le quatrieme fatellite de faturne; & Caffini les quatre autres. Celui-ci donne la théorie des fatellites de jupiter, & découvre la rotation de cette planete & celle de mars. Cette théorie confirme les deux analogies de Képler.

En observant les éclipses du premier satellite,
Cassini découvre le temps que la lumiere emploie à
venir du soleil jusqu'à nous. Raisons qui font juger à Cassini même que cette découverte est fausse.
A Maraldi. Roëmer & Halley la défendent.
Pound en prouve la vérité. Elle a été confirmée
depuis, lorsqu'on a découvert la cause de l'aberration des étoiles. Les astronomes cherchent une
preuve du mouvement de la terre dans la parallaxe des fixes. Comment cette parallaxe, si elle
avoit lieu, prouveroit ce mouvement. L'aberration des fixes ne prouve pas qu'elles aient une
parallaxe. Galilée a le premier imaginé des
moyens pour trouver cette parallaxe. Bradley en
la cherchant a découvert que les aberrations
font des mouvements réguliers, & qu'elles font
l'effet du mouvement de la terre combiné avec le
mouvement progressif de la lumiere. Comment ces
deux mouvements se combinent. Comment l'é-
toile paroît décrire une ellipse. Que cette ellipse est la base d'un cône, dont le sommet est
dans l'orbite même de la terre, ainsi que dans
l'œil. Comment cette ellipse differe de celle qu'on
appercevroit, si les étoiles avoient une parallaxe
sensible. Cette découverte confirme le mouvement de la terre, ainsi que le mouvement progressif de la lumiere. Hypparque a le premier
cherché la longitude & la latitude des lieux. Il
se servoit à cet effet des éclipses de lune. On
doit à Ptolomée les principes de la construction
des

des cartes de géographie. Depuis les progrès de l'astronomie, la géographie se perfectionne ; & on détermine mieux les longitudes, depuis qu'on peut observer les éclipses des satellites de jupiter. Mais on n'avoit pas encore de moyens pour prendre les longitudes sur mer. Le moment où la lune fait un triangle avec deux fixes, y seroit propre, si on connoissoit parfaitement la théorie de cette planete. Picard & Snellius mesurent un dégré du méridien par une suite de triangles. Leurs résultats diffèrent peu l'un de l'autre. Richer observe le retardement du pendule à l'équateur. Huyghens & Newton en concluent que la terre est applatie aux poles. Les découvertes faites jusqu'alors en astronomie, sont les éléments du système de Newton.

CHAPITRE IX.

De la gravitation universelle découverte par Newton.

Pag. 306.

Un corps que nous jetons obliquement à l'horison, décrit une courbe. La lune seroit elle donc un projectile ? En ce cas elle doit tomber à cha-

que instant suivant la loi de la chûte des corps.
Or il est démontré qu'elle gravite suivant cette
loi. En seroit-il de même de toutes les planetes? Supposition dans laquelle mercure décriroit
une orbite circulaire autour du soleil. Supposition
dans laquelle il décriroit une ellipse. Dans la
supposition que la gravité diminue dans la même
raison que le quarré des distances augmente.
Newton fait voir comment une planete va continuellement d'une apside à l'autre. C'est ce qui
n'auroit pas lieu, si la gravité diminuoit dans
la même raison que le cube des distances augmente. La gravité agit-elle donc en raison inverse du quarré des distances, ou en moindre
raison? Un corps, mu dans une courbe, est toujours dirigé vers un même point, s'il décrit des
aires égales en temps égaux. Donc chaque planete dans son cours est toujours dirigée vers un
même centre. Mais la puissance qui retient les
planetes dans leurs orbites, est-elle la gravité
même? Elle sera la gravité si les espaces, que
parcouroit une planete en tombant au-dessous de
la tangente, sont comme les quarrés des temps.
Or c'est ainsi que cette puissance agit sur la lune, & elle la fait graviter en raison inverse du
quarré des distances. C'est donc la gravité qui
retient la lune dans son orbite. Or les observations démontrent qu'il en est de jupiter par rapport à ses satellites & de saturne par rapport aux

fiens, comme de la terre par rapport à la lune. Il en est de même du soleil par rapport aux planetes & aux cometes. La gravitation est un principe universel, par lequel les corps célestes s'attirent réciproquement en raison directe des masses & en raison inverse du quarré des distances. La seconde analogie de Képler suit du principe de Newton.

CHAPITRE X.

Considérations sur le progrès des sciences & sur celui des lettres

Pag. 325.

Dès qu'on a su observer, on a été rapidement de découvertes en découvertes. Newton n'a été plus loin, que parce qu'il a mieux connu la liaison des vérités. La liaison des idées fait la folie, la raison & toutes les qualités de l'esprit. Ceux qui pensent comme par inspiration, obéissent à leur insu au principe de la plus grande liaison des idées. C'est ce principe qui a guidé les bons esprits, & les a rendus capables de perfectionner à la fois toutes les sciences & tous les arts. Les arts & les sciences commencent en Italie parce que le goût s'y forme avec la langue ; tandis qu'en France où la langue étoit grossiere, parce qu'on y manquoit de goût, il n'y avoit encore ni arts ni sciences. Aussi François I ne peut pas être le restaurateur des lettres. Mauvais goût des François dans le seizieme siecle. C'est ce qui nuisoit au progrès des lettres. Car les guerres & les disputes de religion n'empêchoient pas de les cultiver. Dans le dix - septieme siecle où le goût commence en France, les arts & les sciences y sont cultivés avec succès. Mais le goût en dégé- nérant en manie produisit le purisme ; & les grammairiens qui se firent les législateurs du lan- gage, donnerent des entraves au génie. L'ana- logie est l'unique regle pour juger si un tour est françois. L'érudition tendoit à perpétuer le mau- vais goût. On demanda si la préférence est due aux modernes ; & ce fut une grande dispute. Les érudits chercherent dans les hypotheses ce que les monuments ne leur apprenoient pas & la cri- tique se formoit lentement. Ordres des progrès de l'esprit en différents genres.

CHAPITRE XI.

Des progrès de la politique.

page 337.

Il importe à un prince de se faire une idée

complété de la politique. *Double objet de la politique. Objet de la politique par rapport aux
nations étrangeres. Son objet par rapport aux
peuples à gouverner. Elle doit embraſſer toutes
les parties de l'économie publique. Les hommes
d'état ne réuſſiront jamais mieux qu'en laiſſant
faire. Les anciens philoſophes ne ſe ſont pas
appliqués à toutes les parties de l'économie politique. Les nations de l'Aſie n'ont jamais pu
avoir d'idée de la vraie philoſophie. De tous les
peuples anciens, les Grecs ſont ceux qui ont
eu les idées plus ſaines ſur le droit naturel. Cependant au temps de Solon la morale étoit à ſa
naiſſance. Les Grecs ont connu le droit des gens,
mais non pas dans toute ſon étendue. Ils ont
mieux connu l'art de négocier. Ils n'ont pas eu
des principes ſur toutes les parties de l'économie publique. Les Romains n'ont connu ni le
droit naturel ni le droit des gens, & fort peu
l'art de négocier. Ce ſont les peuples mêmes qui
leur ont appris comment ils devoient ſe conduire,
pour les ſubjuger les uns par les autres. Ils
n'ont eu que des uſages pour conduire les différentes parties de l'éconnomie publique. Les
Barbares qui ont envahi l'empire d'occident,
ignoroient abſolument tout ce qui peut contribuer au bonbeur des ſociétés civiles. Ils ſe por-
terent aux derniers excès, & ils parurent s'y au-
toriſer par la religion même. Depuis deux ſie-*

cles, elles faifoient des ligues fans objet , &
s'armoient fans deffein. Il étoit temps de leur
apprendre ce que les nations fe doivent les unes
aux autres. C'eft ce que Grotius fe propofe dans
fon droit de la guerre & de la paix. Cet ouvrage devoit avoir, & eut un grand fuccès en
Allemagne. Pourquoi Grotius donna à cet ouvrage le titre droit de la guerre & de la paix.
Cet ouvrage eft digne d'éloge & de critiques.
Hobbes, plus méthodique, fe fit fur la même
matiere des principes d'après fon éducation &
d'après les circonftances où il vivoit. Élevé dans
la religion anglicane, & perfuadé que la démocratie étoit la caufe de tous les troubles, il
donne au monarque une autorité arbitraire &
fans bornes. Pour établir ce defpotifme, il imagine un état de nature, & il met le droit dans la
force feule. Cependant pouvoit-il perfuader aux
peuples de fe foumettre lorfqu'il leur préfentoit
le fouverain comme un defpote de droit. Pu-
fendorff a mieux réuffi que Grotius & que Hobbes, quoique fon ouvrage foit encore bien imparfait. Depuis on a beaucoup écrit fur les
mêmes objets, & on a traité tontes les parties
de l'économie publique.

CHAPITRE XII.

Des progrès de l'art de raisonner,

Pag. 355.

Ce que c'est que la métaphysique des péripatéticiens. C'est à l'analyse à nous conduire de découverte en découverte. Elle est la
vraie méthode de toutes les sciences. On pourroit la nommer métaphysique. Elle suppose que
nous connoissons l'origine & la génération de
toutes nos idées: science nouvelle qui n'a point
de nom. L'art de raisonner ne s'est perfectionné que dans le dix-septieme & dans le dix-
huitieme siecles, plus promptement dans les
mathématiques, plus lentement dans les autres
sciences. Avant le renouvellement des lettres
on ne le connoissoit pas. Ce n'est que vers
la fin du seizieme siecle qu'on a pu en donner
des regles. C'est ce que Bacon entreprend dans
son ouvrage du rétablissement des Sciences.
Reproches qu'on lui fait, & qu'on peut lui
faire. Réflexions de ce philosophe sur la méthode. Excès où tombent ceux qui veulent
s'instruire. Les observations & les expériences doivent être nos seuls guides dans la re-

C 4

cherche de la vérité. Mais les philofophes ont mieux aimé penfer, comme par infpiration. Ils reffemblent à des hommes, qui tenteroient de dreffer un obélifque, fans le fecours d'aucune machine. Il faut d'autres machines que les regles des fyllogifmes pour aider l'efprit. Il faut d'abord écarter les préjugés. 1. Efpece de préjugés, idola tribus. 2 *Efpece,* idola fpecus. 3 *Efpece,* idola fori. 4 *Efpece,* idola théatri. *Pour détruire tous ces préjugés, il faut commencer par douter & regaider notre entendement comme une table rafe. Comment nous déterminerons les idées que nous graverons fur cette table. Bacon a ouvert la route à ceux qui fe font appliqués à l'hiftoire naturelle. Le préjugé des idées innées n'a pas permis à Defcartes de raifonner dans toutes les fciences auffi bien qu'en géométrie. Infuffifance de la principale regle qu'il s'eft faite. Locke a entrepris de regraver l'entendement humain. Objet de fon ouvrage. Combien je dois à ce philofophe. Éloge & critique de fon ouvrage.*

CHAPITRE XIII.

De l'utilité des sciences.

Pag. 374.

Quel est le caractere de la vraie science. Les sciences ténébreuses des barbares n'ont eté que des fléaux. Les vraies sciences sont utiles parce qu'elles éclairent. Plus de lumieres nous rendroit plus heureux. Toutes les vraies sciences tendent directement on indirectement à l'avantage de la société. Il n'en est pas de même de tous les arts.

CHAPITRE XIV.

Des obstacles qui s'opposent encore aux bonnes etudes.

Pag. 378.

Les études se ressentent encore des siecles d'ignorance où l'on en fit le plan. Les établissements faits pour l'avancement des sciences font la critique des universités. Il restera tou-

jours dans les écoles des défauts, dont on ne
les corrigera pas.   Pourquoi les académies
ont contribué à l'avancement des sciences. Les
professeurs de l'université sont forcés à se conformer au plan reçu.   Les écoles confiées à des
ordres religieux sont pires encore. Nos écoles
sont peu propres à nous instruire.   A peine
ose-t-on y enseigner les mathématiques ; &
on néglige les sciences les plus nécessaires aux
citoyens.

FIN de la Table, du Tom. XV.

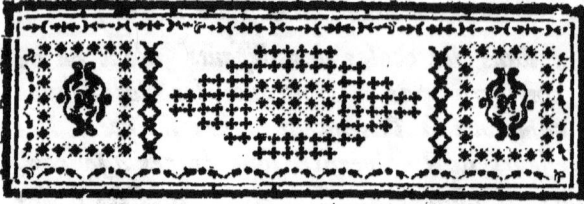

INTRODUCTION
A L'ÉTUDE DE L'HISTOIRE.

HISTOIRE MODERNE.
LIVRE DIX-HUITIEME.
CHAPITRE PREMIER.

De Charles XII & du czar Pierre jusqu'en 1708.

LE gouvernement de Suede étoit alarmé des préparatifs, que faifoient les puiffances ennemies. On étoit fans généraux ; & on n'avoit pour roi qu'un jeune prince, qui » n'affiftoit » prefque jamais dans le confeil que pour croi- » fer les jambes fur la table ; diftrait, indifférent,

Charles XII donne de la confiance à la Suede alarmée.

Tom. XV. A

» il n'avoit paru prendre part à rien. » Mais il
se montra tout autre, lorsqu'en sa présence on
délibéra sur le danger où l'on étoit, & qu'on
parla de détourner la tempête par des négociations. Se levant tout-à-coup, avec l'air de gravité & d'assurance d'un homme supérieur qui
a pris son parti. » Messieurs, dit-il, j'ai résolu
» de ne faire jamais une guerre injuste ; mais de
» n'en finir une légitime que par la perte de mes
» ennemis. Ma résolution est prise : j'irai atta-
» quer le premier qui se déclarera ; & quand je
» l'aurai vaincu, j'espere faire quelque peur aux
» autres. » Sa confiance se communiqua au conseil étonné, & la guerre fut résolue.

Il tourne ses
armes contre
le Danemarck.
Les exercices violents, que Charles XII aimoit, lui avoient fait une constitution vigou-
reuse. Il cherchoit le danger dans la chasse, où
les autres cherchent l'amusement. Luttant, pour
ainsi dire, avec les ours, il les combattoit avec
un bâton, & il n'étoit garanti que par un filet
tendu à deux arbres. Il paroissoit passionné pour
Alexandre & pour César, qu'il vouloit prendre
pour modeles ; & le goût avec lequel il avoit
lu Quinte-Curce, pouvoit faire présager ce qu'il
seroit un jour. Il le fit mieux voir encore, lorsqu'il eut résolu de se préparer à la guerre : car
il renonça aux amusements, au faste, à la table,
aux femmes, au vin, en un mot, à tout ce qui
peut distraire, ou amollir l'ame. Il vouloit donner l'exemple à ses soldats, qu'il se proposoit de

contenir dans la difcipline la plus rigoureufe.
Tel étoit Charles XII à dix-huit ans, lorfqu'au
mois de mai de l'année 1700, il tourna fes armes contre le Danemarck. Sa flotte fe joignit
aux efcadres d'Angleterre & de Hollande. Ces
deux républiques avoient garanti le traité d'Al-
téna; & comme elles craignoient la trop grande puiffance du roi de Danemarck, qui auroit
pu fe rendre maître de la mer Baltique, elles
avoient envoyé des fecours au duc de Holftein,
qui fuccomboit fous les forces de Frédéric
IV.

　　La flotte danoife ayant évité le combat,
Charles XII s'approcha affez près de Copenhague pour y jeter quelques bombes. Auffitôt il
fe propofe de faire une defcente, & d'affiéger
cette capitale par terre, tandis qu'elle feroit blo-
quée par mer. Tout lui réuffit. Alors il fit dire
au roi de Danemarck, qui étoit dans le Holftein,
qu'il ne faifoit la guerre que pour l'obliger à la
paix; & que s'il ne rendoit juftice au prince qu'il
opprimoit, il verroit Copenhague détruite, &
tout fon royaume mis à feu & à fang. Il fallut
fubir la loi. Le duc de Holftein fut indemnifé
des frais de la guerre. Charles fatisfait d'avoir
fecouru fon allié, ne referva rien pour lui; &
cette guerre fut terminée en moins de fix fe-
maines.

　　Précifément dans le même temps, le roi
de Pologne, défefpérant de prendre Riga que

le comte de Dahlberg défendoit, leva le fiege qu'il avoit mis devant cette place. Charles marcha contre Pierre Alexiowitz qui ravageoit l'Ingrie à la tête d'une armée de quatre-vingts mille hommes. Le czar venoit de publier un manifeste. Il donnoit pour raifon, qu'on ne lui avoit pas rendu affez d'honneurs, lorfqu'il avoit paffé à Riga où il n'avoit paru qu'incognito; & qu'on avoit vendu les vivres trop cher à fes ambaffadeurs. Des hoftilités fur des motifs auffi ridicules animoient d'autant plus le roi de Suede, qu'il y avoit alors à Stockholm trois ambaffadeurs ruffes qui venoient de jurer le renouvellement de la paix. Il ne comprenoit pas qu'un légiflateur fe fît un jeu de la foi des traités. Impatient de fe venger, il marchoit moins pour faire des conquêtes, que dans l'efpérance d'humilier fon ennemi.

Déroute en-
tiere des Ruf-
fes, qui affié-
geoient Nar-
va.

Le czar affiégea Narva au commencement d'octobre. Il avoit cent cinquante pieces de canon, plus formidables par le nombre que par la maniere dont elles étoient fervies. Il ne fe trouvoit guere dans fon armée que douze mille hommes de bonnes troupes : le refte étoit mal armé & mal difcipliné. Il eft évident qu'il fe preffoit trop de mefurer fes Ruffes contre des foldats aguerris. On étoit au 15 de novembre, quand il apprit que fon ennemi avoit traverfé la mer, & qu'il venoit au fecours de Narva. Comme il fe propofa de l'envelopper, il alla

chercher trente mille hommes qui lui arrivoient
de Pleskow. Il eût mieux fait de ne pas quitter
son camp: car ces nouvelles troupes pouvoient
bien venir sans lui.

Cependant Charles, qui avoit débarqué à
Pernaw dans le golphe de Riga, avec seize
mille hommes d'infanterie, & un peu plus
de quatre mille chevaux, précipite sa marche,
suivi de toute sa cavalerie, & de quatre mille
fantassins. Un corps avancé de cinq mille hommes, qui gardoit un passage, s'enfuit à son approche. L'épouvante se communique à vingt
mille hommes, qui étoient plus loin, & qui
prennent la fuite. En un mot, Charles, ayant
emporté tous les postes en deux jours, arrive
devant le camp des ennemis, qui étoit bien ré-
tranché, & bordé de cent cinquante canons. Il
songe à profiter de la terreur qu'il vient de répandre, & après quelque repos il donne ses
ordres pour l'attaque.

Toutes les circonstances paroissoient lui
préparer la victoire. Un vent furieux souffloit
une grosse neige dans le visage des ennemis,
qui combattoient sans voir devant eux. La dé-
sobéissance se joignant à la frayeur, les officiers
subalternes & les soldats se soulevoient contre les
généraux, qui ne s'accordoient pas. En un mot, le
désordre & le tumulte commençoient dans leur
camp, au moment même que leurs retranchements étoient forcés par les Suédois. Ils furent

mis en déroute, fans se douter du petit nombre
de leurs vainqueurs. Charles fit plus de trente mille prisonniers, dans lesquels étoit le prince de
Géorgie. Il ne garda que les généraux, & il
renvoya tous les officiers subalternes & tous les
soldats, après les avoir défarmés. La bataille
de Narva se donna le 30 novembre 1700.

1700.

L'épouvante
des Russes af-
furoit de nou-
veaux succès
à Charles, s'il
n'eût pas don-
né au czar le
temps de les
raffurer.

Les Russes n'imaginerent pas avoir été vaincus par des hommes. Ils crurent que des puis-
fances supérieures avoient combattu pour les
Suédois, & ils firent des prieres publiques à S.
Nicolas, patron de la Russie, pour le prier de
chasser loin de leurs frontieres cette armée d'en-
chanteurs & de sorciers. Cette superstition augmentoit l'épouvante & promettoit de nouveaux succès. Il y a donc lieu de croire que si
Charles n'eût pas donné au czar le temps de se
reconnoître & de raffurer ses peuples, il l'eût
défait encore & chaffé jusqu'à Moscou, qui eût
ouvert ses portes. Mais le défir de la vengeance,
sur-tout, dans un vainqueur de dix-huit ans,
se regle difficilement sur la prudence. Le roi
de Suede avoit humilié deux de ses ennemis, il
vouloit humilier le troisieme encore. Il ne paroissoit pas avoir d'autre objet. Lorsqu'il marchoit contre Pierre Alexiowitz, il écrivoit : je
m'en vais battre les Russes : préparez un maga-
sin à Laïs. Quand j'aurai secouru Narva, je
passerai par cette ville pour aller battre les Saxons. Il ne vouloit que battre.

Ayant reçu un renfort de quinze mille hommes, il marcha dès le printemps de 1701, du côté de Riga. Il passa la Duna à la vûe des Saxons qu'il défit, soumit toute la Courlande ; & entra dans la Lithuanie. Cette province étoit alors troublée par une guerre civile, dont les chefs étoient d'un côté les princes Sapiéha, & de l'autre Oginski. Charles, s'étant déclaré pour les Sapiéha, se vit bientôt maître de la Lithuanie : il n'y restoit plus que des troupes dispersées, qui fuyoient devant lui. Alors il forma le projet de détrôner Auguste.

Mais voulant humilier son troisieme ennemi, il marche contre les Saxons qu'il defait : il soumet la Courlande & la Lithuanie. 1701.

Le gouvernement de Pologne a les mêmes vices que le gouvernement des fiefs. Il semble que les Polonois se soient étudiés à le rendre tout-à-fait anarchique. Les abus ont eu chez eux les mêmes causes que par-tout ailleurs, où nous en avons déja remarqué de semblables.

Le gouvernement de Pologne est une anarchie.

Dans les siecles où les Barbares ne savoient pas donner de forme à leur gouvernement, & où la licence, qu'on prenoit pour liberté, ne permettoit pas aux souverains d'être absolus ; les ducs ou rois de Pologne n'avoient d'autorité qu'autant qu'ils se faisoient plus de partisans. Ils imiterent la politique des rois de France. Ils donnerent des bénéfices ; & après avoir démembré leur domaine pour s'attacher les grands du royaume, ils le démembrerent encore pour laisser un plus grand nombre de souverainetés dans leur famille. Il arriva

Les rois en démembrant leurs domaines avoient fait des vassaux plus puissans qu'eux.

A 4

que le souverain eut des sujets plus puissants que lui.

A mesure que la noblesse accrut sa puissance, le peuple tomba dans un esclavage plus dur ; & il n'y eut plus en Pologne que des nobles & des serfs.

Il n'y a dans ce royaume que des nobles & des serfs.

Casimir III, surnommé le Grand, mort en 1370, étoit le dernier d'une maison qui regnoit depuis 528 ans. Si le trône avoit paru héréditaire jusqu'alors, il redevint électif. Les nobles Polonois voulant même saisir l'occasion d'assurer leurs privileges, n'élurent Louis roi de Hongrie, qu'après l'avoir lié par une capitulation, qu'on nomme *Pacta conventa*. Cette élection est l'époque du gouvernement républicain qui subsiste aujourd'hui. Louis est ce prince qui fit une irruption dans le royaume de Naples pour venger la mort d'André son frere, mari de Jeanne I.

Epoque où a commencé la république de Pologne.

Ce contrat entre les sujets & le souverain paroît avoir été oublié, pendant que les Jagellons ont été sur le trône : mais depuis 1573, que Henri de Valois succéda à Sigismond-Auguste, le dernier des Jagellons, la république de Pologne a fait des *pacta conventa* avec tous ses rois.

Puissance des nobles.

Cette capitulation assure les privileges des nobles, parce qu'ils sont assez puissants pour la faire respecter, & pour donner avant chaque élection de nouvelles limites à la prérogative

royale. Souverains dans leurs terres, indépendants, ils peuvent seuls posséder les charges &
les dignités. Ils réglent les impôts, ils font les
loix, ils décident de la guerre & de la paix. Toujours en garde contre l'ambition du roi, ils ne souf-
frent pas qu'il ait des places fortes, parce qu'elles
pourroient servir à les opprimer, comme à les
défendre : ils ouvrent le pays à l'ennemi, pour
le fermer au despotisme.

Les rois conservent cependant de grandes
prérogatives. Ils disposent des fiefs, qui sont
des démembrements faits autrefois au domaine
de la couronne. On les nomme *starosties*, *te-
nutes*, ou *advocaties*, & en général *biens ro-
yaux*. Cependant on ne leur laisse pas toujours
la liberté d'en disposer à leur gré. Ils nomment
aux bénéfices, aux emplois civils & militaires,
aux grandes charges de la couronne, & aux places qui vaquent dans le sénat. Mais ils font des
graces, sans se faire des partisans; parce qu'ils
ne peuvent jamais ôter ce qu'ils ont donné.
Ainsi le favori, qu'ils élevent, a toujours dans
son zele vrai ou faux pour la république, un
prétexte pour se soustraire au souverain.

Cette république est au reste un corps monstrueux. Avant que la grande diete s'assemble,
chaque province ou Palatinat délibere sur les
matieres qu'on y doit traiter; elle nomme ses
députés ou nonces, & tient pour cela des dié-
tines qu'on appelle *ante-comitiales*. La grande

Prérogatives de la couronne.

L'unanimité est nécessaire pour terminer les délibéra-tions, & la ré-publique obéit à la force, qui arrache aux

diete s'affemble enfuite : mais les loix qu'elle
fait n'ont de force que dans les Palatinats où elles font reçues, & on en délibere dans des dié-
tines *poſt-comitiales.*

Or, dans chacune de ces dietes, rien ne fe
décide que du confentement unanime de tous
les membres. Le *veto* d'un feul gentilhomme
arrête toutes les délibérations, & les actes qui
avoient paffé unanimement font même encore
annullés. S'il y a donc quelques nobles qui veuil-
lent troubler, & il y en a toujours, la république ne peut plus agir ni même délibérer. Alors
on forme des confédérations; les confédérés des
différents partis en viennent aux mains : le vainqueur, donnant la loi, arrache aux dietes un
confentement unanime, & tout fe décide par
la force. Le roi fe trouve donc fans autorité,
lorfqu'il n'eſt pas à la tête d'une faction puiſſan-
te. Je ne m'étendrai pas davantage fur ce gouvernement abſurde que vous étudierez ailleurs.
Le peu que je viens de dire, fuffira pour vous
faire comprendre les caufes des évenements,
dont j'ai à parler.

Charles XII auroit pu conquérir la Pologne, c'eſt-à-dire, la parcourir en vainqueur.
Mais comment auroit-il pu foumettre par la
force une nobleſſe fiere, jaloufe de fon indépen-
dance, & toujours armée? A peine feroit-il
arrivé à une extrémité du royaume, qu'elle fe
feroit foulevée dans l'autre : il eût fallu laiſſer

[marginal note left:] dietes cette
unanimité.

[marginal note left:] Charles fe
propofe de dé-
trôner Auguſ-
te.

des troupes par tout. Il auroit donc éprouvé le fort de Charles X : aussi se proposoit-il seulement de détrôner Auguste. Joignant la politique aux armes, il déclaroit qu'il n'étoit pas venu faire la guerre aux Polonois, qu'il n'avoit d'autres ennemis que les Saxons, & il offroit de protéger la république, si elle vouloit élire un nouveau roi.

Le cardinal Radjouski étoit archevêque de Gnesne, c'est-à-dire, qu'il étoit par sa place le premier des sénateurs, le primat du royaume, le légat né du saint siege, le régent de la république pendant les interregnes, & la premiere personne après le roi. Ce prélat, ennemi d'Auguste, entroit dans toutes les vues de Charles XII; & il intriguoit contre son souverain, avec tous les dehors d'un grand zele pour la paix & d'une grande charité.

L'archevêque de Gnesne, primat du royaume, entre dans ses vues.

Auguste n'avoit pas gagné ceux qui s'étoient opposés à son élection, & il avoit aliéné presque tous les autres. Il n'avoit trompé personne sur les motifs qu'il avoit eus de prendre les armes contre la Suede. On convenoit bien que, par ses engagements, il devoit saisir l'occasion de recouvrer les provinces perdues : mais on savoit aussi que, par le même article des *pacta conventa*, il avoit promis de n'entreprendre aucune guerre sans le consentement de toute la république; & que par un autre, il lui étoit défendu d'introduire des troupes étrangeres dans

La noblesse qui avoit des sujets de mécontentement regardoit Charles comme le défenseur de la république.

le royaume. En lui voyant donc violer ces deux articles, on jugeoit qu'il vouloit exercer en Pologne le même pouvoir abfolu qu'il exerçoit en Saxe. On concluoit que, s'il eût conquis la Livonie, il auroit tenté de fubjuguer la république ; & on lui reprochoit d'avoir par cette guerre livré tout le royaume aux armes du roi de Suede. S'il eût réuffi, on n'eût pas ofé critiquer ainfi fa conduite. Mais dans un pays où la nature du gouvernement produit les factions, un fouverain eft bientôt abandonné, quand les plaintes commencent, & que les mécontents font affurés d'être foutenus. Les uns fe flattent de trouver de nouveaux avantages dans une révolution; les autres changent par inquiétude; & les plus fideles fuivent le torrent, parce qu'ils fe fentent trop foibles pour réfifter. Telle étoit & devoit être la difpofition des efprits, lorfque Charles XII ne paroiffoit avoir vaincu que pour protéger la république, c'eft-à-dire, le parti des mécontents. Car en Pologne la république n'eft jamais que dans le parti le plus fort.

Dans cet état de fermentation, les Palatinats demanderent une diete au roi de Pologne. C'étoit lui prefcrire de fe donner des juges, plutôt que des défenfeurs : mais un refus pouvoit aigrir encore les Polonois. Elle fut donc convoquée à Varfovie, pour le 2 décembre de l'année 1701. Si, dans les temps les plus tranquilles, cette affemblée a tant de peine à pren-

dre une réfolution ; vous pouvez juger du tumulte avec lequel elle délibéroit dans une con-
jonéture, qui enhardiffoit tous les faétieux. Les
cabales qui la divifoient, entretinrent, ou même augmenterent le mécontentement général.
Elle ne régla rien, & elle fe fépara le 17 février 1702.

Elle avoit feulement arrêté qu'on enverroit
une ambaffade à Charles XII. Le fénat confirma ce décret. Dans l'intervalle d'une diete à
l'autre, ce corps repréfente la nation. Il a le
droit de faire provifionnellement des loix. Il eft
compofé des évêques, des palatins gouverneurs
perpétuels des provinces, des caftellans gouverneurs des villes, & des grands officiers de la
couronne. La dignité des palatins eft la plus
éminente : ils préfident dans leurs gouvernements aux affemblées de la nobleffe, & ils la
commandent à la guerre. Les quatre grands officiers de la couronne font chargés de tous les détails de l'adminiftration: ils partagent entre eux
toute l'autorité: ils peuvent tout, & ne dépen-
dent du roi qu'autant qu'ils le veulent. Augufte
te ne put obtenir de ce fénat trop puiffant la
permiffion de fe mettre à la tête de l'armée po-
lonoife, & encore moins de faire venir douze
mille Saxons.

Charles répondit aux ambaffadeurs de la
république, qu'il régleroit tout lorfqu'il feroit
à Varfovie, & il marcha. A fon approche, Au-

Le fénat con-
firme ce dé-
cret & ne per-
met pas au roi
d'armer.
1702

Charles dé-
fait Augufte
à Cliffau.

gufte s'enfuit avec un petit nombre d'évêques &
de palatins, qui lui reſtoient attachés. Il envoya
des lettres circulaires pour aſſembler la poſpo-
lite, c'eſt-à-dire, pour ordonner à tous les gen-
tilhommes de monter à cheval & de le ſuivre.
Mais la plus grande partie de la nobleſſe demeura dans ſes terres. Alors il fit venir des troupes ſaxones, bien aſſuré que s'il étoit vainqueur,
on n'oſeroit pas lui reprocher de les avoir intro-
duites dans les provinces de la république. Il
les joignit aux Polonois liés à ſa fortune, & jugeant qu'il falloit vaincre ou perdre le trône, il
alla au devant de Charles XII qui s'avançoit
vers Cracovie. Les deux armées parurent en
préſence le 13 juillet 1702 dans une grande
plaine auprès de Cliſſan. Auguſte ramena trois
fois ſes troupes à la charge, c'eſt-à dire, les Saxons: car les Polonois, qui formoient ſon aîle
droite, s'étoient enfuis dès le commencement
de la bataille. Le roi de Suede gagna une victoire complete.

Sur le faux
bruit de la
mort de Char-
les, Auguſte
convoque une
diete à Lublin.
Charles en aſ-
ſemble une
autre à Varſo-
vie, & défait
encore les Sa-
xons.
1703.

Quelques jours après, étant ſorti de Cracovie dans le deſſein de pourſuivre ſon ennemi,
ſon cheval s'abattit & lui fracaſſa la cuiſſe. Cet
accident le retint ſix ſemaines au lit. Le bruit
courut même qu'il étoit mort. Auguſte profita
de cette fauſſe nouvelle, pour aſſembler à Lublin les ordres du royaume, déja convoqués à
Sendomir. Le concours y fut grand. Mais Charles, guéri de ſa bleſſure, reprit tous ſes avan-

tages. Il affembla la noblesse à Varsovie; & pendant qu'il opposoit diete à diete, il marcha contre le reste des Saxons qu'il défit encore. Rien ne pouvoit plus lui résister. Il étoit à l'occident de la Pologne, avec l'élite de ses troupes: son grand maréchal Rheinschild commandoit un grand corps d'armée dans le cœur de ce royaume; & trente mille Suédois, sous divers généraux, arrêtoient au nord & à l'orient les efforts des Russes.

Alors le primat, qui venoit de jurer au roi Auguste de ne rien entreprendre contre lui, leva tout-à-fait le masque. S'étant rendu à Varsovie, il déclara, au nom de l'assemblée, le 14 février 1704, Frédéric-Auguste, électeur de Saxe, inhabile à porter la couronne de Pologne. Aussitôt le trône fut déclaré vacant d'une voix unanime.

La diete de Varsovie déclare le trône vacant.

1704

Auguste, sachant que Charles & le primat vouloient mettre la couronne sur la tête de Jacques Sobieski, fils de Jean, fit enlever ce prince & son frere Constantin, lorsqu'ils étoient à la chasse. Alexandre frere de ces deux Sobieski, vint demander vengeance au roi de Suede, qui lui proposa de monter sur le trône. Il refusa, déclarant qu'il ne profiteroit pas du malheur de son aîné. Envain le jeune Stanislas Leczinski, son ami, se joignit à ceux qui le pressoient d'accepter. Toutes les instances furent inutiles: il persista dans son refus généreux.

Jacques Sobieski, à qui on vouloit donner la couronne, est enlevé. Alexandre son frere la refuse.

Staniſlas Lec-
zinski eſt élu.
Traité d'Alt-
Ranſtadt.

Ne pouvant donner la couronne à ceux qui
paroiſſoient y avoir plus de droit, Charles réſolut de la donner au plus digne. Il choiſit Staniſlas Leczinski, palatin de Poſnanie, & il ne
fut pas trompé dans ſon choix. Staniſlas joignoit aux vertus d'un héros de plus grandes vertus, celles qui font le bonheur des peuples.
L'aſſemblée de Varſovie eut ordre de l'élire:
elle obéit, & ce prince fut élu le 12 juillet 1704.
La guerre ne finit cependant qu'en 1707. Par
le traité conclu à Alt-Ranſtadt, Auguſte fut
forcé à renoncer pour jamais à la couronne de
Pologne, & à reconnoître Staniſlas pour roi légitime. Il fut même réduit à un tel point d'humiliation, qu'il ne put refuſer de féliciter ſur
ſon avénement, celui qui prenoit ſa place ſur
le trône: il fut obligé de lui écrire une lettre à
ce ſujet.

Patkul, am-
baſſadeur du
czar auprès
d'Auguſte, eſt
livré à Charles
qui le fait pé-
rir.

Jean Patkul, devenu ambaſſadeur du czar
auprès d'Auguſte, étoit alors dans les priſons
de Saxe. Il avoit été arrêté pour avoir projeté
un accommodement entre la Suede & la Ruſſie,
& il n'avoit formé ce projet que pour prévenir
le miniſtère du roi Auguſte, qui ſe propoſoit de
faire la paix ſans le czar. Tout ſon crime étoit
donc d'avoir voulu ſervir ſon maître, & cependant Auguſte avoit violé le droit des gens &
manqué à ſon allié. De nouveaux malheurs attendoient cet infortuné Livonien. Charles qui
exigea qu'il lui fût livré, le fit périr ſur la roue.

Si dans cette occasion ce prince ne fut pas injuste, il fut cruel au moins, & il montra combien il étoit implacable dans sa vengeance.

Pendant que Charles XII goûtoit le plaisir
de la vengeance, l'unique passion de son ame,
Pierre Alexiowitz jetoit les fondements de son
empire. Présent par-tout, il donnoit des loix
dans Moscou, il établissoit des manufactures,
il créoit des flottes sur les Palus-Méotides, sur
le lac Peipus, sur le lac Ladoga; il mettoit la
discipline dans ses camps, il repoussoit les
Suédois, il portoit ses armes dans leurs provinces, il donnoit des secours au roi Auguste,
il fondoit des villes.

Cependant le czar donnoit des loix, disciplinoit ses troupes & faisoit des conquêtes.

La journée de Narva ne l'abattit point.
Je sais bien, disoit-il, *que les Suédois nous bat-
tront long-temps : mais enfin nous apprendrons
à les battre. Évitons les affaires générales avec
eux, & affoiblissons-les par de petits combats.*
En effet les défaites étoient des leçons pour
les Russes. Dès l'année 1701, ils oserent marcher contre leurs vainqueurs & leurs maîtres.
Ils eurent rarement l'avantage, mais il suffisoit de l'avoir quelquefois pour s'aguerrir. Supérieurs en nombre, ce qui n'est rien par soi-
même, ils se rendoient en effet supérieurs, à
mesure que la discipline s'établissoit parmi eux.
D'une année à l'autre les succès devenoient
plus fréquents : les flottes & les armées suédoises étoient vaincues : les villes tomboient sous

les efforts des Russes , & en 1704, lorsqu'Auguste étoit détrôné, Pierre achevoit de se rendre maître de l'Ingrie, & prenoit Narva d'assaut.

Il traite avec humanité les citoyens de Narva.

Il étoit glorieux d'entrer en vainqueur dans une place, qui lui rapelloit sa premiere défaite : ce qui fut plus glorieux encore, c'est qu'il arrêta le pillage & le massacre. Ayant tué deux soldats, qui n'obéissoient pas à ses ordres, il entra dans l'hôtel de ville où les citoyens s'étoient réfugiés, & posant son épée sanglante sur la table, *ce n'est pas du sang des citoyens*, dit-il, *que cette épée est teinte, mais du sang de mes soldats que j'ai versé pour vous sauver la vie.* A ces traits d'humanité, qui sont trop rares dans la vie du czar, on reconnoît le grand homme. Mais comme il le disoit lui-même, il réformoit son peuple, & il ne pouvoit pas se réformer.

Il fait une entrée triomphante.

Tous les succès étoient célébrés par des entrées triomphantes. Les prisonniers faits sur un ennemi qu'on avoit cru invincible, ses drapeaux, ses étendards, ses pavillons faisoient le principal ornement de cette pompe: spectacle qui donnoit de l'émulation aux Russes , & qui rompoit l'enchantement prétendu des troupes suédoises.

Moyen dont il se sert pour détruire la prévention des

Pierre employa un moyen, aussi singulier qu'ingénieux, pour achever la réforme à laquelle il travailloit.

Il fit inviter tous les boyars & les dames aux noces d'un de ses bouffons. Il exigea que tout le monde y parût vêtu à l'ancienne mode. On servit un repas, tel qu'on les faisoit au seizieme siecle. Une ancienne superstition ne permettoit pas qu'on allumât du feu le jour d'un mariage, pendant le froid le plus rigoureux. Cette coutume fut sévérement observée le jour de la fête, quoiqu'on fût en hiver. Les Russes ne buvoient point de vin autrefois, mais de l'hydromel & de l'eau de vie: il ne permit pas ce jour-là d'autre boisson. On se plaignit en vain. Il répondit en raillant: *vos ancêtres en usoient ainsi: les usages anciens sont toujours les meilleurs.* Cette plaisanterie contribua beaucoup à corriger ceux qui préférent toujours le temps passé au présent, ou du moins à décréditer leurs murmures.

Parmi les soins que demandoient la police, les arts & la guerre, le czar entreprit de bâtir une ville à l'embouchure de la Néva sur le golfe de Finlande, à la vue des flottes suédoises qui tentoient tout pour interrompre ses travailleurs, & ruiner son ouvrage. C'est dans un lieu désert, marécageux, qui ne communique à la terre ferme que par un seul chemin, qu'il jeta, le 27 mai 1703, les fondements de Petersbourg. Il fallut lutter contre la nature, combattre les ennemis, surmonter mille obstacles qu'on n'avoit pas pu prévoir; & ce

Russes pour leurs anciens usages.

Il bâtit Petersbourg, malgré les obstacles qui s'y opposent. 1704

pendant cette ville fut achevée l'année suivante, & mise hors de toute insulte. Presque dans le même temps, il fortifioit Novogorod, Pleskow, Smolensko, Asoph, Archangel. Cependant il étendoit ses conquêtes dans la Courlande, & il envoyoit des secours à son allié détrôné.

Victoire des Russes sur les Suédois.

1706

En 1706, Mentzikof, que le czar avoit fait prince & gouverneur d'Ingrie, ayant joint Auguste dans le palatinat de Posnanie, défit le général Maderfeld près de Kalish. Ce fut la premiere bataille rangée que les Russes gagnerent contre les Suédois. Ce qu'il y a de singulier, c'est que cette victoire fut un contretemps pour Auguste, qui vainquit malgré lui. Elle dérangeoit les mesures qu'il avoit prises, parce qu'il négocioit alors secrétement le traité qui fut bientôt après conclu à Alt-Ranstadt. Il demanda pardon de sa victoire, offrant de rendre tous les prisonniers suédois, de rompre avec les Russes, & de donner au roi de Suede toutes les satisfactions convenables.

Pierre eût voulu arrêter Charles en Pologne.

Lorsque l'électeur de Saxe eut abdiqué, le czar ne négligea rien pour arrêter Charles en Pologne. Il avoit encore des troupes dans ce royaume, il en avoit plusieurs corps répandus dans la Lithuanie, & il étoit lui-même à Grodno. Croyant donc pouvoir soutenir un nouveau parti, il tenta de faire aussi une élection, & la Pologne fut sur le point d'avoir

trois rois. Sur ces entrefaites la France offrit
fa médiation : mais Charles répondit qu'il trai-
teroit avec le czar dans Moscou. Lorsque Pierre apprit cette réponse, il repliqua : *mon frere*
Charles veut faire l'Alexandre, mais il ne trou-
vera pas en moi un Darius.

Le roi de Suede partit enfin, au mois d'août
1707, de son quartier d'Alt-Ranstadt à la tête de quarante-cinq mille hommes; comptant
détrôner Pierre comme Auguste. Il semble qu'il
auroit dû prendre par la Livonie, afin de recouvrer d'abord les conquêtes qu'on avoit faites sur lui, & de marcher ensuite à Moscou.
Dans cette route, son armée n'eût manqué de
rien ; elle se fût grossie des troupes qu'il avoit
dans ces quartiers, il eût eu une retraite dans
le cas d'un échec, & il communiquoit par mer
avec la Suede, qui pouvoit lui envoyer
des secours. Il prit le chemin le moins praticable, marcha au cœur de l'hiver dans des pays
ruinés, & arriva, le 6 février 1708, à quelques
lieues de Grodno. Pierre ne l'attendit pas. Il
faisoit reculer ses troupes à l'approche de l'ennemi, qu'il vouloit engager dans des déserts &
dans des pays qu'il avoit dévastés, laissant seulement dans les postes qui pouvoient se défendre, quelques corps, afin de retarder les Suédois dans leur marche, & de les inquiéter.
Ayant pris sa route d'occident en orient, il arriva sur la rive du Niéper ou Boristhene, qui

Charles mar-
che contre
lui, & passe le
Boristhene,
1707.

B 3

sépare la Pologne de la Ruffie. Il paſſa ce fleuve à Mohilow, derniere ville de Lithuanie.
Charles, qui le fuivoit, trouva des pays ruinés,
des marais, des forêts immenſes, des déferts,
des rivieres, des torrents. Son armée ne pouvoit marcher que par corps féparés: il falloit
continuellement abattre des arbres pour fe frayer un chemin: il falloit livrer des combats.
Cependant il ſurmonta tous ces obſtacles,
& paſſa le Boriſthene au même endroit que
le czar.

CHAPITRE II.

Du midi de l'Europe depuis 1702 jusqu'en 1710.

LA France qui n'avoit pas désarmé après la paix de Riſwyck, fut en état d'agir avant les puiſſances confédérées, qui ſembloient n'avoir pas prévu la mort de Charles II. Elle eut donc des ſuccès en 1702 & en 1703 : mais les efforts qu'elle avoit faits pour ſe préparer à la guerre, demandoient qu'elle en fît de plus grands pour la continuer ; & ne lui laiſſoient cependant que des reſſources onéreuſes. Dès le commencement on eut recours à des expédients momentanés, qui mettent bientôt dans la néceſſité d'en chercher d'autres, & dans l'impuiſſance d'en trouver, ſans ſe ruiner de plus en plus. On avoit remis la capitation. On donna des édits burſaux : on les multiplia. C'étoit preſque tous les jours des créations d'offices, de rentes, de nouveaux gages, &c. On fit une réforme des monnoies, & le marc d'argent, qui en 1700 étoit à 31 livres

Reſſources ruineuſes de la France pour ſoutenir la guerre.

B 4

10 fous, fut à 34 livres 4 fous en 1702. Enfin on imagina un moyen, qui pouvoit être
d'une grande reffource à l'état obéré, fi on en
ufoit avec modération : mais il devoit achever la ruine des finances, fi on en abufoit, &
on en abufa bientôt. On introduifit des billets pour fuppléer dans le commerce au défaut
de l'efpece. Ils furent d'abord reçus fans aucune défiance de la part du public. Il importoit d'entretenir cette confiance. Il falloit donc
les répandre avec mefure; & les proportionnant
à une fomme qu'on auroit mife à part, fe
trouver toujours en état d'en rembourfer une
grande partie. Mais il parut fi commode de payer en billets, & de fournir à toutes les dé-
penfes avec du papier, que le gouvernement
n'obferva point cette proportion. Il y eut bientôt beaucoup de billets dans le public, & point
d'argent dans la caiffe. Les papiers perdirent
leur crédit, le gouvernement fit banqueroute,
& les finances tomberent dans le plus grand
défordre. Ajoutons à ces abus les variations continuelles des monnoies. Il y eut une
nouvelle réforme en 1704. On baiffa les efpeces fucceffivement en 1705, en 1706, en
1708 & au commencement de 1709; & dans
cette derniere année on les hauffa enfuite tout-
à-coup, en forte que le marc d'argent fut porté à 40 livres.

Commerce. Pendant que la France s'épuifoit au dedans

par une mauvaife adminiftrotion, elle s'affoi-
bliffoit au dehors par les coups redoublés, que
fes ennemis lui portoient. Le duc de Savoie,
dont la fidélité avoit été fufpecte à Catinat,
avoit abandonné Louis XIV au commencement de 1703, & s'étoit joint aux confédérés.
Cette défection contribua aux malheurs que la
France fe préparoit elle-même. Ils commencerent en *1704*, l'année que Stanislas fut élu roi
de Pologne. Le maréchal de Villars, à qui
elle devoit les fuccès qu'élle avoit eus en Allemagne l'année précédente, fut rappellé, &
le maréchal de Marfin, qui le remplaça, perdit la bataille d'Hochftet le 23 août. La déroute fut complete. Les François, qui étoient fur
le Danube, repafferent le Rhin. Ils perdirent
plus de quatre-vingts lieues de pays. Il fembloit qu'on craignît d'employer les meilleurs
généraux, & cependant les confédérés avoient
à leur tête les deux plus grands capitaines, le
prince Eugene & le duc de Marlborough.

En *1705* Marlborough, fe propofoit de
pénétrer en France par la Lorraine & par la
Champagne. Le maréchal de Villars, qu'on
lui oppofa cette fois, le força de renoncer à ce
projet. Les François eurent quelques avantages
en Italie, & leurs ennemis en eurent d'autres
en Efpagne. Il n'y eut point de grandes batailles décifives. Louis XIV & Philippe V, fen-
tant leur foibleffe, avoient ordonné à leurs gé-

[marginalia:] ment de fes revers. 1704

[marginalia:] Campagne de 1705.

néraux de se tenir sur la défensive, & de ne rien hasarder.

La maison d'Autriche e-
xagere sa foi-
bleste, afin de
rendre la mai-
son de Bour-
bon plus re-
doutable.
1705

Léopold mourut cette année. Sa mort ne fit point de changement dans les affaires générales. Car les ministres, qui l'avoient gouverné, gouvernerent son fils Joseph, & continuerent sur le même plan. D'ailleurs, quoique toute l'Europe armât pour la maison d'Autriche, l'empereur étoit de tous les confédérés celui qui contribuoit le moins aux frais de la guerre. Cette maison avoit alors tout-à-fait changé de politique. Auparavant elle tendoit au despotisme sans dissimuler son ambition; alors elle y tendoit en exagérant sa foiblesse à toutes les puissances. Son unique objet étoit de persuader que la France étoit seule à redouter; considérant qu'elle s'éleveroit d'abord par l'abaissement de cette monarchie, & ensuite parce qu'on la fortifieroit de ce qu'on enleveroit à Louis XIV. Mais si l'opinion, qu'il falloit humilier la France, devint contagieuse, ce fut par la faute de la France même, qui avoit trop voulu se faire craindre. La cour de Vienne profita de cette opinion, qu'elle avoit contribué à répandre. Les confédérés, livrés aux vues particulieres du roi Guillaume & du duc de Marlborough, l'embrasserent avec plus de passion que de sagesse. Enfin on arma contre la maison de Bourbon, avec le même en-

thoufiafme qu'on avoit armé contre la maifon
d'Autriche, & avec plus d'aveuglement.

En 1706, les François furent battus, par-
tout, excepté en Allemagne, où le maréchal
de Villars foutenoit fa réputation. La campagne fut une fuite de revers en Efpagne, jufqu'à l'arrivée du maréchal de Berwick. Philippe avoit été contraint d'abandonner l'Efpagne,
l'archiduc Charles avoit été reconnu dans Madrid. Berwick reconduifit Philippe dans cette
capitale, & recouvra toute l'Efpagne, à l'exception de la Catalogne.

En Flandre, Villeroi, qu'on avoit oppofé
à Marlborough, perdit le 23 mai la bataille de
Ramillies. Ce fut encore une déroute entiere.
Les ennemis fe rendirent maîtres de prefque
toute la Flandre efpagnole, & enleverent encore des places à la France.

Le 19 avril, Vendôme avoit gagné en Italie la bataille de Calcinato. Il ne reftoit plus
qu'à prendre Turin pour fe rendre maître de
tous les états du duc de Savoie. Mais Vendôme fut rappellé d'Italie en Flandre, où l'on
avoit befoin d'un bon général. Le duc de la
Feuillade & le maréchal de Marfin, qui le
remplacerent, ayant formé le fiege de Turin,
furent forcés dans leurs lignes le 7 feptembre par le prince Eugene, & entiérement dé-

Campagne de
1706.

faits. Ils étoient fous les ordres du duc d'Orléans, dont on ne fuivit pas les confeils. Marfin avoit les ordres fecrets de la cour, qui fe
croyant préfente par-tout, vouloit conduire
les opérations de la guerre au delà des Alpes.
Cette défaite fit perdre à la France & à l'Efpagne le Milanès, le Piémont, la Savoie & le
royaume de Naples. Philippe ne conferva plus
que la Sicile.

Campagne de
1707. En Efpagne, la campagne de 1707 fut glorieufe pour le maréchal de Berwick & pour le
duc d'Orléans. Le maréchal de Villars continuoit d'acquérir de la gloire en Allemagne; &
le maréchal de Teffé fit lever le fiege de Tou-
lon au duc de Savoie & au prince Eugene. Il
ne fe paffa rien en Flandre. Marlborough étoit
allé en Saxe, pour pénétrer les deffeins du roi
de Suede, & pour le détourner de s'unir à la
France, à quoi Charles ne penfoit pas.

Campagne de
1708. En 1708 le duc de Vendôme commandoit
l'armée de Flandre, fous les ordres du duc de
Bourgogne. On lui reproche d'avoir fait plufieurs fautes: mais on convient qu'il fut toujours contrarié par les courtifans, qui entou-
roient le duc de Bourgogne. Il commença la
campagne par la furprife de Gand. Ayant enfuite réfolu de faire le fiege d'Oudenarde, il
livra la bataille à milord Marlborough & au
prince Eugene, qui eurent l'avantage. Il fut

alors contraint de se retirer vers Gand ; & il
ne fut pas le maître d'attaquer les ennemis,
lorsqu'ils assiégeoient Lille, qui se rendit après
quatre mois de siege. Cette journée d'Oudenarde fit perdre à l'Espagne ce qui lui restoit
dans les Pays-Bas, à l'exception de Luxem-
bourg, de Mons & de Nieuport.

Après tant de revers la paix devenoit nécessaire à la France & à l'Espagne ; & si les Espagnols ne pouvoient pas encore penser sans
chagrin au démembrement de leur monarchie,
il étoit temps qu'ils y consentissent au moins
par impuissance. Louis XIV avoit fait des propositions dès 1706. Alors Philippe se fût vraisemblablement contenté du royaume de Naples, & des autres états qu'il possédoit encore
en Italie ; & il eût abandonné l'Espagne, dont
l'archiduc venoit de se rendre maître. En 1707,
on eût pu former d'autres projets de partage,
puisqu'alors l'empereur Joseph s'emparoit de
l'Italie, pendant que le duc de Berwick re-
conquéroit l'Espagne. Il est donc certain que
les Anglois & des Hollandois auroient pu obtenir tout ce qu'ils s'étoient proposé par leur
alliance, c'est-à-dire, le partage de la monarchie espagnole. Il semble par conséquent qu'ils
n'avoient plus qu'à terminer la guerre. S'ils
vouloient maintenir l'équilibre, ils ne devoient
pas entreprendre d'opprimer la maison de Bourbon, pour rendre à la maison d'Autriche cette

*La paix étoit
nécessaire à la
France & à
l'Espagne, &
l'intérêt de
l'Angleterre
& de la Hol-
lande deman-
doit qu'elle se
fît.*

supériorité de puissance qui l'avoit rendue redoutable. De quelques espérances qu'ils osassent se flatter, en considérant l'épuisement de la France, il n'étoit pas prudent de prescrire à cette monarchie des conditions qu'elle ne pouvoit accepter sans honte : c'étoit lui faire trouver des ressources dans son désespoir : c'étoit prolonger la guerre, lorsqu'il pouvoient faire une paix glorieuse ; & cependant la fortune pouvoit changer. D'ailleurs, quoique la situation de l'Angleterre & de la Hollande ne fût pas aussi mauvaise que celle de la France, ces deux puissances étoient néanmoins dans un état violent. Comme elles portoient presque seules tout le faix de la guerre, elles avoient fait des efforts qu'elles ne pouvoient continuer sans surcharger les peuples d'impôts, & sans contracter de nouvelles dettes. Elles se ruinoient par conséquent.

Mais Marlborough, Eugene & Heinsius vouloient la guerre. Mais Marlborough, le prince Eugene, & le pensionnaire Heinsius, qui leur étoit dévoué, vouloient la guerre, & tout fut sacrifié aux vues particulieres de ces trois hommes. Ils paroissoient faire penser à leur gré les peuples qu'ils conduisoient. On s'irritoit au souvenir des usurpations de Louis XIV : parce qu'on avoit eu des succès, on s'en promettoit de plus grands : encore quelques campagnes, disoit-on & la France ne sera plus à craindre. On ne vouloit pas voir qu'elle ne l'étoit déja plus ;

& parce qu'on l'avoit humiliée, on vouloit la ruiner entiérement. C'est ainsi qu'après avoir commencé la guerre par politique, on la continua par passion.

Les premieres négociations se firent avec la république de Hollande, qui exigea, comme condition préliminaire, que l'Espagne & les états dépendants de cette monarchie, dans l'ancien comme dans le nouveau monde, appartiendroient à la maison d'Autriche. Elle demandoit de plus des suretés pour son commerce, & une barriere dans les Pays-Bas contre la France, sans s'expliquer encore sur les places dont elle vouloit former cette barriere. Puisque ces articles, qui étoient les plus essentiels à traiter, étoient qualifiés de préliminaires, on pouvoit prévoir que les Hollandois formeroient beaucoup d'autres prétentions.

Propositions préliminaires de la Hollande à la France qui demande la paix.

Dans l'impatience d'avoir la paix, Louis XIV eût voulu pouvoir conclure avant l'ouverture de la campagne de 1709 ; prévoyant que les premiers événements pouvoient rompre la négociation, si elle n'étoit au moins déja fort avancée. Il accepta donc les premieres propositions qu'on lui avoit faites, & se bornant à demander un dédommagement pour les états que Philippe abandonneroit, il se contentoit des royaumes de Naples & de Sicile. Il desiroit

Louis les accepte, & se borne à demander un dédommagement pour Philippe V.

à la vérité qu'on y ajoutât la Sardaigne & les places que l'Espagne occupoit sur les côtes de Toscane : mais il étoit prêt à se désister sur ce dernier article. Cette négociation ne pouvoit pas réussir : car les Hollandois, qui se croyoient alors les arbitres de l'Europe, ne vouloient pas encore sincérement la paix ; & quand même ils l'auroient voulue, ils n'auroient pas eu assez de pouvoir sur leurs alliés.

Mais la Hollande ne pouvoir pas donner la paix.

C'est en vain, disoit Marlborough, que la France se flatte de faire la paix par l'entremise de la Hollande. En effet cette république ne pouvoit rien par elle-même, & c'est avec l'Angleterre qu'il eût fallu négocier. Cependant Louis XIV, prévenu que les Hollandois pouvoient donner la paix, continuoit à traiter avec eux : il y étoit même forcé, parce qu'alors le ministère de Londres se déclaroit ouvertement pour la continuation de la guerre, & qu'au contraire les États-Généraux paroissoient au moins vouloir entrer en négociation.

Marlborough & Eugéne répandent que Louis ne veut que diviser ses ennemis.

Cependant Marlborough & le prince Eugene craignirent que les offres de la France ne fissent impression sur les peuples ; & que tout l'odieux d'une guerre, dont on étoit fatigué, & qu'ils vouloient continuer, ne retombât sur eux. Ils chercherent donc à persuader que les propositions de Louis XIV n'étoient pas sinceres, qu'ils

qu'il ne penfoit qu'à divifer les alliés ; ils déclarerent que toutes les conférences qu'on avoit te-
nues, étoient défagréables aux cours de Vienne
& de Londres, qui ne fouffriroient pas qu'on
fît aucune diftraction à la monarchie d'Efpagne. La France penfoit néanmoins qu'elle ne
devoit pas encore défefperer de la paix.

Il eft vrai que Marlborough & le grand tréforier Godolfin, fon ami & fon allié, gouver-
noient l'Angleterre, & partageoient entre-eux
toute l'autorité : il eft vrai encore qu'ils vouloient abfolument la continuation de la guerre,
parce qu'en les rendant néceffaires, elle contribuoit à maintenir leur crédit. Mais il fe faifoit
contre eux des brigues fourdes à la cour de Londres, & la reine commençoit à fouffrir impa-
tiemment la domination de fon général. Une
révolution dans cette cour pouvoit donc changer la face des chofes : car un nouveau miniftere
devoit rechercher la paix, afin de s'affermir,
en rendant Marlborough tout-à-fait inutile. En
fuppofant que cette révolution n'eût pas lieu,
on fe flattoit de pouvoir enfin gagner Marlborough même. On connoiffoit la paffion qu'il
avoit d'amaffer des richeffes fans bornes : on lui
avoit déja fait quelques propofitions : ils les
avoit écoutées fans s'offenfer, & feulement en
rougiffant quelquefois.

Les conférences, qui avoient commencé à
Moërdik au mois de mars 1709 entre le préfi-

La France
pouvoit avoir
la paix, s'il fe
faifoit un
changement
dans le minif-
tere de Lon-
dres.

Plus la Fran-
ce cédoit, plus

la Hollande
demandoit,&
la negociation
n'avançoit
point.

dent Rouillé, miniſtre du roi, & deux députés de Hollande, Buys & Wanderduſſen, continuoient de ſe tenir à Boedgrave. Cependant
la négociation n'avançoit point, parce qu'à
meſure que la France cédoit, les Hollandois
formoient de nouvelles demandes, ſans s'expliquer jamais ſur le terme qu'ils voudroient
mettre à leurs prétentions. A peine avoient-ils
obtenu une place pour leur barriere, qu'ils en
exigeoient une autre. Ils ne paroiſſoient pas
moins ardents, lorſqu'il s'agiſſoit des intérêts
de leurs alliés; parce qu'ils ſe croyoient autoriſés à
demander d'autant plus pour eux-mêmes, qu'ils
demandoient davantage pour l'Angleterre, pour
la maiſon d'Autriche, pour l'Empire & pour le
duc de Savoie.

D'ailleurs
la Hollande
ne s'engageoit
point, & vou-
loit que la
France s'en-
gageât.

Il n'étoit pas poſſible de négocier avec eux;
parce qu'ils vouloient toujours de nouvelles ceſ-
ſions, & que cependant ils ne s'engageoient jamais. Quoi qu'ils puſſent obtenir, ils ne promettoient rien à la France, du moins ils ne lui
aſſuroient rien; & ce qu'ils avoient accordé
dans une conférence, ils le déſavouoient dans
une autre. Lorſqu'on leur demandoit les royaumes de Naples & de Sicile pour dédommager
Philippe V, ils répondoient ſeulement qu'ils
emploieroient leurs bons offices auprès de leurs
alliés. Les électeurs de Baviere & de Cologne
avoient été proſcrits en 1706, à la diete de Ratisbonne. Le roi demanda qu'ils fuſſent rétablis

dans leurs biens & dans leurs dignités : & les Hollandois fe contenterent encore d'offrir leurs bons offices.

On leur avoit accordé tout ce qu'ils pou-voient defirer pour eux, & on les exhortoit à déclarer à leurs alliés, que s'ils refufoient d'en-trer en négociation, la république les abandon-neroit, & ne fongeroit plus qu'à fes intérêts. Mais c'étoit inutilement. Les Hollandois n'é-toient pas affez puiffants pour régler feuls les conditions de la paix, & forcer leurs alliés à les accepter. Eugene, Marlborough & Heinfius s'étoient rendus maîtres des délibérations. Leur autorité étoit foutenue par les armées des con-fédérés qui s'affembloient dans les Pays-Bas; & ils avoient pour eux le plus grand nombre des citoyens, qui vouloient que la guerre conti-nuât. D'ailleurs il n'eût pas été prudent à la république de traiter féparément: car il lui fal-loit pour la fureté de fon traité la garantie de fes alliés.

Elle refufe de traiter féparé-ment quoiqu'-on lui accorde tout ce qu'el-le demande pour elle.

Cependant elle ne pouvoit fe diffimuler le befoin qu'elle avoit de la paix. Le poids de la guerre devenoit tous les jours plus péfant, l'ar-gent plus rare, le crédit moins affuré, les fonds plus difficiles à trouver. Mais quand les Hol-landois confidéroient le trifte état où la France étoit réduite, ils fupportoient volontiers leurs peines. Énivrés de leur fuccès, comptant fur de

Elle fouffre beaucoup de la guerre : mais elle fe flatte d'ache-ver la ruine de la France.

C 2

plus grands encore, ils se flattoient de la voir
bientôt succomber sous leurs efforts redoublés.
Eugene & Marlborough les entretenoient dans
cette opinion.

Etat de la
France, & si-
tuation de
Louis d'après
M. de Torci.
1709

Leur confiance ne paroissoit pas sans fondement. Vous en jugerez par le tableau que M.
de Torci fait de l'état où la France se trouvoit
alors. » Il est vrai, dit-il, qu'elle étoit affligée
» de plusieurs maux. La famine imminente se
» joignoit à ceux de la guerre : le froid excef-
» fif, succédant subitement au dégel au com-
» mencement du mois de janvier, avoit fait
» périr les grains semés. Le printemps paroif-
» foit sans laisser voir aucune apparence des
» productions des biens de la terre. On ne pré-
» voyoit que malheur de tous côtés. Les dif-
» cours étoient aussi tristes que les sujets de rai-
» sonnement. On enchérissoit encore sur le
» mauvais état du royaume ; & ce que chacun
» en disoit, vrai ou faux, passoit dans les pays
» étrangers. Il est certain qu'une guerre soute-
» nue pendant huit ans contre la plus grande
» partie des puissances de l'Europe, avoit ex-
» trêmement affoibli les provinces. Les nou-
» velles que les étrangers en recevoient, per-
» fuadoient sans peine qu'elles étoient épuisées
» d'hommes & d'argent. Chaque jour les ref-
» fources & le crédit pour trouver de nouveaux
» fonds périssoient : les armées du roi, autre-
» fois victorieuses, avoient été forcées, après

» des batailles fanglantes, d'abandonner les
» pays où elles étoient entrées comme triom-
» phantes.

» L'Allemagne, les Pays-Bas, le Piémont
» avoient été le théâtre de leurs défaftres. Les en-
» nemis du roi, accoutumés à rendre les places
» afliégées, prefqu'auffitôt que le fiege en étoit
» formé, s'étoient rendus maîtres à leur tour
» des places de la domination de fa majefté. Ils
» menaçoient de pénétrer dans le cœur de la
» France. Elle n'étoit pas en état de regarder
» comme vaines des menaces nouvelles, & fi
» peu vraifemblables lorfque la guerre avoit
» commencé. Le roi donnoit alors fes ordres
» fur les bords du Danube, du Tage & du Po.
» On n'auroit pas cru qu'après quelques an-
» nées il eût été réduit à défendre l'intérieur de
» fon royaume, même obligé d'examiner s'il
» pourroit demeurer en fureté dans le lieu de
» fon féjour ordinaire.

» Quoique le courage des troupes eût été
» éprouvé en toutes occafions, même les plus
» malheureufes, on doutoit fi elles réfifte-
» roient au défaut de payement & de fubfif-
» tance.

» La feule reffource étoit donc celle de la
» paix defirée & demandée, comme le falut
» du royaume. Mais ce defir ardent, fondé fur

C 5

» une nécessité évidente, augmentoit l'aliéna-
» tion des ennemis, & fournissoit à leur haine
» autant de raisons nouvelles de frapper &
» d'accabler la France, en continuant une
» guerre qu'elle ne pouvoit plus soutenir. C'é-
» toit la source de tant de prétentions, quali-
» fiées de préliminaires nécessaires, des varia-
» tions des négociateurs hollandois soumis à
» leurs alliés, des demandes nouvelles qu'ils
» avoient faites à chaque conférence, du désa-
» veu fait de leur part dans les dernieres, des
» mêmes points dont ils étoient convenus dans
» les précédentes.

» Le cours d'un regne heureux n'avoit été
» traversé, pendant une longue suite d'années,
» d'aucun revers de fortune. Le roi ressentit
» d'autant plus vivement les calamités, qu'il
» ne les avoit pas éprouvées depuis qu'il gou-
» vernoit lui-même un royaume florissant.
» C'étoit un terrible sujet d'humiliation pour un
» monarque accoutumé à vaincre, loué sur ses
» victoires, ses triomphes, sa modération, lors-
» qu'il donnoit la paix, & qu'il en prescrivoit
» les loix, de se voir alors obligé à la deman-
» der à ses ennemis; leur offrir inutilement pour
» l'obtenir, la restitution d'une partie de ses con-
» quêtes, celle de la monarchie d'Espagne, l'a-
» bandon de ses alliés; & forcé de s'adresser
» pour faire accepter de telles offres, à cette
» même république, dont il avoit conquis les

» principales provinces en l'année 1672, &
» rejeté les soumissions, lorsqu'elle le supplioit
» de lui accorder la paix à telles conditions
» qu'il lui plairoit de dicter.

» Le roi soutenoit un changement si sensi-
» ble avec la fermeté d'un héros, & la soumis-
» sion parfaite d'un chrétien aux ordres de la
» providence, moins touché de ses peines in-
» térieures, que de la souffrance de ses peuples,
» toujours occupé des moyens de la soulager &
» de terminer la guerre. A peine appercevoit-
» on qu'il se fît quelques violences pour ca-
» cher au public ses sentiments. Ils étoient en
» effet si peu connus, que c'étoit alors une opi-
» nion assez commune, que plus sensible à sa
» gloire qu'aux maux de son royaume, il pré-
» féroit au bien de la paix la conservation de
» quelques places qu'il avoit conquises en per-
» sonne ; que s'il pouvoit se résoudre à les cé-
» der, il auroit la paix, & qu'elle dépendoit du
» sacrifice de ces mêmes places.

» Quelques-uns de ceux qui approchoient
» le plus près de sa majesté, n'étoient pas
» exempts de former ces soupçons injustes. Ils
» se glissèrent même dans son conseil. . . . . . .

Plus la paix s'éloignoit, plus on sentoit le
besoin de l'obtenir, à quelque prix que ce fût.
Le duc de Beauvilliers, chef du conseil des fi-

nances, & le chancelier Pontchartrain, em-
ployerent les plus fortes raisons pour repréſenter combien elle étoit néceſſaire ; à quelle ex-
trêmité le roi & le royaume ſe trouveroient
réduits, ſi malheureuſement on laiſſoit échapper l'occaſion de la conclure ; & quelles ſeroient
les ſuites funeſtes d'une guerre qu'il n'étoit plus
poſſible de ſoutenir. Ils s'adreſſerent enſuite au
miniſtre de la guerre & à celui des finances, les
preſſant de dire à ſa majeſté, en miniſtres fi-
déles, s'ils croyoient, connoiſſant particuliérement l'état des troupes & des finances, qu'il lui
fût poſſible de ſoutenir les dépenſes, & prudent
de s'expoſer aux haſards de la campagne. Ils paroiſſoient donc croire qu'on ne vouloit pas ſincérement la paix ; ce ſoupçon, qui retomboit
ſur Louis XIV, étoit cruel pour ce monarque.

» Une ſcene ſi triſte, ajoute M. de Torci,
» ſeroit difficile à décrire, quand même il ſe-
» roit permis de révéler le ſecret de ce qu'elle
» eut de plus touchant.

» Le roi éprouva pour lors que l'état d'un
» monarque, maître abſolu d'un grand royau-
» me, n'étoit pas toujours l'état le plus heureux
» & le plus à ſouhaiter. Il ſentit que s'il étoit
» au-deſſus des autres hommes, il étoit auſſi
» expoſé à de plus grands revers ; que plus on
» eſt élevé, plus l'infortune eſt ſenſible ; & que

» c'est pour un prince un sujet de douleur aussi
» vif que légitime de se voir attaqué de tous
» côtés, sans avoir les moyens ni de soutenir
» la guerre ni de faire la paix.

J'ai voulu, Monseigneur, vous rapporter ce
long passage de M. de Torci, parce que la peinture que ce ministre fait de la situation de votre
ayeul, est une leçon qui vaut beaucoup mieux
que toutes celles que je pourrois vous donner
moi-même. Rappellez-vous actuellement tout
le regne de Louis XIV. Considérez d'un côté
le faste avec lequel il donnoit des loix à l'Europe, & de l'autre l'héroïsme qu'il montre dans
ses adversités. Jugez en conséquence de la vraie
gloire ; & dites quel est le temps où ce monarque vous paroît avoir été le plus grand. Je
me flatte que vous n'en jugerez pas comme le
vulgaire.

Il fut arrêté de faire de nouveaux sacrifices,
d'abandonner encore plusieurs places à la république de Hollande, de se contenter du royaume
de Naples sans la Sicile pour le dédommagement de Philippe V, de remettre aux conférences pour la paix les intérêts des électeurs de
Cologne & de Baviere, & de consentir que
le prétendant, à qui le roi avoit donné un
asyle, sortît de France. Tels sont les ordres
qu'on se proposoit d'envoyer au président
Rouillé.

*Louis se ré-
soud à faire
de nouveaux
sacrifices.*

Mais il reſtoit peu de temps pour conclure. Les conférences duroient depuis deux mois : on étoit à la fin d'avril, & l'ouverture de la campagne n'étoit retardée que par le dérangement de la ſaiſon. Afin de preſſer la négociation, il eût été à ſouhaiter d'employer un négociateur, qui étant inſtruit plus particuliérement de l'état des choſes, pût prendre ſur lui de paſſer ſes pouvoirs, s'il trouvoit le moment heureux, mais ineſpéré, de conclure. Le marquis de Torci, miniſtre des affaires étrangeres, s'offrit au roi, & partit pour la Haye le 1 mai, chargé d'exécuter les ordres qui avoient d'abord été expédiés pour le préſident Rouillé.

Torci, ſon paincipal miniſtre, part pour la Haye.

Ce voyage donna lieu à bien des diſcours. Quelques-uns le jugeoient auſſi contraire au ſervice qu'à la gloire du roi, penſant qu'il ne convenoit pas que ſon principal miniſtre allât demander en ſuppliant la paix à ſes ennemis. Mais plus cette démarche paroiſſoit extraordinaire, plus eLe prouvoit les vrais ſentiments de Louis XIV ; & il importoit de faire connoître à l'Europe & à la France même les diſpoſitions ſinceres où il étoit de tout ſacrifier à la paix. C'étoit un des objers que ſe propoſoit le marquis de Torci. Il eſpéroit encore de pénétrer les deſſeins des ennemis, & peut-être de les engager à les révéler eux-mêmes.

Le roi vouloit prouver à l'Europe & à la France combien il deſiroit ſincérement la paix.

Torci négocia directement avec Heinſius en préſence de Buys & de Wanderduſſen, qui furent admis aux conférences. Mais le penſionnaire ne ſe montra pas moins difficile avec lui, que les deux députés l'avoient été avec le préſident Rouillé. Il étaloit d'un côté les forces des confédérés, il repréſentoit de l'autre l'état de foibleſſe où la France étoit réduite. Dès-lors il ne doutoit plus des ſuccès de la campagne prochaine, pour laquelle tous les préparatifs étoient faits. Il diſoit que la confiance des Hollandois étoit ſi grande, que pluſieurs murmuroient des conditions dont les députés s'étoient expliqués avec le préſident Rouillé; & il en concluoit que dans des conjonctures auſſi favorables, il n'étoit pas naturel de penſer à ſe relâcher. Ainſi, quoique Buys & Wanderduſſen euſſent promis que la république emploieroit ſes bons offices pour conſerver le royaume de Naples & de Sicile à Philippe V, il déclara qu'il ne ſe feroit aucun démembrement de la monarchie d'Eſpagne; que la république s'y étoit engagée par des traités faits avec ſes alliés; & qu'elle ne pouvoit propoſer de priver la maiſon d'Autriche d'une partie de cette monarchie, parce qu'elle ne vouloit pas manquer à ſes engagements. Il ne s'en tenoit pas là. Il s'agiſſoit encore de ſatisfaire l'Angleterre, l'empereur, l'empire & le duc de Savoie. Sous prétexte d'oppoſer de tous côtés

Torci a des conférences avec Heinſius, & la négociation ſouffre de nouvelles difficultés.

des barrieres à l'ambition de la France, on eût
voulu lui enlever toutes fes provinces frontieres, & l'ouvrir de tous côtés à l'ennemi. On
affectoit de la craindre, pour former des prétentions ; & il fembloit que toutes les puiffances voifines vouluffent faifir l'occafion de s'enrichir à fes dépens. Enfin fi le penfionnaire s'occupoit vivement des intérêts des alliés, il ne
négligeoit pas ceux de la république. Bien
loin de fe borner aux places que les députés
avoient demandées pour la barriere, il difoit,
fans diffimulation, qu'il falloit profiter des circonftances, qui permettoient d'en obtenir encore de nouvelles.

A l'arrivée de
Marlborough
les conféren-
ces recom-
mencent.

Cependant la négociation languiffoit. Le
prince Eugene étoit arrivé : mais on attendoit
encore milord Marlborough, qui étoit à Londres, & dont le retour n'étoit retardé que par
les vents. Torci avoit ordre de lui offrir jufqu'à
quatre millions, fi la France obtenoit la paix
à des conditions moins dures. Il arriva le 18
mai. Les conférences recommencerent : elles
devinrent fréquentes : mais Torci & Rouillé
connurent bientôt qu'elles n'auroient aucun
fuccès. Marlborough avoit befoin de la guerre,
pour fe maintenir contre les brigues que fes
ennemis tramoient à Londres ; & elle étoit
pour lui un fond de richeffes bien fupérieur aux
offres de Louis XIV.

En effet on avoit satisfait l'Angleterre & la Hollande sur toutes leurs demandes ; & le roi se désistant de tout dédommagement pour son petit fils, abandonnoit absolument toutes les parties de la monarchie d'Espagne à la maison d'Autriche. Il sembloit donc que les Anglois & les Hollandois n'avoient plus qu'à terminer une guerre dont ils portoient presque tout le poids. Mais parce qu'ils ne vouloient pas la paix, ils trouvoient toujours dans les prétentions de leurs alliés des prétextes pour l'éloigner. Ils demanderent que la France restituât toute l'Alsace à l'Empire, & qu'elle abandonnât au duc de Savoie toutes les places qu'il avoit conquises en Dauphiné, & d'autres encore.

Louis satisfait l'Angleterre & la Hollande sur toutes leurs demandes ; & renonce pour son petit-fils à toute la monarchie d'Espagne.

Quand le roi auroit cédé sur ces articles, il n'auroit pas obtenu la paix. L'Espagne suffisoit seule pour faire naître de nouvelles difficultés. On demanda quelle sureté Louis XIV donneroit de la cession entiere de cette monarchie. Torci & Rouillé répondirent que le roi rappelleroit les troupes qu'il avoit données à son petit-fils, & que cette sureté étoit suffisante ; parce que Philippe V, privé des secours de la France, seroit hors d'état de se soutenir contre les forces des confédéres.

Il offre de retirer les troupes qu'il avoit données à Philippe V.

On repliquoit que le rappel des troupes françoises ne suffisoit pas ; & qu'il falloit une

On veut qu'il soit garant

que cette mo-
narchie fera
dans deux
mois livrée
toute entiere
à la maison
d'Autriche.

affurance pofitive que la monarchie d'Efpagne feroit livrée toute entiere à la maifon d'Autriche : parce qu'autrement la France joniroit de la paix, pendant que les autres puiffances feroient obligées de continuer la guerre pour dépoffeder Philippe V.

On n'ofoit pas encore propofer à Louis XIV de déclarer la guerre à fon petit-fils, condition odieufe qu'on infinua bientôt après. Mais on exigeoit qu'il fût garant de la ceffion de toute l'Efpagne.

On veut qu'il
donne des pla-
ces en ôtage.

C'étoit lui demander plus qu'il ne pouvoit exécuter. Car dès qu'il ne s'agiffoit pas d'armer contre Philippe V, que pouvoit il faire de plus que de ne pas armer pour lui ? Cependant on s'opiniâtroit à vouloir fa garantie. Pour en être affuré, les Hollandois demandoient qu'il leur donnât plufieurs places en ôtage, & qu'il leur remît en même temps toutes celles dont ils vouloient former leur barriere. Ce n'eft qu'à ces conditions qu'ils lui offroient un armiftice de deux mois, pendant lequel il feroit tenu d'engager Philippe V à defcendre du trône. S'il n'y réuffiffoit pas, la guerre contre la France recommençoit auffi-tôt, & les ennemis reprenoient les armes avec tous les avantages des places qui leur auroient été remifes. Ces propofitions étoient fi extraordinaires, qu'il eût été beaucoup plus raifonnable de fe refufer à toutes les conférences, & de déclarer qu'on ne vouloit pas la paix.

Comme tout le temps des conférences se consumoit en disputes, où l'on répétoit continuellement les mêmes choses, sans jamais conclure; les négociateurs françois penserent qu'en mettant par écrit les articles compris sous le titre de préliminaires, ils pourroient fixer l'état de la question, & forcer les ennemis à répondre d'une maniere plus précise. Ils se flattoient au moins d'en retirer un autre avantage, & ce fut aussi le seul qu'ils retirerent : c'étoit de faire connoître au public les offres du roi & les réponses qu'on y auroit faites. Car alors les françois seroient bien convaincus qu'il vouloit sincérement la paix, & les Hollandois pourroient s'appercevoir que les intérêts de la république étoient sacrifiés à l'ambition de leurs alliés.

Torci remet à Hejasius un écrit contenant les offres du roi.

Le mémoire des négociateurs françois renouvella les disputes : on se répéta, & on ne conclut point. Alors la seule utilité que Torci pouvoit retirer de son voyage, étoit de savoir à quelles conditions précises les ennemis accorderoient la paix, & d'avoir de leur main un écrit qui dévoilât leurs desseins & leurs procédés. C'est l'objet qu'il s'étoit proposé dès le commencement de la négociation. Il demanda donc que, puisqu'il avoit remis un projet des

Heinsius y répond.

offres du roi, ils lui communiquassent à leur tour un projet de leurs demandes. Le pensionnaire accepta la proposition; & de concert avec Eugene, Marlborough & Sinzendorff, ministre de l'empereur à la Haye, il écrivit un plan général d'articles préliminaires.

Il est prouvé qu'on met la paix à des conditions, qui ne sont pas au pouvoir de Louis.

Ce plan conforme à toutes les prétentions que les ennemis avoient formées jusqu'alors auroit remis entre leurs mains les principales places de la frontiere de Flandre; & ils auroient recommencé la guerre deux mois après, si dans ce terme le roi d'Espagne n'eût pas renoncé au trône. C'étoit mettre la paix à des conditions qui n'étoient pas au pouvoir de Louis XIV, & que par conséquent il ne pouvoit pas promettre. Il ne restoit plus au marquis de Torci qu'à revenir en France. Il partit de la Haye le 28 mai. Le roi, après avoir entendu le compte qu'il lui rendit de son voyage, rejeta le projet du pensionnaire : il rappella le président Rouillé, & la négociation finit.

L'Angleterre & la Hollande se plaignent qu'on laisse échapper la paix.

On se plaignit en Angleterre & en Hollande des chefs de la confédération qui laissoient échapper la paix, lorsque l'une & l'autre de ces deux puissances obtenoient tout ce qu'elles pouvoient desirer. Les ennemis personnels de Marlborough surent profiter, à son désavantage, de sa complaisance à préférer les intérêts de l'empereur au bien de sa patrie; & l'empereur même

même ne fut pas satisfait. On avoit, selon
lui, donné trop peu d'attention à la barriere
de l'empire.

Ces plaintes, qui semoient la division parmi les confederés, sont un des fruits que la
France retira de la négociation de la Haye. Elle
en recueillit un autre, lorsque, d'après les conseils de Torci, Louis XIV écrivit aux gouverneurs des provinces, pour informer ses sujets
des facilités qu'il avoit apportées à la paix, &
de l'opposition opiniâtre de ses ennemis. Les
raisons étoient bonnes. Exposées avec simplicité,
elles étoient accompagnées des sentiments d'un
pere pour ses peuples, & de la confiance d'un
souverain en leur zele. Elles produisirent l'effet
qu'on en devoit attendre. Les François indi-
gnés en sentirent moins le fardeau de la guerre;
& prêts à sacrifier leurs biens & leur vie, ils
ne songerent qu'à la gloire du roi & de la
nation.

Les François sont prêts à tout sacrifier pour soutenir le roi dans cette guerre.

Les ennemis avoient pris Tournai. Ils marchoient, sous les ordres d'Eugene & de Marlborough, pour faire le siege de Mons, & le
maréchal de Villars avançoit au secours de
cette place. La bataille se livra près du village
de Malplaquet. Elle fut la plus longue & la
plus meurtriere de cette guerre. Les François, qui avoient manqué de pain un jour
entier, jetterent celui qu'on venoit de leur

Ils sont dé-faits à Mal-plaquet: mais la victoire coûte cher aux enne-mis. 1709

donner pour courir au combat. Ils perdirent
le champ de bataille où ils laisserent environ
dix mille hommes : mais la victoire en coûta,
dit-on, près de trente mille aux ennemis. L'infanterie des Hollandois fut presque ruinée ; &
la prise de Mons, qui fut la suite de cette
journée , ne les dédommagea pas de leurs
pertes.

Le maréchal de Villars fut blessé pendant
l'action, lorsqu'il passoit de l'aîle gauche au
centre qui plioit. Cet accident ne permit pas
au centre de se rétablir. Il fallut penser à la
retraite. Le maréchal de Boufflers la fit en bon
ordre ; & l'armée se retira vers le Quesnoi,
emportant des étendards & des drapeaux pris
sur l'ennemi. Les François, qui étoient plus
foibles avant la bataille, se trouvoient alors
supérieurs en forces : on ne sait pas pourquoi
ils ne tenterent pas une seconde fois d'empêcher le siege de Mons.

Du côté de la Savoie & du côté du Rhin,
ils eurent toujours l'avantage. Mais les événements étoient bien plus décisifs en Flandre.
C'est là que les ennemis faisoient tomber tous
leurs efforts ; & ils pouvoient s'ouvrir un
chemin jusqu'à la capitale. La journée de Mal-
plaquet fit faire de nouvelles démarches pour
obtenir la paix.

, Quelque dures que fuſſent les conditions contenues dans les préliminaires dreſſés par Heinſius, le roi déclara qu'il accepteroit toutes celles dont l'éxécution dépendoir de lui : c'eſt-à-dire, qu'il offrit d'abandonner toutes les places qu'on avoit demandées, ſoit pour ôtages, ſoit pour barrieres aux Provinces-Unies, à l'empire, au duc de Savoie ; de raſer depuis Bâle juſqu'à Philisbourg toutes celles qu'on vouloit bien lui laiſſer ; & de ſatisfaire les Anglois qui demandoient que le port de Dunkerque fût comblé, & qu'on en raſât les fortifications. Cependant deux articles ſouffroient encore de grandes difficultés : le quatrieme, par lequel Louis XIV devoit promettre que ſon petit-fils abandonneroit toute la monarchie d'Eſpagne dans deux mois ; & le trente-ſeptieme, qui, faiſant dépendre la paix de l'éxécution du quatrieme, déclaroit que, ſi après ce même eſpace de temps Philippe V conſervoit encore quelques parties de la monarchie d'Eſpagne, on reprendroit les armes contre la France, dont les places frontieres auroient été raſées, ou livrées aux ennemis. Le roi, accordant tout à l'exception de ces deux articles, ſe bornoit à demander qu'on trouvât quelque tempérament, pour applanir les obſtacles qu'ils faiſoient à la paix. On conſentit à négocier. Le maréchal d'Huxelles & l'abbé de Polignac, nommés plénipotentiaires, arrive-

D 2

Louis ſe ſoumet à toutes les conditions qu'on lui impoſe, & demande ſeulement qu'on trouve quelque tempérament à la garantie qu'on exige de lui.

rent à Moërdik le 9 mai 1710. Ils eurent
auſſitôt une conférence avec Buys & Wanderduſſen, qu'on leur avoit députés, & qui les
attendoient ſur un yacht à peu de diſtance. Le
lendemain ils allerent à Gertruidenberg, lieu
que les confédérés avoient choiſi pour continuer la négociation.

Philippe V ne
recevoit plus
de ſecours de
la France, &
ſe défendoit
avec ſes ſeu-
les forces.

Louis XIV avoit retiré d'Eſpagne toutes
ſes troupes, perſuadé, dit le marquis de Torci,
que ceſſant de ſecourir le roi ſon petit fils, il
prouveroit le deſir ſincere qu'il avoit de facili-
ter la paix. Il ſe peut que ce motif fût entré
pour quelque choſe dans cette démarche : mais
il eſt certain que la France avoit beſoin pour
elle-même de toutes ſes forces. Quoi qu'il en
ſoit, Philippe V ſoutenoit alors la guerre avec
ſes ſeules troupes contre les Anglois, les Hollandois & les Portugais : trois puiſſances, qui
agiſſoient rarement de concert, parce que les
prétentions qu'elles formoient toutes enſemble
ſur l'Amérique, étoient pour elles autant de
ſemences de diviſions. Auſſi l'acceſſion du roi
de Portugal à la grande alliance, en 1703,
n'avoit pas répondu aux grandes eſpérances des
confédérés. Ils avoient particuliérement compté
ſur les troupes portugaiſes pour la guerre d'Eſpagne, & elles leur avoient manqué dans les
occaſions les plus eſſentielles.

Voyant le peu

Philippe V voyant que ſes ennemis n'étoient

pas capables de réunir leurs forces , & fachant
que ses sujets avoient autant d'attachement pour
lui, que d'éloignement pour l'archiduc, étoit
déterminé à tout risquer , plutôt que d'abandonner sa couronne. Il l'avoit déclaré plusieurs
fois, il le déclaroit encore ; & c'est parce que
les confédérés étoient bien instruits de la ferme résolution de ce prince, qu'ils persistoient
à demander, comme nécessaire à la paix, une
condition qu'ils étoient sûrs de ne pas obtenir.
Ils n'acceptoient d'entrer en négociation, que
parce qu'ils n'osoient refuser aux vœux des
peuples le desir apparent de rendre le repos à
l'Europe ; & dans le vrai ils vouloient continuer la guerre , parce qu'ils se flattoient d'accabler la France.

de concert de
ses ennemis ,
& l'attache-
ment de ses
sujets, il étoit
résolu à ne
pas céder sa
couronne.

Les plénipotentiaires avoient demandé par
ordre du roi d'être admis à la Haye , afin de
pouvoir conférer avec le pensionnaire & les députés de l'état , aussi souvent que le bien des
affaires & l'avancement de la négociation pourroient l'exiger. Les chefs de la confédération
avoient d'autres vues : ils ne vouloient que
retarder la conclusion. C'est pourquoi ils avoient
fixé le lieu des conférences loin de la Haye ,
dans une petite ville fermée, où qui que ce
soit ne pouvoit entrer, encore moins parler aux
plénipotentiaires , sans que l'état en eût aussitôt
avis. Les ministres de France étoient donc

Cependant
on ne confé-
roit que de
loin en loin
avec les plé-
nipotentiai-
res françois ,
qu'on tenoit
comme enfer-
més à Geruru-
denberg.

D 3

comme en prison à Gertruidenberg : les députés n'y venoient que de loin à loin : on laiſſoit de longs intervalles d'une conférence à l'autre : & ſans paroître vouloir rompre la négociation, on la faiſoit traîner juſqu'à l'ouverture de la campagne.

On demande que Louis arme contre ſon petit-fils.

Lorſque le roi s'étoit plaint qu'on lui eût inſinué de joindre ſes forces à celles des conféderés pour détrôner ſon petit-fils, le prince Eugene & milord Marlborough déſavouerent cette propoſition, comme un artifice inventé pour abuſer le public, & perſuader que les ennemis de la France ne vouloient qu'éloigner la paix. Cependant dès les premieres conférences de Gertruidenberg, cette condition odieuſe fut propoſée comme eſſentielle; & on avertiſſoit même qu'elle ne leveroit pas encore toutes les difficultés. Car Buys déclara que les États-Généraux ſe réſervoient la faculté de former, après la ſignature des préliminaires, de nouvelles demandes, qu'il nomma *ultérieures*.

Encore ſe réſerve t on les demandes ultérieures qu'on n'explique pas.

Il fut ce qu'elles contiendroient. Il eſt vrai que Wanderduſſen dit, comme en ſecret, aux plénipotentiaires qu'on vouloit comprendre dans ces demandes ultérieures, Valenciennes, Douai, Caſſel; & de plus, un dédommagement des frais que les ſieges de Tournai & de Mons

avoient caufés. Mais fe contenteroit-on de ces
trois places? Et quel feroit d'ailleurs ce dédommagement dont on parloit ? Former toujours
de nouvelles prétentions, après avoir obtenu
ce qu'on avoit demandé; & fe réferver la liberté d'en former encore fans s'expliquer fur ce
qu'on demandera; c'étoit montrer des difpofitions bien contraires à la paix , à la bonne foi,
& à la raifon même : car il étoit abfurde d'exiger que la France accordât, par les préliminaires , des demandes ultérieures qu'on n'expliquoit pas.

Pour fe flatter de perfuader à Philippe V de
renoncer à la couronne d'Efpagne , il falloit au
moins avoir un dédommagement à lui propofer. Après bien des difficultés , les confédérés
n'accorderent que la Sicile , avec la condition
barbare que Louis XIV fe chargeroit lui feul
de contraindre fon petit-fils à fortir d'Efpagne,
de gré ou de force. Encore s'opiniâtrerent-ils à
ne pas s'expliquer nettement fur leurs demandes
ultérieures.

On offre en
dédommage-
ment la Sicile
à Philippe V.

Le roi , pour le bien de la paix , confentit
à confeiller à Philippe V de fe contenter de la
Sicile , il s'engagea à ne lui donner aucun fecours directement ni indirectement; il offrit
même de contribuer par des fubfides à la guerre
que les confédérés auroient à lui faire, & à

Louis confen-
fent à tout ,
pourvu qu'on
ne le force pas
à armer con-
tre fon petit-
fils.

D 4

leur donner jufqu'à un million par mois. En un mot, il accepta toutes les conditions, excepté celle de faire la guerre directement à fon petit-fils. Alors on exigea qu'il la fît feul & à fes dépens. *Notre volonté*, difoient les confé-dérés, *eft que le roi fe charge, ou de perfuader au roi d'Espagne, ou de le contraindre lui feul & par fes feules forces, de renoncer à toute fa monarchie. On accorde à la France une treve de deux mois pour cette opération ; & après l'expiration de ce terme, on lui fera la guerre, fi elle n'a pas réuffi dans cette entreprife.*

Mais on veut qu'il fe charge lui feul de le détrôner.

Autant Louis XIV avoit autrefois dicté des loix avec hauteur, autant alors il fe voyoit humilié. Mais la politique atroce & déraifonnable de fes ennemis le fervoit, parce qu'elle lui faifoit trouver des reffources dans fon courage & dans l'indignation des François. Il ne falloit qu'un événement pour changer la face des chofes.

Plus Louis eft humilié, plus il trouve de reffources.

Cependant la campagne de 1710 fortifia les confédérés dans leurs préventions, & les confirma dans le deffein d'accabler tout-à-fait la France. Ils prirent Douai, Béthune, Aire & S Venant. Philippe V, après avoir perdu la bataille de Saragoffe, fut contraint de fe retirer en Navarre avec les débris de fon armée ; & l'archiduc, reconnu à Madrid & à Tolede, ne pa-

Cependant la campagne de 1710 parut les lui ôter toutes & à lui & à fon petit-fils.

rut pas devoir trouver déformais beaucoup
d'obftacles à la conquête entiere de la monarchie efpagnole.

Tel étoit l'état des chofes à la fin du mois
d'août 1710: l'Efpagne échappoit à Philippe V,
& la France étoit fans efpérance de voir finir
une guerre, qu'elle ne pouvoit plus foutenir.

CHAPITRE III.

De la campagne de Pultava avec ſes ſuites, & de celle du Pruth.

L'Europe étonnée obſervoit Charles XII avec inquiétude. LORSQU'EN 1706 tout le nord demeuroit dans le ſilence à la vue des ſuccès de Charles XII, le midi n'étoit pas ſans inquiétude des deſſeins que formeroit ce jeune conquérant. Les ambaſſadeurs de preſque tous les princes de la chrétienté vinrent lui apporter les hommages de toute l'Europe dans ſon camp d'Alt-Ranſtadt, près de Lutzen, lieu mémorable par la derniere victoire & par la mort du grand Guſtave. Ils croyoient voir ce capitaine revivre dans Charles XII, qui répandant déja la conſternation en Danemarck, en Saxe, en Pologne, en Lithuanie, en Ruſſie, pouvoit pénétrer dans l'empire qui lui étoit ouvert ; & ce conquérant leur paroiſſoit pouvoir changer à ſon choix la face de l'Europe, au midi comme au nord. Ainſi toutes les puiſſances le ménageoient à l'envi.

L'empereur L'empereur Joſeph fit bien voir combien

il le redoutoit. La diete de Ratisbonne ayant menacé de déclarer le roi de Suede ennemi de l'empire, s'il entroit en Saxe, Joseph se hâta de s'excuser de cette démarche, & lui députa le comte de Wratislaw pour l'appaiser.

Le comte de Zobor, chambellan de l'empereur, avoit parlé avec peu de respect du roi de Suede, & sur-tout, du roi Stanislas qu'il traitoit de rebelle ; & le baron de Stralenheim, envoyé de Suede à Vienne, lui avoit donné un démenti & un soufflet. C'étoit à l'empereur à demander une réparation : mais Charles XII l'exigea : il l'obtint, & le comte de Zobor, qui lui fut livré, fut gardé quelques jours prisonnier à Stetin.

Le roi de Suede demanda encore, que l'empereur rappellât quatre cents officiers allemands, qui étoient passés au service du czar ; qu'il lui livrât quinze cents Russes, qui s'étoient réfugiés sur les terres de l'empire ; & que conformément au traité de Westphalie, il accordât aux Protestants de Silésie le libre exercice de leur religion, & leur rendît toutes leurs églises. Ces demandes furent reçues comme des ordres. Joseph n'osa rien refuser à un vainqueur, qui se croyoit maître chez les autres, dès qu'il les pouvoit menacer de ses armes. Les Russes n'échapperent, que parce que l'envoyé de Ruffie à Vienne eut le temps de les faire évader.

Le bruit couroit qu'il vouloit unir ses forces à celles de la France.

Le roi de Suede ne jugeoit rien d'impossible pour lui ; & les puissances de l'Europe, paroissant porter le même jugement, fondoient sur ce prince leurs espérances ou leurs craintes. Ainsi le nom de Charles XII avoit quelque influence sur la guerre du midi. Le bruit s'étoit même répandu qu'il vouloit se joindre à la France contre la maison d'Autriche. C'est pourquoi Marlborough fit en 1707 le voyage de Saxe. Il connut bientôt que ce bruit étoit sans fondement, de sorte qu'ayant démêlé les vues de Charles XII, il ne jugea pas à propos de lui faire des propositions, pour le détourner d'un dessein qu'il n'avoit pas.

Il eût pu disposer de la monarchie d'Espagne, mais il étoit impatient de se venger du czar.

Il n'est pas douteux que le roi de Suede n'eût été l'arbitre de l'Europe, s'il l'eût voulu : il semble même qu'étant moins ambitieux de conquérir des royaumes, que d'en donner, il auroit dû être flatté de la gloire de disposer de la monarchie d'Espagne. Mais il étoit pressé de se venger du czar, & parce qu'il se flattoit de l'avoir bientôt détrôné, il jugeoit qu'il seroit toujours à temps de s'ériger en juge des autres puissances. Le desir de la vengeance le conduisit donc en Ruffie : ce fut un mauvais guide pour lui.

Nous l'avons laiſſé, en 1708, au delà du Boriſthene. Les vivres commençoient à lui manquer. Dans la marche longue & pénible de Grodno au Boriſthéne, ſon armée avoit ſubſiſté du biſcuit dont il s'étoit précautionné, & elle l'avoit conſommé preſque entiérement : il n'avoit plus de reſſources que dans Lœwenhaupt, qui devoit le joindre avec un corps de vingt mille hommes, & qui lui amenoit ſept à huit mille chariots chargés de proviſions de bouche & de guerre. Cependant ce général n'arrivoit point. Avec un ſi grand convoi, il ne pouvoit avancer que lentement dans de mauvais chemins ; & le général Baur, qui commandoit un détachement dans la Courlande, le harceloit continuellement.

Il falloit vaincre ou périr ; & il ne paroiſſoit pas poſſible de vaincre. Le czar étoit trop prudent pour haſarder une action générale, lorſque la famine pouvoit ſeule ruiner ſes ennemis. Il livroit ſeulement de petits combats, où les Suédois, toujours vainqueurs, faiſoient des pertes qu'ils ne pouvoient réparer.

Il ſe retiroit du côté de Smolensko, ne laiſſant après lui que des pays où il avoit tout détruit. C'étoit le chemin de Moſcou : mais une armée ſans proviſions ne pouvoit le prendre.

[notes marginales :]
Ce deſſein le conduit au-delà du Boriſthene où les proviſions de toute eſpece luimanquent.

Le czar, qui attend que la famine lui livre ſes ennemis, ne laiſſe après lui que des pays qu'il a dévaſtés.

Mazeppa s'é-
toit ligué avec
Charles,

Mazeppa s'étoit ligué fecrétement avec
Charles XII, croyant avoir trouvé l'occafion
de fe venger du czar, qui dans la chaleur du
vin avoit menacé de le faire empaler. Il avoit
promis au roi de Suede trente mille hommes,
des munitions de guerre & des provifions de
bouche.

& le roi ju-
geoit que l'U-
kraine lui pré-
paroit la con-
quête de la
Ruffie.

L'Ukraine eft un des meilleurs pays de
l'Europe; tout y vient prefque fans culture:
mais la partie méridionale, où les habitants ne
fement ni ne plantent, ne fauroit être fort
peuplée, & les guerres en avoient fait un dé-
fert. Charles, jugeant qu'étant maître de ce
pays, il pourroit facilement conquérir la Ruffie, projeta d'y paffer l'hiver, & envoya ordre à Lœwenhaupt de l'y venir joindre. Il eût
fans doute été plus fage d'attendre ce général,
que de s'en éloigner: mais ce prince, qui jufqu'alors avoit été trop heureux pour être prudent, étoit fi éloigné de prévoir des revers,
qu'il n'imaginoit pas feulement devoir trouver
des obftacles.

Mais lorf-
qu'il arrive
fur les bords
de la Defna,
il y trouve un
corps de Ruf-
fes, & Mazep-
pa ne le joint
qu'avec trois
ou quatre mil-
le hommes.

Il détacha Lageracrons avec quatre mille
hommes, pour jeter des ponts, & frayer le
chemin à l'armée. Ce général s'égara dans une
vafte forêt, pleine de marécages; de forte que
les Suédois laiffant dans les marais la plus grande partie de leur artillerie & de leurs chariots,
arriverent, exténués de laffitude & de faim,

fur les bords de la Defna, où Mazeppa avoit
marqué le rendez-vous. Ils trouverent au lieu
de ce chef des Cofaques, un corps de Ruffes,
qui s'avançoit vers l'autre bord de la riviere. Des
détachements de l'armée du czar avoient prévenu la trahifon. Maîtres des principales places
de l'Ukraine, & des provifions deftinées au roi
de Suede, ils avoient déja fait périr fur la roue
trente des complices de Mazeppa. Cet hetman
n'amena que trois ou quatre mille hommes au
camp des Suédois, & n'apporta point de vivres.
Charles XII, qui avoit alors forcé le paffage
de la Defna, fondoit toutes fes efpérances fur
les intelligences que Mazeppa confervoit dans
l'Ukraine : car il n'en avoit plus fur Lœwenhaupt, qui venoit d'arriver avec les débris de
fon armée.

Le czar étoit refté fous Smolensko avec l'é-
lite de fes troupes. Il fongeoit aux moyens d'empêcher Lœwenhaupt de joindre le roi de Suede,
lorfqu'il apprit que ce général avoit paffé le Borifthene au deffus de Mohilow. Il envoya contre lui le prince Mentzikof ; & il s'avança lui-
même avec le refte de fon armée. Dans trois
jours il livra trois combats. Le premier ne fut
pas décifif. Au commencement du fecond, voyant que fes troupes plioient, il ordonna à l'ar-
riere-garde de tirer fur les fuyards, & fur lui-
même, s'il fe retiroit. Il eut l'avantage. Le

Il comptoit fur les troupes & fur les provifions que Lœwenhaupt conduifoit ; mais ce général, défait par le czar, ne lui amene que quatre mille hommes.

troifieme, le plus opiniâtre & le plus meurtrier, ne finit qu'avec le jour. Les Suédois ne furent jamais mis en déroute : mais ils perdireut environ feize mille hommes, tués ou prifonniers. Lœwenhaupt, abandonnant fon artillerie & fes chariots profita, de la nuit pour paffer la Soffa avec quatre mille hommes qui lui reftoient, & alla joindre Charles XII.

Éloigné de Suede de près de cinq cents lieues, & environné d'ennemis, ce prince marchoit dans des déferts, qu'il ne connoiffoit pas, & où il ne trouvoit que des villages ruinés. Autant il defiroit une action générale, autant le czar, qui l'évitoit, cherchoit l'occafion de livrer de petits combats, & de rifquer, comme il le difoit, dix Ruffes contre un Suédois : par cette conduite il minoit infenfiblement l'armée de fon ennemi, tandis que la fienne pouvoit toujours fe recruter.

Il eût defiré une action générale ; mais Pierre ne hafardoit que de petits combats.

Le froid exceffif, qui furvint en 1709, fut un nouveau fléau pour les Suédois, qui, étant prefque nus, réfiftoient moins que les Ruffes à la rigueur de la faifon. Deux mille tomberent morts dans une marche. On avoit jeté prefque tous les canons dans des marais, faute de chevaux pour les traîner ; & cette armée prête à périr de mifere, ne fubfiftoit plus que par les foins de Mazeppa. Le froid fut fi grand, qu'on fut obligé de part & d'autre de convenir d'une fuf-

Le froid de 1709 eft un nouveau fléau pour les Suédois.

penfion

penſion d'armes. Mais dès le premier de février on recommença à le battre au milieu des glaces & des neiges.

Après avoir pris Veprick, ville de peu d'importance, Charles mit le ſiege devant Pultava, au mois de mai 1709. Cette place eſt ſituée ſur la Vorskla, à l'extrémité orientale de l'Ukraine. Le czar en avoit fait un magaſin. Il y avoit des vivres & toute ſorte de munitions: elle étoit fortifiée, défendue par une forte garniſon, & par le général Allart, bon ingénieur.

Charles met le ſiege devant Pultava. 1709

Si Charles prenoit cette ville, il rendoit l'abondance à ſon armée; & il pouvoit attendre de nouveaux ſecours, ou marcher à Moſcou par des défilés, qui ſervent de paſſage aux Tartares: défilés difficiles à la vérité, & qu'il étoit aiſé à l'ennemi de rendre impraticables; mais il ſe flattoit que, ſi le czar venoit au ſecours de Pultava, il le battroit, & qu'une nouvelle victoire ſurmonteroit bien des obſtacles.

Le czar, dont les troupes étoient diſpoſées de maniere à pouvoir ſe raſſembler au beſoin, parut à la tête de ſoixante mille hommes, ayant la Vorskla entre lui & le roi de Suede. Charles n'en avoit que vingt-quatre mille, dont les Suédois faiſoient à peine la moitié. C'eſt tout ce qui lui reſtoit de quarante-cinq mille, qu'il avoit amenés de Pologne, & de vingt-mille

Pierre avancé ſur la Vorskla.

que Lœwenhaupt avoit conduits. Cependant il se trouvoit entre le Boristhene & la Vorskla, dans un pays désert, sans place de sureté, sans munitions, vis-à-vis d'une armée qui lui coupoit la retraite & les vivres ; & pour comble de malheur, il fut blessé d'un coup de carabine, qui lui fracassa le pied gauche.

Il passe cette riviere, & défait les Suédois.

Le czar, ayant appris cette blessure, passa la Vorskla au dessus de Pultava, & retrancha son armée à droite & à gauche pour enfermer les Suédois. Alors le roi de Suede sortit de ses retranchements, se faisant porter sur un brancard : mais après un combat de deux heures, ses troupes cédant au nombre, furent enfoncées, mises en déroute, & il fut contraint de fuir lui-même. Cette action se passa le 8 juillet.

1709

Charles cherche un asyle chez les Turcs.

Le roi de Suede, ayant été mis dans un carosse, arriva la nuit du 9 au 10 juillet sur les bords du Boristhene, avec les débris de son armée. Il passa ce fleuve avec environ dix-huit cents hommes, tant Suédois que Polonois & Cosaques. Il avoit perdu plus de neuf mille hommes sur le champ de bataille, & il en laissoit dans les fers douze à treize mille. Il continua son chemin dans des pays arides & déserts jusqu'au fleuve Hypanis, qu'on nomme aujourd'hui Bog, & qu'il eut le bonheur de passer à propos. Car cinq cents hommes de sa suite furent enlevés par les Russes, qui le poursuivoient.

Il se trouvoit alors sur les terres des Turcs, qui lui donnerent un asyle à Bender.

La Pologne n'avoit jamais été entiérement soumise au roi Stanislas. Siniawski, grand-général de la couronne, avoit toujours refusé de le reconnoître : il étoit soutenu par le czar, qui, quelques jours avant la bataille de Pultava, lui avoit encore envoyé vingt-mille hommes, commandés par le général Goltz. De nouveaux secours, aussitôt après la défaite de Charles XII, furent conduits par le prince Mentzikof, & acheverent de relever le parti d'Auguste. Ce roi armoit alors en Saxe ; & désavouant le traité d'Alt-Ranstadt, il avoit fait enfermer les deux ministres qui l'avoient signé, comme s'ils eussent passé leurs pouvoirs. Pierre parut bientôt lui-même à Varsovie. Il se rendit ensuite à Thorn, où il renouvella un traité d'alliance avec Auguste, auquel il rendoit la couronne, & qui lui céda toutes ses prétentions sur la Livonie. Stanislas n'étant plus que le sujet d'une guerre civile, qu'il ne pouvoit pas même soutenir, exhorta les Polonois, qui lui restoient fideles, à se ranger du parti d'Auguste ; & se retira dans la Poméranie Suédoise, avec le général Crassau que Charles avoit laissé en Pologne. Ainsi les Suédois furent obligés d'évacuer tout-à-coup un pays, où quelques jours auparavant ils donnoient la loi. La Lorraine ne savoit pas l'in-

Auguste recouvre la couronne de Pologne.

E 2

térêt qu'elle pouvoit prendre à cette révolution, qui devoit cependant contribuer un jour à son bonheur.

Les puissances, qui avoient tremblé au seul nom de Charles XII, se préparerent à profiter des malheurs de la Suede. Le Danemarck renouvella ses prétentions sur la Scanie, & sur les duchés de Holstein & de Breme. L'électeur de Brandebourg, alors roi de Prusse, en avoit d'anciennes sur la Poméranie Suédoise. L'électeur de Hanovre, le duc de Mecklenbourg & l'évêque de Munster songeoient à s'enrichir aussi des dépouilles de Charles : & Pierre, alors l'arbitre du nord, se proposoit de conquérir toutes les provinces, sur lesquelles les czars avoient formé des prétentions ; c'est-à-dire, la Livonie, l'Ingrie, la Carélie & une partie de la Finlande. Contre tant d'ennemis, la Suede se trouvoit trop foible. Presque dépeuplée par les recrues qu'elle avoit envoyées aux armées de Charles XII pendant neuf ans, elle étoit menacée de perdre au moins toutes les conquêtes de Gustave-Adolphe.

Les puissances du nord se préparent à profiter de l'état d'épuisement où se trouve la Suede.

Pierre recueilloit rapidement les fruits de la victoire de Pultava. Il négocioit, il armoit tout-à-la fois ; & dans la campagne de 1710 il se rendit presque entiérement maître de la Livonie, de la Carélie & de la Finlande. Le roi de Danemarck, son allié, faisoit alors une puis-

Conquêtes du czar. 1710

fante diverfion dans la Scanie. Mais l'armée danoife, après avoir remporté quelques avantages, fut entièrement défaite par le général Steinbock : de dix-fept-mille hommes, dont elle étoit compofée, il ne s'en fauva pas la moitié.

L'empereur Jofeph, qui n'avoit point de prétentions à former fur la Suede, fe reprocha fes complaifances forcées pour Charles qu'il ne craignoit plus; il ôta aux Proteftants de Siléfie le libre exercice de leur religion; & permit aux Catholiques de reprendre leurs églifes.

L'empereur Jofeph fe reproche fes complaifances pour Charles.

La France & la Suede avoient commencé la guerre en même temps, & toutes deux avec des fuccès: les François étoient vainqueurs fur le Danube, lorfque les Suédois l'étoient fur l'Oder. Si ces deux puiffances s'étoient alors réunies, elles n'auroient pas été moins formidables, que du temps de Guftave-Adolphe. Mais Charles, qui fe fioit en fes armes, fuivoit plutôt les mouvements de fa vengeance que les confeils de la politique. Peut-être auroit-il craint de contribuer aux fuccès d'un allié, dont les profpérités excitoient fa jaloufie, & qu'il vit dans la fuite avec une forte de plaifir fuccomber fous les efforts des confédérés.

La France & la Suede avoient eu des fuccès en même temps.

La France tomba lentement, & confervoit

Elles tombent

E 3

toutes deux : mais la Suede est sans ressource.

encore des ressources : la Suede tomba tout-à-coup, & n'en avoit plus. Il arriva même que son malheur devint avantageux à la France : il causa une diversion.

La chûte de la Suede causé une diversion en faveur de la France.

A l'exception du czar, tous les princes qui formoient des prétentions sur les provinces de Suede, étoient entrés dans la grande alliance. Cependant plusieurs n'avoient pas pu donner tous les secours qu'ils avoient promis : car Charles XII avoit, sans le vouloir, fait une diversion en faveur de Louis XIV. Sa défaite en causoit une plus grande, puisque des princes, qui jusqu'alors avoient porté leurs armes contre la France, songeoient à les tourner contre la Suede. Si la guerre s'allumoit sur-tout dans la Poméranie & dans le duché de Holstein, qui sont des provinces de l'empire, il étoit naturel qu'elle attirât insensiblement de ce côté une grande partie des forces du corps germanique. C'est ce que prévirent les confédérés ; & pour l'empêcher, ils imaginerent un moyen, qui ne produisit aucun effet, & qui n'est remarquable que par sa singularité.

Moyen qu'on imagina pour empêcher l'effet de cette diversion. il ne pouvoit réussir.

Par un traité qu'ils conclurent à la Haye, sur la fin de 1709, il fut stipulé que la guerre contre les Suédois ne se feroit point en Poméranie, ni dans aucune des provinces de l'Allemagne ; & que les ennemis de Charles XII pourroient l'attaquer par-tout ailleurs. Le roi de Pologne & le czar, qui accédèrent à ce traité, y firent inférer l'article le plus extraordinaire: c'est que douze mille Suédois, qui étoient en Poméranie, n'en pourroient sortir pour aller défendre les autres provinces de la Suede.

Pour assurer la neutralité de la Poméranie & des douze mille Suédois, on projeta de lever une armée, qui camperoit sur le bord de l'Oder, & qui seroit composée des troupes de l'empereur, du roi de Prusse, de l'électeur de Hanovre, du landgrave de Hesse, de l'évêque de Munster: c'est-à-dire, que l'on confioit cette neutralité à plusieurs princes, qui étoient intéressés à porter la guerre en Poméranie. Rien de tout cela ne fut exécuté.

Pendant que les puissances du nord faisoient une guerre qui inquiétoit celles du midi, Charles XII, dans son asyle de Bender, concevoit le dessein d'armer l'empire ottoman contre la Russie. Le comte de Poniatowski, gentilhomme polonois, qui l'avoit suivi, formoit à Constantinople des intrigues jusques dans le serrail, & se flattoit quelquefois de réussir au gré du roi de Suede. Mais Tolstoi, ambassadeur du czar, travailloit à rompre ses mesures, & il y avoit réussi.

La puissance que Pierre montroit sur les Palus-Méotides & sur la mer Noire, où il avoit

Charles XII tente d'armer la Porte contre la Russie.

Le kan des Tartares de

E 4

Crimée follicite auffi la Porte à prendre les armes, & la guerre eft réfolue.

fortifié des places, creufé des ports; & conftruit des flottes, fuffifoit pour donner de l'ombrage à la Porte; & c'étoit fans doute une des raifons que les intrigues de Poniatowski faifoient valoir. Le kan des Tartares de Crimée, qui avoit vu Charles XII à Bender, appuyoit fur tous les motifs de prendre les armes contre la Ruffie. Il avoit le même intérêt que lui à l'abaiffement d'un voifin qu'il redoutoit. Il fut confulté, dit-on, par le fultan Achmet III, qui regnoit alors; & la guerre fut réfolue.

Le czar qui veut prévenir fes ennemis, s'avance fur le Niefter.

Pierre n'attend pas que l'ennemi la porte dans fes états. Il crée un confeil de régence à Mofcou; il laiffe le prince Mentzikof à Pétersbourg, pour veiller fur les provinces qu'il a conquifes; il envoye l'amiral Apraxin commander dans Afoph; & il marche avec le général Schérémétow vers le Niefter, au mois de mars.

Il comptoit fur les vayvodes de Moldavie & de Valachie dont il ne retire aucun fecours.

Il comptoit que la Moldavie & la Valachie fe déclareroient pour lui. Ces provinces, qui étoient autrefois le pays des Daces, font aujourd'hui des efpeces de fiefs qui relevent de la Porte, & dont le fultan difpofe. On nomme hofpodar ou vayvode les princes qui les gouvernent.

Démétrius Cantimir, vayvode de Moldavie, & Baffaraba Brancovan, vayvode de Valachie, avoient promis de se joindre au czar, & de lui fournir toutes les provisions nécessaires pour son armée. Mais le second lui manqua, & le premier ne put pas remplir tous ses engagements. Comme il ne gouvernoit les Moldaves que depuis peu, il n'eut pas assez de crédit sur eux pour les entraîner dans sa révolte. Il vint se joindre aux Russes, comme Mazeppa s'étoit joint aux Suédois; & même il leur fut encore d'une moindre ressource.

L'avant-garde commandée par Schérémétow, campoit alors à Jassy, capitale de la Moldavie, située sur la riviere de Bahluy, à deux milles du Pruth, nommé par les anciens Hiéruse. Les Moldaves fuyoient; & ne laissant à l'ennemi que des pays déserts, ils portoient à l'armée turque les provisions que Cantimir avoit destinées aux Russes. Cependant Pierre hâtoit sa marche avec le reste de son armée, pour venir dégager Schérémétow, qui pouvoit être enveloppé par les Turcs. Ils avoient passé le Danube sous les ordres du visir Baltagi-Méhémet: ils approchoient du Pruth, & ils marchoient vers Jassy, au nombre d'environ deux cents cinquante mille hommes en y comprenant les Tartares.

Il hâte sa marche pour dégager son avant-garde, qui campoit sur le Pruth.

Il s'agissoit de leur défendre le passage du Pruth: mais le czar n'arriva pas à temps, & son armée, réduite à la moitié dans une lon-

Il ne peut plus ni se retirer ni combattre qu'a-

gue marche fous un foleil brûlant & parmi dès
déferts arides, n'étoit tout au plus qué de quarante mille hommes. Un corps affez confidéra-
ble, que le général Renne lui amenoit, ne pouvoit arriver jufqu'à lui: les Turcs avoient cou-
pé la communication. Campés fur l'une & l'autre rive du Pruth; ils étoient maitres de la campagne ; & les Ruffes, enveloppés de toutes
parts, ne pouvoient ni fe retirer, ni fubfifter où
ils étoient, ni combattre qu'avec un défavanta-
ge évident. Tout leur manquoit jufqu'à l'eau:
ils ne pouvoient tenter d'en puifer dans le fleuve, fans s'expofer au feu d'une nombreufe artillerie, que le grand-vifir avoit placée fur la
rive gauche. Cependant ils fe défendoient avec
courage : ils ne purent être entamés. Mais ils
ne pouvoient pas réfifter long-temps à la difet-
te. Pierre fentit alors qu'il avoit fait la même
faute que le roi de Suede à Pultava; que, comme lui, il s'étoit engagé trop avant dans un
pays ennemi; & qu'il avoit trop compté fur les
promeffes d'un allié peu puiffant.

C'eft à vingt-cinq lieues de Bender, que le
vainqueur de Charles XII fe voyoit au moment
de perdre avec la liberté le fruit de tant de foins
pour policer & pour étendre fon empire. Le roi
de Suede avoit refufé de fuivre les Turcs; parce qu'il crut au deffous de lui de fe trouver dans
une armée, où il ne commandoit pas. Baltagi-

Méhémet lui envoya Poniatowski, pour l'inviter à venir voir les dispositions qu'il avoit faites; il refusa encore, exigeant que le grand visir lui fît la premiere visite. Cette fierté étoit bien déplacée. Peut être qu'avec plus de complaisance il eût gagné ce général, qui l'oublia bientôt, & qui ne travailla que pour les intérêts de la Porte.

Tel étoit l'effet de la discipline que le czar avoit mise parmi ses troupes: huit mille Russes soutinrent dans un combat les efforts de cent cinquante mille Turcs, leur tuerent sept mille hommes, & les forcerent à retourner en arriere. Cependant les escarmouches continuoient: les Russes étoient foudroyés par le canon des ennemis: leur cavalerie étoit presque toute démontée: ils périssoient par la famine, & ils paroissoient devoir enfin succomber sous le nombre. Pierre incertain si, hasardant une action générale, il traîneroit au combat son armée languissante, se retira dans sa tente; & défendit que personne osât y entrer, sous quelque prétexte que ce fût; ne voulant pas qu'on fût témoin des troubles qui l'agitoient, ni qu'on le détournât d'une résolution désespérée, s'il la jugeoit nécessaire. Une femme lui rendit l'espérance, & le sauva.

Cruelle situation du czar.

En 1702, la petite ville de Marienbourg, qui étoit située sur les confins de la Livonie &

Le czar avoit épousé Catherine.

de l'Ingrie, ayant été prise & détruite par les
Russes, tous les habitants furent emmenés en
captivité. Il y avoit parmi eux une jeune pay-
sanne livonienne, veuve d'un sergent qu'elle
avoit perdu le jour ou le lendemain de ses noces. Orpheline dès l'âge de cinq ans, elle étoit
alors chez un ministre luthérien, qui avoit donné quelques soins à son éducation. Elle est connue sous le nom de Catherine.

Catherine, ayant été le partage d'un général, qui la céda au prince Mentzikof, eut occasion d'être connue du czar, dont elle attira
toute l'attention. Charmé de sa beauté, & plus
encore de son esprit & de son courage, Pierre
l'aima, & l'épousa secrétement en 1707. Il crut
trouver en elle une ame, capable de seconder
ses desseins.

Ce mariage
étoit contrai-
re aux usages
des Russes.

Ce mariage choquoit les préjugés des Russes: non qu'en Russie les princes crussent alors
se dégrader, lorsqu'ils ne s'allioient pas à des
princes: ils ne se piquoient pas même d'être
assez délicats pour chercher dans une femme les
vertus de son sexe. Il y avoit une loi ou un usage, qui ne permettoit pas au czar d'épouser une
étrangere: il épousoit une de ses sujettes: il la
prenoit d'ordinaire dans la noblesse, quelquefois dans le peuple, & presque jamais dans les
grandes maisons. Il eût craint de les rendre
trop puissantes, ou de mettre la jalousie parmi

elles. Quand il vouloit fe marier, il fuivoit le
confeil que Sulli donnoit en badinant à Henri
IV : car il faifoit affembler les plus belles perfonnes de la nation, & il choififfoit celle qui
lui plaifoit davantage.

Avec des vertus au deffus de fon fexe, Catherine étoit deftinée à être fouveraine d'un empire, où elle avoit été aménée captive. Elle par-
tageoit les fatigues du czar : elle l'accompagnoit
dans fes voyages & dans fes campagnes : elle
adouciffoit fes peines : elle le portoit à la clé-
mence : elle le rendoit plus grand. Elle étoit à
la bataille de Pultava, fe montrant par-tout,
encourageant les foldats, faifant enlever les
bleffés, donnant fes foins à tous, & fe fignalant
par fa bienfaifance autant que par fon courage.
Pierre déclara fon mariage, le jour même qu'il
partit pour la guerre de Moldavie, c'eft-à-dire,
le 17 mars 1711.

Les vertus de Catherine pouvoient faire taire les préjugés.

Lorfqu'il alloit paffer le Borifthene, il la
pria de ne pas aller plus avant : il craignoit
de l'expofer à de nouveaux dangers. Mais elle
regarda cette attention, comme un outrage à
fa tendreffe & à fon courage ; & le czar fut
contraint de céder à fes inftances.

Ce fut le falut de l'armée : car elle entra
dans la tente, malgré les défenfes. Elle fit
voir au czar qu'il étoit poffible de réuffir par

Elle négocie avec les Turcs.

une négociation : elle s'en chargea, & réuffit
en effet. Il y avoit des circonftances favorables à fon deffein. Le général Renne, après
avoir paffé trois rivieres, étoit arrivé fur le
Danube, & avoit pris la ville & le château
de Brahila. Un corps de troupes, parti des
frontieres de Pologne, avançoit à grandes jour-
nées. Le vifir ne favoit pas fans doute, la difet-
te que fouffroient les Ruffes. Il avoit éprouvé
combien il étoit difficile de les vaincre. Il pouvoit craindre de perdre tous les avantages de
la campagne, s'il les réduifoit au défefpoir
lorfqu'ils étoient au moment de recevoir de
nouveaux fecours. Enfin il voyoît à leurs mou-
vemens qu'ils étoient difpofés à fe faire jour
au travers de l'ennemi, s'ils n'obtenoient pas
la paix, aux conditions, qu'ils offroient. » Bal-
» tagi, dit M. de Voltaire, qui n'aimoit pas
» la guerre, & qui cependant l'avoit bien faite,
» crut que fon expédition étoit affez heureufe,
» s'il remettoit aux mains du grand-feigneur
» les villes & les ports pour lefquels
» il combattoit, s'il renvoyoit des bords du
» Danube en Ruffie l'armée victorieufe du gé-
» néral Renne; & s'il fermoit à jamais l'entrée
» des Palus-Méotides, le Bofphore Cimmé-
» rien, la mer Noire, à un prince entrepre-
» nant; enfin s'il ne mettoit pas des avanta-
» ges certains au rifque d'une nouvelle batail-
» le, que le défefpoir pouvoit gagner contre
» la force.

Ces raifons & des intrigues dont on ne
fait jamais bien la vérité, procurerent d'abord
une fufpenfion d'armes, pendant laquelle les
Turcs apporterent des vivres dans le camp des
Ruffes, & bientôt après la paix fut faite près
d'un village, nommé Falftchii, fur les bords
du Pruth. On convint qu'Afoph feroit rendu
à la Porte; que quelques places fortes feroient
démolies; & que le czar ne s'oppoferoit point
au retour de Charles XII en Suede. Poniatowski & le kan des Tartares traverferent à
l'envi cette négociation. Charles vint lui même à l'armée pour l'empêcher : mais lorfqu'il
arriva, le traité étoit conclu.

La paix qu'el-
le obtient fau-
ve l'armée.

Cette campagne coûta près de foixante mille hommes au czar. Il perdit fes ports & fes
forterefles fur les Palus-Méotides, & par conféquent l'empire de la mer Noire. Il fouffrit
encore beaucoup dans la retraite, les Tartares ne ceffant de harceler fes troupes, malgré
l'efcorte que le grand-vifir lui avoit donnée.
Après avoir mis les débris de fon armée en
quartier d'hiver dans la Lithuanie, il eut à
Jaroslaw une entrevue avec Augufte, & ces
deux princes conclurent un traité d'alliance dé-
fenfive contre les Turcs.

Pendant que
Catherine le
devance à Pé-
tersbourg, il
fait avec Au-
gufte une al-
liance défen-
five contre les
Turcs.

Catherine le devança à Pétersbourg. Elle
étoit accompagnée de Démétrius Cantimir,

que Pierre ne voulut jamais livrer, quoiqu'on le lui eût demandé avec inflances par
un des articles préliminaires. Il donna à ce
prince, qui avoit tout abandonné pour lui,
des terres dans l'Ukraine avec une penfion con-
fidérable.

Il déclare
plus folem-
nellement fon
mariage avec
Catherine.

Au mois de février de l'année fuivante
1711, il déclara plus folemnellement qu'il n'a-
voit fait, fon mariage avec Catherine, & le
célébra à Pétersbourg avec magnificence. En
1724, il la fit couronner & facrer, voulant
par cette cérémonie inufitée dans fes états, préparer les efprits à la voir regner après lui. Elle nous a été, dit-il, dans la déclaration qu'il
donna pour ce couronnement, d'un très-grand
fecours dans tous les dangers, & particuliérement à la bataille du Pruth, où notre armée étoit réduite à vingt-deux mille hommes.

Il fonge à
mettre la der-
niere main à
fes grands
deffeins.

Après avoir fait la paix avec la Porte, il
reftoit encore une carriere affez vafte à Pierre
le Grand. Il avoit des établiffements à perfectionner en Ruffie, de nouvelles réformes à faire, des conquêtes à pourfuivre fur la Suede, &
le roi Augufte à affermir fur le trône. Il s'occupa de tous ces objets. Mais celui qui lui tenoit le plus à cœur, c'étoit d'enlever aux Suédois toutes les provinces qu'ils poffédoient en
Allemagne

Allemagne. Car s'il n'achevoit de ruiner cette puissance, elle paroissoit le devoir toujours traverser dans ses desseins. Il médita donc les moyens de l'abattre : il jeta le plan de ses opérations; & il projeta des traités d'alliance avec l'électeur de Hanovre, & avec les rois de Prusse & de Danemarck.

LIVRE DIX-NEUVIEME.

CHAPITRE I.

De la pacification d'Utrecht.

La grande alliance étoit menacée d'u- ne dissolution entiere. PENDANT que les révolutions violentes du nord diminuoient les forces des confédé- rés, il s'en faisoit d'un autre côté une plus len- te & plus sourde, qui devoit enfin les dissiper entiérement.

Cependant Philippe pen- soit à se reti- rer dans les Indes occi- dentales, lors- qu'il obtient le duc de Ven- dôme. Au mois d'août 1710, Philippe V se flat- toit si peu de relever son parti, qu'il pensoit à transférer le siege de sa monarchie aux In- des occidentales. Dans cette position, ce prin- ce, son conseil & les grands demanderent le duc de Vendôme à Louis XIV, pour l'opposer à Staremberg & à Stanhope, deux grands capitaines qui commandoient les armées des confédérés. Le roi de France, hors d'état de donner des troupes à son petit-fils, ne lui refusa pas un général dont il ne se servoit plus.

Depuis la malheureuse campagne d'Oudenarde, en 1708, Vendôme étoit retiré dans Anet : mais son nom, au dessus des disgraces, ne se renferma pas dans sa retraite. Dès qu'il parut à Valladolid, où il rassembla les débris de l'armée de Philippe, les peuples crurent voir leur sauveur. Saisis d'enthousiasme, ils se rangent à l'envi sous ses drapeaux : les villes, les villages, les communautés religieuses ouvrent leurs bourses, pour fournir aux frais de la guerre : au lieu des contradictions qu'il avoit essuyées dans les Pays-Bas, il trouve un roi trop malheureux pour avoir une volonté, & des courtisans dont le caractere avoit changé avec la fortune de leur maître. Ayant donc véritablement toute l'autorité d'un général, il conduisit à Madrid Philippe, qui rentra dans sa capitale aux acclamations des peuples. Il prit d'assaut Brihuéga, où il fit prisonnier Stanhope & cinq mille Anglois : le lendemain, 10 décembre, il défit à Villaviciosa Staremberg, qui venoit au secours de Brihuéga : enfin en quatre mois il rétablit & affermit Philippe sur le trône.

Ce général le rétablit sur le trône.

F 2

Si les confédérés euſſent accepté les offres de Louis XIV, Philippe n'eût pas recouvré ſa couronne.

L'affection des Eſpagnols pour ce prince étoit ſi grande, qu'ils aimoient mieux brûler leurs vivres que de les vendre à l'archiduc. C'eſt ce qui faiſoit dire à Stanhope, qu'on pouvoit parcourir l'Eſpagne avec une armée victorieuſe ; mais qu'il faudroit une armée encore plus grande pour la conſerver. Si les confédérés euſſent accepté les offres que faiſoit Louis XIV, de reconnoître Charles pour roi d'Eſpagne, de ne donner aucun ſecours à ſon petit-fils, de fournir même des ſubſides pour le détrôner ; il eſt vraiſemblable que le zele des Eſpagnols ſe ſeroit refroidi, & que ſe voyant tout-à-fait abandonnés de la France, ils ſe ſeroient fait une loi de la néceſſité. Il eſt au moins certain que Brihuéga n'auroit pas été priſe, & que Staremberg n'auroit pas été vaincu, puiſque Vendôme n'auroit pas commandé l'armée de Philippe.

Le dixieme ſur les terres levé ſans murmures, prouve les reſſources que Louis trouvoit dans ſes ſujets.

Depuis le mois d'août 1710, la France n'eut pas des ſuccès comme l'Eſpagne : mais ſes ennemis neurent pas de nouveaux avantages ſur elle. Au mois d'octobre le roi établit la levée du dixieme ſur tous les revenus des terres. Cette nouvelle impoſition, dont l'édit fut enregiſtré ſans réſiſtance & ſans murmures, fit voir aux confédérés, que la France avoit des reſſources qui leur manquoient ; & ouvrit les yeux à ceux qui ne ſe laiſſoient pas conduire par l'eſprit de parti. Ils purent connoître que leurs procédés odieux avoient attaché les peuples à un prince, qui sacrifioit tout pour la paix. Ils eurent d'autant plus lieu d'être étonnés des ressources de Louis XIV dans l'affection de ses sujets, qu'alors il s'en falloit de cinq millions que les Anglois fussent en état de lever en un an les dépenses de l'année courante. Cependant c'étoit principalement à eux à faire les frais de la guerre, auxquels leurs alliés pouvoient encore moins fournir. Vous voyez que toute l'Europe étoit épuisée.

Il étoit temps que l'Agleterre cherchât la paix, ce qui ne se pouvoit faire sans un changement dans le gouvernement. Voilà la révolution qui devoit rendre le calme à l'Europe. Pour en comprendre les causes & en prévoir les effets, il faut se ressouvenir des factions qui divisoient l'Angleterre.

Une révolution qui se préparoit en Angleterre, devoit rendre le calme à l'Europe.

Les Stuarts, s'opiniâtrant à établir le despotisme, sous prétexte de conserver leur prérogative, n'avoient pas pu prendre beaucoup de part aux démêlés des autres puissances de l'Europe. Ils étoient à la tête d'une faction qui se conduisoit par les principes des épiscopaux, & à laquelle on donna le nom de Torys.

Les Stuarts avoient été à la tête de la faction des Torys.

Les Whigs formoient la faction opposée. C'étoit un assemblage de toutes les sectes comprises sous la dénomination de Non-con-

Les sectes comprises sous le nom de Non-con.

F 3

formistes, formoient la faction des Whigs.

formistes : sectes, qui ne pouvoient se souffrir mais qu'un intérêt commun réunissoit contre l'église anglicane. Ennemis du pouvoir arbitraire & de l'autorité sans bornes, les Whigs se regardoient comme seuls bons patriotes. Ils avoient déclamé contre l'avarice de Charles II, qui se mettoit aux gages de la France : ils l'avoient blâmé de ne pas s'opposer à l'ambition de Louis XIV : ils avoient frémi pour l'Angleterre à la vue des progrès de ce monarque : & par cette conduite ils s'étoient attiré la faveur du peuple.

Guillaume III avoit menagé les Whigs qui entroient dans ses vues, & à qui il devoit la couronne.

Ils avoient eu la principale part à la révolution de 1688, qui fit passer la couronne sur la tête de Guillaume III, prince d'Orange. Il les favorisa, moins peut-être par reconnoissance, que parce qu'ils entroient dans ses vues : car ce parti étoit animé contre la France ; & il importoit à Guillaume de faire la guerre à cette monarchie, jusqu'à ce qu'il en eût été reconnu. Ils s'éleverent donc aux premiers emplois, ils dominerent dans le parlement, ils gouvernerent, & le ministere de Londres eut un esprit tout différent de celui qu'il avoit eu sous les Stuarts.

Marlborough s'étoit attaché à eux, & ce parti s'étoit

Ayant conservé leur crédit sous la reine Anne, ils furent maîtres des armées & de toutes les parties du gouvernement. Car le duc

de Marlborough avoit abandonné le parti des
Torys, pour embraffer celui des Whigs, plus
favorable à fon ambition; & il difpofoit des
principaux miniftres, qui lui étoient dévoués :
tels étoient le comte Godolfin, grand tréforier,
& le comte Sunderland, fecretaire d'état.

rendu maître du gouverne- ment.

Il eft certain qu'avant la révolution, le miniftere de Londres s'occupa trop peu du refte
de l'Europe. Les Whigs avoient donc raifon
de le blâmer : mais lorfqu'ils gouvernerent
eux-mêmes, ils auroient dû ne prendre part
aux guerres du continent, qu'autant qu'il étoit
de l'intérêt de l'Angleterre de maintenir la ba-
lance entre les maifons d'Autriche & de Bourbon. Ce fut auffi l'objet de la grande alliance;
& on l'eût rempli dès 1706, fi on eût voulu
faire la paix. On ne le voulut pas, parce que
les confédérés, aveuglés par la profpérité, le
furent encore plus par les vues particulieres
de leurs chefs. On continua donc la guerre
par paffion, fans avoir d'objet fixe, & fans favoir quand on la termineroit. Les négociations de la Haye & de Gertruidenberg en font
la preuve.

Les Whigs oublierent l'objet de la grande allian- ce.

Lorfqu'on fe fut écarté du premier objet
de la grande alliance, la guerre ne fe fit plus
que pour l'intérêt de la maifon d'Autriche, &
des chefs de la confédération, dont elle nour-

Ils s'obfline- rent dans une guerre qui ruinoit la na- tion.

F 3

riſſoit l'ambition & l'avarice. La Hollande pouvoit, à la vérité, ſe propoſer d'obtenir un plus grand nombre de places pour ſa barriere : mais l'Angleterre n'attendoit rien, & cependant elle contribuoit ſeule plus que tous les alliés enſemble. Il y a eu telle campagne, où l'empereur ne fourniſſoit guere plus d'un régiment contre la France à ſa ſeule charge. Il ne paroiſſoit prendre aucune part à la guerre d'Eſpagne : bien loin de donner des troupes à l'archiduc, à peine lui donnoit-il de quoi avoir une table. Le roi de Portugal & le duc de Savoie ne faiſoient preſque rien pour la cauſe commune. Du côté du Rhin, les princes de l'empire étoient d'ordinaire dans l'inaction. Tout le fort de la guerre ſe faiſoit donc dans les Pays-Bas, aux dépens des Hollandois & des Anglois; & parce que les premiers fourniſſoient à peine la moitié du contingent auquel ils s'étoient engagés, l'Angleterre étoit obligée d'y ſuppléer. Ainſi elle donnoit des ſubſides à ſes alliés, elle entretenoit leurs armées : & comme ſi on eût combattu pour elle, il n'y avoit point de petit prince, lorſqu'il n'obtenoit pas ce qu'il demandoit, qui ne menaçât de retirer ſes troupes, quoiqu'il n'eût pas de quoi les faire ſubſiſter chez lui.

Sous les Stuarts l'Angleterre avoit vu fleurir ſon commerce, & elle s'étoit enrichie. Si

alors elle étoit honteuse de ne jouer d'ailleurs
aucun rôle dans l'Europe, elle devoit l'être
bien plus de celui qu'elle jouoit depuis la révolution, puisqu'elle étoit la dupe de ses
pensionnaires, c'est-à-dire, de ses alliés; qu'elle
se ruinoit pour entretenir au dedans une
faction, & au dehors des alliances inutiles; &
qu'elle s'opiniâtroit à soutenir une guerre onéreuse, à laquelle elle ne prenoit point d'intérêt.
Les dettes s'accumuloient, le peuple gémissoit
sous les taxes, le commerce tomboit de jour en
jour, la nation s'appauvrissoit, un petit nombre
de familles absorboit toutes les richesses. Quels
étoient donc les desseins de ceux qui gouver-
noient alors l'Angleterre? d'abattre la maison
de Bourbon, pour rendre à la maison d'Autriche toute la puissance de Charles-Quint; ils ne
vouloient donc plus maintenir l'équilibre. Mais
la vérité est qu'ils ne feignoient de redouter la
France, que pour sacrifier leur patrie à une
guerre qui leur étoit utile.

Depuis 1706 exclusivement jusqu'en 1711, Ce que cette
la guerre coûta, dit milord Bolingbroke, plus guerre coûta
de trente millions de livres sterling à l'Angle- dans cinq ans
à l'Angleterre
terre. On est étonné & indigné, remarque encore ce ministre, quand on compare cette dé-
pense avec le peu de progrès que firent les confédérés.

Cette politique, fausse & prodigue, com- Fausse poli-
me il l'appelle, s'est introduite en Europe avec tique depuis

fances de l'Europe.

le fyftême de l'équilibre. Les puiffances riches ont imaginé d'acheter des alliés, & de donner des fubfides aux puiffances pauvres. Il arrive qu'elles dépenfent beaucoup pour acquérir peu, ou même pour rendre tout ce qu'elles ont conquis : il ne leur refte plus que des dettes. Cette politique durera fans doute : car lorfque les gouvernements ont pris une allure, ils ne la quittent pas facilement, fur-tout fi elle eft mauvaife. Introduite, comme je viens de le dire, avec le fyftême de l'équilibre, elle l'affure beaucoup mieux que les négociations & les congrès, parce que dans un fiecle où on ne fait la guerre qu'avec de l'argent, elle hâte la ruine des puiffances les plus riches. Il n'y en a point aujourd'hui, qui puiffe, fans fe nuire à elle-même, foutenir pendant trois ou quatre campagnes une fuite non interrompue de fuccès. Milord Bolingbroke a prédit que l'Angleterre s'appauvrira par cette politique, & que de la pauvreté elle tombera dans l'efclavage.

Il importoit de caffer le parlement, & de changer tout le minifftere.

Pour arrêter les abus du gouvernement d'Angleterre, & terminer une guerre auffi extravagante qu'onéreufe, il falloit que la reine ouvrît les yeux fur la conduite de fes miniftres, qu'elle caffât le parlement où les Whigs étoient fupérieurs, & qu'elle en convoquât un nouveau. Je ne fais fi la confidération du bien public étoit capable de produire ce changement heureux : une intrigue le produifit.

La ducheffe de Marlborough, qui joüiffoit Intrigue de la Hill. de la plus grand faveur, avoit mis auprès de la reine une de fes parentes, nommée Hill, & s'étoit donné une rivale. Cette femme fut plaire aux dépens de fa bienfaitrice, qui choquoit fouvent la reine par fes hauteurs. La ducheffe de Marlborough fut difgraciée.

Incapable de reconnoiffance, la Hill étoit Elle prend les confeils de Harlei. capable de reffentiment. Or, elle avoit à fe venger du comte de Sunderland, qui avoit tout tenté pour l'éloigner de la cour; & du duc de Marlborough, qui avoit refufé un régiment à fon frere, quoique la reine l'eût accordé. Elle fe conduifit d'après les confeils de Harlei, qui cherchoit à s'infinuer dans la confiance de la reine; & qui ayant été fecretaire d'état avoit perdu fa place par le crédit de Marlborough. Il avoit donc auffi à fe venger.

Sur ces entrefaites, les fermons de quelques Sermon d'un Torys. Torys attirerent l'attention du public. Un deux nommé Sacheverel, qui avoit prêché devant la reine, fut accufé d'avoir attaqué la derniere révolution; condamné la tolérance; fait entendre que l'églife anglicane étoit en danger fous le regne préfent; que l'adminiftration, dans les affaires eccléfiaftiques & civiles, tendoit à la ruine du gouvernement, & d'enfeigner enfin l'obéiffance paffive.

Il souleve le parlement, où les Whigs dominoient.

Cette doctrine étoit contre la reine Anne, parce qu'en condamnant la derniere révolution, elle attaquoit les droits de cette princesse au trône. Elle n'étoit pas moins contraire au parlement, presque tout composé de Whigs, puisqu'elle blâmoit l'administration présente ; & qu'en enseignant une obéissance passive, elle reconnoissoit dans le souverain une autorité arbitraire & absolue.

La reine Anne voit que les Whigs sont les ennemis de son autorité.

La reine fut témoin des contestations, qui s'eleverent dans le parlement au sujet de cette doctrine : elle vit avec quelle vivacité les Whigs se soulevoient contre l'obéissance passive & contre le pouvoir arbitraire. Elle connut qu'elle avoit donné sa confiance à des hommes, qui n'étoient attentifs qu'à diminuer son autorité. Les torts du parlement lui firent bientôt oublier ceux de Sacheverel ; & dans le dessein de le dissoudre, elle le prorogea ; c'est-à-dire, qu'elle en suspendit les séances, & les remit à un autre temps.

Comme elle vouloit casser le parlement, la Hill lui conseille de donner sa confiance à Harlel.

Elle avoit besoin de conseils. La Hill, alors nommée Mashan du nom de son mari, lui parloit souvent de Harlei ; comme d'un homme indigné de l'ingratitude de ceux que la reine avoit comblés de bienfaits. Il étoit d'ailleurs reconnu pour un homme éclairé, intelligent dans les affaires, & très-propre à manier l'esprit de la nation.

Harlei, ayant été introduit à des audiences secretes, n'eut pas de peine à persuader à la reine que les critiques des Torys tomboient uniquement fur l'administration des Whigs; que la meilleure partie de la nation étoit indignée du pouvoir exceffif, dont Marlborough & Godolfin s'étoient emparés; & que ces deux hommes ne continuoient la guerre que pour amaffer des richeffes immenfes, pendant que toute l'Angleterre gémiffoit fous le poids des taxes. La reine lui donna fa confiance, & fur fes avis elle changea tout fon confeil.

La reine change tout fon confeil : caffe le parlement, & en convoque un nouveau.

" Sunderland fut le premier facrifié aux reffentiments de la Mashan. Quelque temps après, c'eft à-dire, au mois d'août 1710, la reine renvoya Godolfin, & nomma cinq commiffaires pour l'adminiftration des finances. Harlei qui en étoit un, pouvoit être regardé comme le feul; car il avoit choifi les autres, & il étoit fûr de n'effuyer de leur part aucunes contradictions : la difgrace des autres miniftres fuivit de près celle de Godolfin. De tous ceux qui les remplacerent, je ne nommerai que S. Jean ou milord Bolingbroke, un des beaux efprits de fa nation. C'eft le même que je viens de citer. Il fut fait fecretaire d'état. Bientôt après la diffolution du parlement fut publiée, & la reine en convoqua un nouveau.

Tous ces changements, qui fe faifoient

Cependant

elle conferve le comman- dement des armées à Marl- borough, par- ce qu'elle n'o- fe encore dé couvrir fes deffeins.

précifément dans le temps où la France & l'Efpagne paroiffoient aux abois, firent craindre aux
Whigs & à la Hollande que la reine n'eût pris
des réfolutions contraires aux vues des confédérés. Envain l'ambaffadeur de cette princeffe
affuroit les États-Généraux, qu'elle confervoit
les mêmes fentiments pour la caufe commune;
elle ne pouvoit diffiper l'inquiétude des alliés,
& cependant elle n'ofoit encore déclarer ouvertement fes deffeins. Elle crut donc devoir
continuer le commandement des armées à
Marlborough : le nouveau miniftre limita feulement l'autorité de ce général, qui connut par-
là qu'il étoit craint, & qu'on ne pouvoit fe paffer
de fes fervices.

Il importoit à la reine & aux nouveaux miniftres de rendre Marl- borough inu- tile, & par conféquentde faire la paix.

Marlborough étoit encore affez puiffant
pour fe venger, puifqu'il continuoit d'être néceffaire. Pour n'avoir plus à le redouter, il falloit
donc le rendre inutile, & par conféquent faire
la paix. C'étoit l'intérêt de la reine, de la Mashan,
du nouveau miniftere : heureufement cet intérêt s'accordoit avec celui de toute l'Europe. Mais
ne pouvant éntamer ouvertement une négociation, qui auroit été traverfée par les Whigs &
par les alliés, il s'agiffoit de trouver une voie
fûre & fecrete, pour faire connoître à la France
les difpofitions de la reine Anne & de fon
confeil.

Ils font con-

Lorfque le maréchal de Tallard, ambaffadeur auprès du roi Guillaume, revint en France, il avoit laissé à Londres un chapelain nommé Gaultier, qui étant instruit des affaires d'Angleterre, pouvoit donner à la France des avis utiles. Gaultier s'étoit introduit chez le comte de Jersey, qui avoit été ambassadeur auprès de Louis XIV après la paix de Ryswick; & il s'étoit lié avec Prior, autrefois secretaire d'ambassade de Jersey, & connu par ses poésies. Jersey, lié avec les nouveaux ministres, proposa ce chapelain comme un homme de confiance, en même temps obscur, tel qu'il le falloit pour une négociation secrete. Sa proposition fut agréée, & il fut commis pour instruire Gaultier, mais verbalement, & sans lui rien donner par écrit.

Gaultier fit deux voyages en France. A son second retour il rapporta des propositions, dont les ministres de Londres furent contents, & telles qu'ils les avoient demandées, pour oser les communiquer aux États-Généraux. Saisis de la négociation, ils étoient jaloux de la conserver; considérant qu'il étoit de l'intérêt de l'Angleterre & du leur, de ne laisser dépendre d'aucune autre puissance la fin ou la continuation de la guerre. La Hollande, qui offrit alors au conseil de Versailles de reprendre les conférences, leur donna de l'inquiétude; & ils sollicitèrent vivement le roi de France de se

noître leurs intentions à Louis XIV.

Contents des propositions, que le roi leur fait, ils sont jaloux de rester maîtres de la négociation que la Hollande veut reprendre.

refufer aux propofitions de cette république. Ainfi les deux puiffances qui avoient voulu la guerre avec le plus d'opiniâtreté, paroiffoient alors s'envier l'avantage de contribuer à la paix.

Louis devoit fe refufer, & fe refufe aux offres des Hollandois.

Louis XIV n'avoit pas befoin d'être folli- cité. Après les humiliations qu'il avoit effuyées à la Haye & à Gertruidenberg, il n'avoit garde de renouer des négociations infructueufes, fur- tout dans les conjonctures où il fe trouvoit : car il découvroit de nouvelles reffources dans l'af- fection de fes fujets ; fón petit-fils venoit d'être rétabli fur le trône d'Efpagne ; il connoiffoit enfin qu'il ne pouvoit avoir la paix que par l'Angleterre. Il eût d'autant plus mal fait d'ac- cepter les offres des Hollandois, que la fuite fit voir qu'ils n'étoient encore capables ni de modération, ni de bonne foi.

Prior lui ap- porte les pro- pofitions de la reine Anne.

Prior accompagna Gaultier dans un autre voyage en France, & fut chargé des prélimi- naires propofés par le confeil de la reine Anne. Mais il n'avoit d'autre pouvoir que de les com- muniquer & de rapporter une réponfe précife & décifive. Cette réponfe n'étoit pas facile à faire : car on ne pouvoit accorder aux Anglois tout ce qu'ils demandoient, fans ruiner le com- merce des François & des autres nations de l'Europe ; & par un refus on s'expofoit à rom- pre la négociation, à peine commencée. Il eût
fallu,

fallu, pour traiter les articles qui fouffroient des difficultés, que les pouvoirs de Prior l'euffent autorifé à céder fur quelques-uns, & à donner des modifications fur d'autres.

Dans l'embarras où fe trouvoit le miniftere de Verfailles, le roi jugea à propos de porter la négociation à Londres, & d'y envoyer un homme inftruit de fes intentions, & affez éclairé pour ne pas le compromettre. Le choix tomba fur Ménager, député de la ville de Rouen au confeil du commerce. Il partit avec Prior & Gaultier, & arriva le 18 août 1711.

L'empereur Jofeph étoit mort quatre mois auparavant, le 17 avril. Cet événement paroiffoit favorable à la négociation de Londres: car les confédérés ne pouvoient pas raifonnablement s'obftiner à vouloir déformais conferver la couronne d'Efpagne fur la tête de l'archiduc, qui devenoit l'héritier de tous les domaines de la maifon d'Autriche. C'eût été détruire l'équilibre, qu'ils fe piquoient de vouloir maintenir. Auffi le roi de Portugal & le duc de Savoie déclarerent-ils, qu'ils ne continueroient pas la guerre pour réunir dans la même perfonne la monarchie d'Efpagne avec l'empire.

Mais la guerre étoit utile à Marlborough, dont les intérêts ne changeoient pas avec le

système de l'Europe. Les Hollandois obéissoient aveuglément à toutes ses impressions, & les Whigs s'opposoient à la paix, parce que les Torys qui commençoient à prendre la supériorité, la desiroient. Ainsi les nations, victimes de l'esprit de parti & des vues particulieres de quelques chefs, continuoient la guerre sans savoir pourquoi elles la faisoient. Lorsqu'on représentoit à milord Sommers, un des ministres que la reine Anne avoit renvoyés, combien il étoit inutile & ruineux de la prolonger, il se contentoit de répondre qu'il avoit été élevé dans la haine de la France.

Whigs s'opiniâtroient vouloir la guerre.

Quand un homme, qui a été à la tête des affaires, ose répondre ainsi ; il ne faut pas s'étonner, si on tenta tout pour traverser la négociation. Il y eut des complots contre les ministres, des conspirations contre l'état. On demandoit si la reine pouvoit conclure des traités sans la participation de Georges, électeur de Hanovre, que le parlement avoit désigné pour lui succéder. On s'élevoit avec audace, avec frénésie contre le gouvernement. Les Whigs, en un mot, s'opiniâtrant à favoriser l'empereur & les Hollandois, formoient des ligues avec des puissances étrangeres, pour forcer la reine à continuer la guerre, ou pour mettre la couronne sur la tête de l'électeur de Hanovre.

Ils vouloient forcer la reine à la continuer, où ils menaçoient de mettre la couronne sur la tête de l'électeur de Hanovre.

La paix pouvoit feule diffiper ces ligues : il importoit donc à la reine Anne & à fon confeil de la conclure promptement. Cet intérêt bien connu de la France, fit que les deux cours négocierent avec beaucoup de confiance & de bonne foi.

Cependant les miniftres de Londres n'étoient pas fans inquiétudes. La fanté de la reine ne promettoit pas de longs jours, & ils prévoyoient des difgraces à l'avénement de l'electeur de Hanovre, en qui les Whigs mettroient toutes leurs efpérances, & qui appellé au trône par ce parti, le favorifoit. On pouvoit alors leur faire un crime d'avoir fait la paix fans les alliés, ou de les y avoir forcés : on pouvoit même leur en faire un d'avoir ouvert une négociation avec Louis XIV : car il étoit déclaré par un acte du parlement, que qui que ce foit en Angleterre, ne pourroit être autorifé à traiter avec un prince, qui recevroit le prétendant dans fes états ; & cependant le prétendant étoit en France.

Ce n'eft qu'en faifant une paix glorieufe pour la nation, & avantageufe pour les alliés, qu'ils pouvoient prévenir les malheurs dont ils fe voyoient menacés. Ils ne le cachoient pas à la France, qui dans le befoin qu'elle avoit de terminer la guerre, fe prêtoit à ces confidérations. Ils auroient donc procuré les conditions

G 2

les plus favorables à la Hollande, si elle eût voulu entrer en négociation conjointement avec eux.

Cette république auroit dû voir que ses intérêts étoient liés avec ceux des ministres de Londres, & que, par conséquent, elle pouvoit compter sur eux. Mais elle s'aveugla. En s'opposant opiniâtrément à la paix, elle les mit dans la nécessité de conclure à quelque prix que ce fût. Plus elle résistoit, plus elle suscitoit contre eux un parti puissant, plus ils sentoient le besoin de presser la négociation. Il n'étoit plus temps pour eux ni de reculer, ni de lire dans l'avenir des malheurs que mille accidents pouvoient écarter. La conjoncture présente demandoit la paix, & demandoit qu'elle se fît promptement. Ils se voyoient donc contraints d'abandonner tout ce qui la pouvoit retarder, par conséquent de négliger en partie les intérêts des alliés, & d'avoir de plus grandes complaisances pour Louis XIV. C'est ainsi que les ennemis de la France servoient cette monarchie par leur conduite inconsidérée. Ils hâtoient la paix qu'ils ne vouloient pas lui donner ; & plus ils s'y opposoient, plus ils la lui ménageoient favorable.

Cependant déja coupables aux yeux des confédérés & des Whigs pour avoir ouvert la négociation, il ne leur restoit plus qu'à conclure.

Artifices des négociateurs. L'art des négociateurs est d'un côté de demander au delà de ce qu'on veut, afin d'obtenir ce qu'on veut en effet ; & de l'autre d'of-

frit moins qu'on ne veut céder, afin de n'être
pas forcé à céder au delà. On difpute enfuite
le terrain : on fe rapproche lentement. Celui
qui accorde un article qu'il avoit d'abord refufé,
s'en fait un droit pour obtenir quelque dédommagement ; & celui qui fe relâche fur une
demande qu'il avoit faite, entend qu'on lui
en fache gré, & veut retirer quelque fruit de
fa complaifance.

Tout cet artifice deviendroit inutile, fi les
puiffances qui négocient, connoiffoient réciproquement l'état où elles fe trouvent ; & fi jugeant l'une & l'autre des intérêts de celle avec
qui on traite, comme toutes deux jugent féparément des fiens, elles négocioient toujours
dans la vue de terminer promptement. Dès-
lors on s'entendroit, avant d'avoir ouvert les
conférences. Comme l'une fauroit ce que l'autre doit raifonnablement exiger, & que l'autre,
pour prendre le tour de M. de Sévigné, fauroit
ce que l'une doit raifonnablement céder, on
pourroit commencer par conclure. Voilà, diroit-
on d'un côté, ce que je veux; & je m'y borne,
fans rien demander de plus, parce que je fais
que vous me l'accorderez. Voilà, diroit-on de
l'autre, ce que je céde, & je n'offre rien de
moins, parce que je fais ce que vous avez droit
de prétendre. Des plénipotentiaires, qui vien-
droient au congrés avec de pareilles inftructions,

*Avec des fu-
miers & de
la bonne foi
fans artifices,
on termine-
roit prompte-
ment les né-
gociations.*

G 3

ne s'affembleroient que pour découvrir qu'ils
font d'accord : ils traiteroient avec autant de
fimplicité que de lumieres.

Si l'art de négocier en étoit à ce point, il
feroit à fa perfection. On renonceroit à des artifices, qu'on eftime aujourd'hui, & qui s'ufent
enfin. La bonne foi deviendroit l'ame des négociations : & les négociateurs feroient véritablement habiles, puifque leurs fuccès feroient
uniquement le fruit de leurs lumieres. Mais
cela n'arrivera pas : car les puiffances foibles
fuppléeront à la force par la rufe : les négociateurs peu éclairés auront befoin d'être fins;
& comme on s'obftinera toujours à ufer d'artifices au moins d'un côté, il faudra bien que
de l'autre on continue à en faire encore
ufage.

Une puiffan-
ce dominan-
te peut em-
pêcher qu'on
ufe d'artifices
avec elle.

Il n'appartient qu'à une puiffance dominante
de couper court à tout ce manege; & elle y
réuffira, pourvu qu'elle fe pique de modération
& de juftice. Or, l'Angleterre dominoit en 1711.
Par un heureux concours de circonftances, elle
vouloit une paix prompte, qui conciliât, s'il
étoit poffible, tous les intérêts. Elle fe trouvoit forcée à être médiatrice entre fes ennemis & fes alliés : c'étoit à elle à juger de ce qui
devoit être exigé d'une part, & cédé de l'autre,
à le déclarer promptement, & à conclure.

Les miniftres de Londres prévirent bien fans doute, que Ménager, fuivant les ordres qu'il devoit avoir reçus, ne céderoit que peu à-peu, & comme par force ; qu'à chaque article qu'il accorderoit, il voudroit obtenir un dédommagement ; que par conféquent le temps des conférences fe confumeroit en difputes ; & que la négociation traîneroit. Pour abreger, ils déclarerent à Ménager, qu'avant de traiter avec lui, ils vouloient avoir une réponfe par écrit au mémoire que Prior avoit porté en France.

Pour prévenir ces artifices, les miniftres de Londres demandent que Ménager réponde par écrit aux propofitions qu'ils ont faites.

Il n'étoit plus poffible de ne s'expliquer que par degrés, de faire des réferves, de fe préparer des dédommagements. Il falloit répondre à chaque article : refufer, c'eût été fe rendre fufpect de mauvaife foi, ou du moins d'artifices. Ménager jugea donc avec raifon devoir dreffer le mémoire qu'on lui demandoit.

Dans la premiere partie, qui traitoit des demandes particulieres de l'Angleterre, le roi convenoit de reconnoître la reine Anne en qualité de reine de la Grande-Bretagne ; de reconnoître auffi la fucceffion à cette couronne, de la maniere que les actes du parlement l'avoient réglée en faveur de la ligue proteftante.

Il accordoit aux Anglois, comme autorifé par le roi d'Efpagne, Gibraltar & le Port-Mahon,

Ménager les fatisfait.

G 3

pour affurer leur commerce dans la Médi-
terranée.

Ils devoient jouir, dans les pays de la domination d'Efpagne, de tous les avantages ac-
cordés, ou qui le feroient à la nation la plus
favorifée. Enfin le roi de fa part cédoit l'île
de Terre-neuve.

Dans la feconde partie du mémoire, le roi
expliquoit ce qu'il demandoit pour lui, pour
fon petit-fils & pour les alliés de la France & de
l'Efpagne. Mais les miniftres ne voulurent régler
dans les préliminaires, que les intérêts de la
nation angloife : ils réferverent ceux de la
France & de fes alliés pour être traités dans
le congrés, promettant au refte que le roi auroit lieu d'être content des bons offices de la
reine.

Comme le mémoire de Ménager fatisfaifoit
les Anglois fur les articles importants, il plut
à la reine & aux miniftres. On convint de commencer des conférences, pour éclaircir les
points conteftés ; & Ménager traita avec les
commiffaires nommés à cet effet. De ce nombre étoient S. Jean, & Harlei alors comte
d'Oxford.

Il fallut d'abord confentir à la démolition
des ouvrages conftruits à Dunkerque, tant fur
terre que fur mer; & cependant fe réfoudre à

ne pas ſavoir encore ce qu'on obtiendroit pour prix de cette complaiſance. Louis XIV demandoit la reſtitution de Lille & de Tournai. Les commiſſaires promirent de lui procurer un dédommagement ? mais ils dirent qu'il leur étoit impoſſible de déterminer encore en quoi il conſiſteroit.

Il fut enſuite queſtion d'aſſurer le commerce des Anglois en Amérique. Ils propoſoient à cet effet que Philippe, qu'ils reconnoiſſoient pour roi d'Eſpagne, livrât à l'Angleterre des places aux Indes occidentales, comme ils l'avoient déja demandé dans les préliminaires. Ménager ayant répondu que ce prince n'accepteroit jamais de pareilles conditions, S. Jean ſe réduiſit à obtenir la traite des Negres pour trente ans : à quoi Ménager répondit que le roi employeroit ſes puiſſants offices, pour procurer cet avantage aux Anglois.

La traite des Negres eſt un droit excluſif de tranſporter de la côte de Guinée en Amérique, tous les Negres néceſſaires aux colonies eſpagnoles, établies dans ce continent. Les François avoient joui de ce privilege juſqu'alors. Les Anglois l'acquirent par le traité d'Utrecht; & cette branche de commerce eſt d'autant plus conſidérable pour eux, qu'elle leur fournit l'occaſion de faire une grande contrebande. La com-

pagnie qui achete les Negres en Afrique, &
qui les vend aux Indes occidentales, se nomme
la compagnie de *l'Assiento*, d'un mot Espagnol
qui signifie ferme, parce qu'en effet elle prend
à ferme la traite des Negres.

On signe les articles préliminaires.

S. Jean ayant fait un mémoire au sujet des
questions agitées dans la conférence, l'abbé
Gaultier, qui avoit été présent à tout ce qui
s'étoit dit, fut chargé de le porter à Versailles, & de rendre compte de ce qui s'étoit passé.
La réponse de Louis XIV satisfit les ministres
de Londres, à quelques difficultés près qui furent bientôt levées, parce que de part & d'autre
on vouloit sincérement finir. On signa donc
les articles préliminaires, & Ménager n'eut
plus qu'à revenir en France.

La reine désigne ses plénipotentiaires pour le congrés.

La reine avoit déja désigné ses plénipotentiaires pour le congrés. L'un étoit Robertson,
évêque de Bristol, l'autre le comte de Stafford,
alors ambassadeur en Hollande, & le troisieme
Prior. J'aurai soin de dresser les ordres qui leur
seront envoyés, disoit S. Jean à Ménager.
Cessez un moment d'être ministre de France,
soyez simplement témoin de notre bonne foi,
& du desir sincere que nous avons de la paix: &
faites en le rapport fidele à votre cour. Mais
observez que nous ne pouvons nous départir
des bienséances à l'égard de nos alliés. Il s'agit
pour nous de maintenir la succession dans la
ligne protestante, de procurer à la Hollande &

à l'empire une barriere sûre & raisonnable; & de conserver à l'Angleterre les avantages dont nous sommes convenus avec vous.

De crainte d'être traversées, les deux cours s'étoient réciproquement demandé le secret sur les propositions qu'elle se faisoient l'une à l'autre. Mais puisqu'elles avoient heureusement levé toutes les difficultés, il ne restoit plus qu'à faire connoître l'état de la négociation. Le comte de Stafford eut ordre d'en rendre compte au pensionnaire, & de lui dire que, si la reine s'étoit contentée de stipuler des conditions générales pour ses alliés, c'étoit uniquement par la seule considération de ne pas s'ingérer à décider de leurs prétentions, & dans la vue de leur laisser l'entiere liberté d'en traiter eux-mêmes aux conférences de la paix; que son intention étoit d'agir de concert avec ses alliés; que nulle offre de la France ne l'engageroit à faire la paix, si elle n'obtenoit par le traité, que la république de Hollande fût satisfaite sur les articles de la barriere, du commerce, & sur les autres prétentions; que si les États-Généraux s'attachoient à soutenir les préliminaires de 1709, elle leur déclaroit qu'elle n'étoit pas en état de continuer une guerre, à laquelle ses alliés n'avoient jamais fourni tout leur contingent; qu'elle leur donnoit le choix, ou de le fournir désormais réguliérement, ce qui n'étoit pas en leur pouvoir, ou de faire la paix avec elle.

Elle instruit les États-Généraux de l'état de la négociation & de ses intentions.

Elle déclare qu'elle achoi- ſiUtrechtpour le congrès, & demande des ſauf-conduits pour la Fran- ce.

En conséquence de ces réſolutions, le comte de Stafford devoit preſſer le penſionnaire de déterminer les états à conſentir au choix qu'elle avoit fait d'Utrecht pour le congrès, & à reſmettre inceſſamment des paſſeports pour les plénipotentiaires du roi de France, afin que les conférences s'ouvriſſent le 12 janvier de 1712. On étoit alors au mois de novembre 1711.

Elle fait part à Louis de ces démarches.

Gaultier vint en France chargé d'un mémoire, par lequel la reine informoit le roi des démarches qu'elle avoit faites auprès des États-Généraux ; & des oppoſitions qu'ils mettoient à l'ouverture du congrès, juſqu'à ce qu'il ſe fût expliqué plus particuliérement ſur les articles qui les concernoient. Elle avoit répondu que ces articles contenoient en général tout ce que les alliés pouvoient prétendre ; & les jugeant ſuffiſants, elle avoit réitéré ſes ordres au comte de Stafford pour preſſer l'expédition des paſſeports, & le choix de la ville qu'elle avoit proposée.

Elle lui demande ſous le ſecret ce qu'il veut faire pour chaun des confédérés.

Elle demandoit, comme un moyen d'avancer la paix, que le roi lui confiât ſon ſecret ſur ce qu'il vouloit faire en faveur de chacun des confédérés, aſſurant qu'elle uſeroit de ſa confiance avec diſcrétion ; & ſeulement pour l'avantage de l'un & de l'autre. Oxford & S. Jean avoient joint à ce mémoire des lettres qui ne permettoient pas de douter de la droiture de leurs intentions. Leurs intérêts propres en étoient garants, toute leur conduite en étoit une preuve, & les intrigues de Buys, député à Londres pour soulever la nation contre ce ministre, ne faisoient pas craindre que la France fût sacrifiée à la Hollande.

Sur ces considérations le roi crut devoir s'ouvrir: en effet la méfiance eût été déplacée. Il répondit donc à tous les articles sur lesquels on demandoit des éclaircissements; & déclarant ce qu'il vouloit d'abord proposer, & à quoi il vouloit ensuite se réduire, il communiqua aux ministres de Londres le fond du mémoire, qui devoit servir d'instructions à ses plénipotentiaires. Il falloit un singulier concours de circonstances, pour forcer la cour de Londres & la cour de Versailles à traiter avec autant de franchise.

Louis s'ouvre au point, qu'il lui communique le fond des instructions faites pour ses plénipotentiaires.

Par la réponse que le roi fit au mémoire de la reine de la Grande-Bretagne, il consentoit à donner une barriere aux Hollandois, & à favoriser leur commerce. Mais avant de régler cette barriere, il jugeoit nécessaire de savoir à quel prince on destinoit les Pays-Bas. Dans le cas qu'on les laisseroit à l'électeur de Baviere, à qui le roi d'Espagne les avoit cédés; il approuvoit que les places fortes fussent gardées par une

Offres qu'il fait.

garnifon hollandoife; & de fon côté il laifferoit aux États-Généraux Menin , Sauverge,
Ypres & fa châtellenie, Furnes & le Furnem-
bach.

Il demandoit pour l'équivalent de ces places, qu'on lui rendît Aire, Béthune, S. Venant, Bouchain, Douai & leurs dépendances.

En difant qu'il fe propofoit de demander
Lille & Tournai, en dédommagement de la
démolition des ouvrages de Dunkerque; il
confioit à la reine que pour le bien de la paix,
il fe contenteroit de la ville & de la citadelle de
Lille avec fes dépendances.

Il s'engageoit à reconnoître l'archiduc Charles pour empereur, à lui reftituer Brifach; à
lui rendre à lui & à l'empire le fort de Kell, à
rafer ceux de Strasbourg conftruits fur le Rhin,
à démolir les fortifications vis-à-vis Huningue
& généralement toutes celles qui étoient élevées au delà de ce fleuve. Il demandoit en retour la reftitution de Landaw , & le rétabliffement dés électeurs de Cologne & de Baviere.

Il confentoit que le duc de Savoie s'agran-
dît en Italie, comme la reine Anne le defiroit:
il le fouhaitoit même autant qu'elle. Mais il
ne vouloit pas lui laiffer Exilles & Féneftrelle.

Frédéric III, électeur de Brandebourg, voyant l'élevation du prince d'Orange & d'Auguste de Saxe, eut l'ambition d'être roi; & ne
pouvant pas, comme eux, acquérir de nouveaux états, il donna à une de ses provinces le
nom de royaume, & mit une couronne sur sa
tête. Il s'agissoit d'être reconnu. Il le fut d'a-
bord par l'empereur, par le roi d'Angleterre &
par d'autres princes, parce qu'il offrit d'entrer
à cette condition dans la grande alliance qui se
formoit alors, ce qui fut agréé. Les intérêts de
ce confédéré ne pouvoient pas être oubliés.
Louis XIV consentoit donc à le reconnoître
pour roi de Prusse, ainsi qu'à ne pas refuser au
duc de Hanovre la qualité d'électeur que l'empereur lui avoit donnée. C'étoit à peu-près là
tous les points, sur lesquels on l'avoit prié de
s'expliquer. L'abbé Gaultier qui rapporta cette
réponse aux ministres de Londres, eut ordre de
leur dire que le roi ne doutoit pas d'une confiance réciproque de leur part, ni de leur dis-
crétion à faire un usage prudent & par degrès de
la connoissance qui leur étoit donnée.

Les ministres de Londres, flattés des procédés ouverts de Louis XIV, se trouvoient plus
disposés à le favoriser; & ils sentoient croître
en eux ces dispositions, lorsqu'ils considé-
roient la conduite de ceux qui s'opposoient à
la paix.

Plus le parti qui veut la guerre s'op-
pose à la paix, plus il importe au conseil de Londres de la hâter, même par des con-

plaisances pour la France.

Avec près de sept millions de livres sterling que la campagne de 1711 avoit coûté à l'Angleterre, tous les efforts de Marlborough s'étoient bornés à la prise de Bouchain. Cependant les Hollandois s'opiniâtroient dans le dessein de continuer la guerre. Ils animoient plus que jamais les Whigs, qui trouvoient un autre appui dans l'empereur. On ne se proposoit pas moins que d'exciter un soulévement en Angleterre; & Gallas, ministre de Charles VI, n'étoit à Londres qu'un chef de faction. Le conseil de la reine, à qui les complots des Whigs & les intrigues des Hollandois & des Allemands étoient connus, en devoit desirer davantage la fin de la négociation commencée; & l'intérêt qui le lioit à la France, devenant plus fort par les oppositions mêmes des alliés, il ne pouvoit manquer de procurer à cette couronne les conditions avantageuses, qu'il seroit possible de concilier avec les avantages de l'Angleterre.

Le nouveau parlement est pour la paix, malgré les oppositions de beaucoup de membres.

La reine se rendit le 10 décembre 1711 au parlement qu'elle avoit convoqué, elle y déclara qu'elle étoit résolue à terminer, par une paix glorieuse & utile, une guerre onéreuse par le sang & les trésors qu'elle coûtoit à la nation. Les Whigs s'éleverent avec emportement contre tout traité, qui ne restitueroit pas à la maison d'Autriche la monarchie entiere
d'Espagne

d'Efpagne. Mais après de longs débats, le parti de la paix demeura fupérieur de cent vingt-fix voix dans la chambre des communes, & la fupériorité ne lui manqua que d'une feule dans la chambre-haute.

On n'ignoroit pas que Marlborough avoit répandu de l'argent & corrompu plufieurs membres. On ne doutoit pas non plus que Buys n'eût contribué par des pratiques fecretes, à fufciter les oppofitions que la reine avoit trouvées dans une partie de fon parlement. Le député donnoit au moins lieu de croire, qu'il attendoit quelque évenement capable de renverfer les mefures du miniftere. Les États-Généraux lui avoient envoyé les fauf-conduits, avec ordre de les remettre à la reine. Cependant il ne l'avoit point fait: comme il n'avoit pas même de prétexte pour les retenir, il paroiffoit que dans l'attente d'une révolution, il les gardoit pour retarder l'ouverture des conférences. Il les délivra enfin, lorfqu'il vit que tous les détours devenoient inutiles & fufpeéts. S. Jean fe hâta de les faire paffer en France. Le maréchal d'Huxelles, l'abbé de Polignac & Ménager, plénipotentiaires du roi, fe difpoferent à partir. Leurs inftruétions étoient conformes au mémoire communiqué au confeil de Londres. Ils arriverent à Utrecht, le 19 Janvier 1712. Buys, nommé par la province de Hollande

Les plénipotentiaires françois fe rendent à Utrecht.

1712

Tom. XV. H

pour affifter aux conférences, les avoit précé-
dés de quelques jours.

Eugene fol-
licité par les
Whigs, vient
à Londres :
mais il trou-
ve Marlbou-
rough dé-
pouillé de
toutes fes
charges, ac-
cufé & jugé
coupable.

Le prince Eugene étoit à Londres depuis le
16. Il y étoit venu, follicité par les Whigs,
qui fondoient fur lui toutes leurs reffources, &
qui ne doutoient pas qu'avec fes talents il ne
vint à bout de culbuter au moins le miniftere.
Mais il s'étoit rendu trop tard aux follicitations
vives qu'on lui avoit faites. Le comte d'Oxford
ayant prévenu fon arrivée, il trouva Marlborough dépofé de toutes fes charges, accufé de
péculat, & jugé coupable par la chambre des
communes. Reçu avec toutes les diftinctions
qui lui étoient dues, il fut obfervé de fi près
qu'il ne lui fut pas poffible de fomenter les cabales des Whigs; il repartit après deux mois
de féjour, ayant formé, dit-on, des complots,
qui donnerent feulement quelque inquiétude,
& qui auroient fait tort à fa réputation, s'ils
avoient été prouvés & publiés. Les miniftres fe
trouvoient fupérieurs à leurs ennemis, lorfque
la France éprouva des malheurs, qui apporterent de nouveaux retardements à la paix.

Mort du duc
de Bourgo-
gne & du duc
de Bretagne.

Louis dauphin, fils unique du roi, étoit
mort au mois de février 1711. Le duc de Bourgogne, fon fils aîné qui étoit frere de Philippe
roi d'Efpagne, & qui avoit deux fils, le duc de
Bretagne & le duc d'Anjou, mourut lui-même
le 18 février 1712, fix jours après fa femme,

Marie Adélaïde de Savoie; & le 8 du mois fuivant une maladie inconnue mit encore le duc
de Bretagne au tombeau. Il ne reftoit plus que
Louis duc d'Anjou, âgé de deux ans, & dont
la vie paroiffoit en danger.

Ces coups redoublés, capables par eux-mêmes de frapper vivement un pere qui aimoit fes
enfants, & les François qui eftimoient le duc
de Bourgogne, devenoient plus funeftes encore
dans la conjonction préfente. Car la fucceffion
à la couronne de France fembloit s'ouvrir à Philippe V, & l'Europe fe voyoit menacée
de voir cette couronne & celle d'Efpagne
fur la tête du même prince: danger dont elle
s'effrayoit beaucoup plus qu'elle ne devoit;
mais enfin elle s'en effrayoit.

On craint que la couronne d'Efpagne & celle de Fran-ce ne fe réu-niffent fur la tête de Philip-pe V.

Les conférences d'Utrecht n'avançoient pas.
Prior, à qui la reine avoit confié le fecret de
la négociation, n'y étoit pas arrivé, il n'y arriva même point. Ainfi l'évêque de Briftol & le
comte de Stafford, n'ofant rien prendre fur eux,
fe conduifoient avec beaucoup de circonfpection. Contre l'attente de Louis XIV, ils ne
s'ouvroient point avec fes miniftres; ils parloient même encore comme ennemis. Ils ne
pouvoient guere fe conduire autrement; parce
que, dans la fituation chancelante des chofes,
une démarche précipitée pouvoit les rendre cri-

Cette crainte retarde la né-gociation.

minels, fi le parti contraire à la paix venoit à prévaloir.

Il falloit la dissiper. Cependant la reine & son conseil la desiroient toujours : mais avant de faire de nouvelles tentatives auprès des alliés, il falloit prendre des mesures pour prévenir la réunion redoutée des deux monarchies. Les Hollandois, de plus en plus animés contre la France, s'opiniâtroient plus que jamais à n'accorder la paix qu'aux conditions spécifiées dans les préliminaires de 1709 ; & dans une circonstance, où Philippe V paroissoit si près de succéder à Louis XIV, leurs raisonnemens étoient capables d'ébranler ceux qui vouloient le plus sincèrement la fin de la guerre. C'est alors même qu'ils remuoient en Angleterre, & qu'ils se flattoient d'y susciter des soulévemens.

Dans cette vue le ministere de Londres demande que Philippe V renonce purement & simplement à la couronne de France. Ces circonstances ralentissoient nécessairement les démarches des ministres de Londres. Cependant elles ne changeoient rien à leurs dispositions : au contraire elles leur faisoient sentir davantage la nécessité d'y persister. Le 25 mars ils envoyerent un mémoire à la cour de Versailles, par lequel ils demandoient, comme l'unique moyen de calmer les alarmes de l'Europe, que Philippe V renonçât purement & simplement aux droits de sa naissance, & qu'il cédât la couronne de France au duc de Ber-

1712

ti, fon frere, troifieme & dernier fils du dauphin.

Cette propofition embarraffa le miniftere
de France, qui, s'imaginant que la renonciation feroit nulle, ne pouvoit le déclarer fans
rompre toute négociation, ni le diffimuler fans
manquer à la bonne foi. Cependant la fincé-
rité prévalut fur toute autre confidération. Le
marquis de Torci, principal miniftre, écrivit à
S. Jean, que la renonciation feroit nulle fuivant les loix fondamentales du royaume, félon
lefquelles, »le prince qui eft le plus proche de la
»couronne, en eft héritier de toute néceffité;
»que c'eft un héritage qu'il ne reçoit ni du roi
»fon prédéceffeur, ni du peuple, mais en ver-
»tu de la loi; de forte que lorfqu'un roi vient
»à mourir, l'autre lui fuccéde immédiatement,
»fans demander le confentement de perfonne;
»qu'il fuccéde, non comme héritier, mais com-
»me le maître du royaume dont la feigneurie
»lui appartient, non par choix, mais feule-
»ment par le droit de fa naiffance.

»Qu'il n'eft obligé de fa couronne ni à la
»volonté de fon prédéceffeur ni à aucun édit,
»ni à aucun décret, ni à la libéralité de qui que
»ce foit; qu'il ne l'eft qu'à la loi: cette loi eft
»eftimée l'ouvrage de celui qui a établi les
»monarchies; & qu'on tient en France qu'il
»n'y a que Dieu feul qui puiffe l'abolir, par

Réponfe du
miniftere de
France, qui
s'imagine que
la renoncia-
tion feroit
nulle.

H 3

» conféquent qu'il n'y a aucune renonciation
» qui puiffe la détruire.

Cette répon-
fe , qui ne
pormit que
fur des mots,
eût rendu la
paix impoffi-
ble.

Torci emprunta pour cette réponfe, comme il le dit, les termes d'un fameux magiftrat,
Jérôme Bignon, avocat général. Cet exemple
prouve que les opinions d'un homme qui a un
nom, deviennent des préjugés qu'on adopte
fans examen. Car ou je me trompe fort, ou toute cette doctrine ne porte que fur de grands
mots. On croiroit que Bignon parle du peuple
Juif.

Ce magiftrat auroit-il foutenu que cette
doctrine étoit bien établie & bien reconnue
avant Philippe Augufte? Je demanderois donc
pourquoi les fouverains prenoient des mefures
de leur vivant, pour affurer la couronne à leur
fils. Si c'eft depuis Philippe Augufte que Dieu a
établi cette loi fondamentale dont il parle,
je demande fous quel regne elle a été révélée.

Si avant Louis XIV il y avoit eu une loi
qui n'eut pas permis à un prince de renoncer à la couronne, il falloit alors changer cette
loi; puifque ce changement devenoit néceffaire
à la maifon de Bourbon, à la France, à l'Efpagne, à l'Europe entiere. Les loix ayant été faites pour le bonheur des peuples, ce feroit une
grande abfurdité d'imaginer, qu'elles font en-

core sacrées, lorsqu'elles deviennent nuisibles.

Pour être affermis sur le trône, les Bourbons n'ont pas besoin que Dieu vienne dire aux François : voilà mon oint, voilà votre roi. Ils sont sûrs de regner par l'affection de leurs sujets. Ils en sont sûrs, parce que l'obéissance n'est pas moins due aux loix que les peuples se font, qu'aux loix que Dieu leur donne ; & que désobéir aux premieres, c'est toujours désobéir à Dieu, à qui nous rendrons compte de tous nos engagements.

C'est la flatterie, Monseigneur, qui a fait cette loi fondamentale : mais la flatterie tourne tôt ou tard contre le souverain. Vous le voyez : la paix n'eût pas été possible, si toute l'Europe eût pensé comme Louis XIV & son conseil, ou il eût fallu en revenir avec les Hollandois aux préliminaires de 1709. Heureusement les puissances étrangeres ne connoissoient pas les loix fondamentales de la France, & elles crurent que la renonciation seroit bonne. » Nous voulons » croire, répondit S. Jean, que vous tenez » en France, qu'il n'y a que Dieu seul qui puisse » abolir la loi, sur laquelle votre droit de succession est fondé ; mais vous nous permettrez » aussi de croire en Angleterre, qu'un prince » peut se départir de ses droits par une cession » volontaire ; & que celui en faveur de qui il

Le ministere Angloise ne croit pas que la renonciation fût nulle.

H 4

» auroit fait la renonciation, pourroit être sou-
» tenu avec justice dans ses prétentions, par les
» puissances qui en auroient garanti le traité.

En attendant la réponse de Philippe on léve les autres difficultés qui s'opposoient à la paix.

L'incertitude du parti que prendroit le roi d'Espagne, faisoit languir la négociation. Pour perdre moins de temps, les plénipotentiaires d'Angleterre proposerent à ceux de France de travailler en attendant à lever de concert les autres difficultés, qui s'opposoient à la paix. Ils s'assemblerent chez l'évêque de Bristol; & afin de ne pas donner d'ombrage aux alliés, ils prirent pour prétexte de traiter quelques points de commerce entre la France & l'Angleterre. Les conférences réussirent, comme on se l'étoit promis. Le traité eût été bientôt conclu entre les deux couronnes, si on avoit eu la renonciation du roi d'Espagne.

On propose à Philippe un échange qui retarde encore la négociation.

On cherchoit également à Londres & à Versailles, si, dans le cas où Philippe refuseroit de la donner, il seroit possible de trouver quelque expédient pour y suppléer. Milord Oxford proposa une alternative : il donnoit le choix à ce prince, ou de conserver le royaume d'Espagne, en renonçant aux droits de sa naissance; ou de conserver les droits de sa naissance en abandonnant l'Espagne au duc de Savoie, son beau-pere, & en se contentant des états de ce prince, auxquels on joindroit les royaumes de Naples & de Sicile. Oxford crut peut-être avoir trouvé le vrai moyen

de hâter la paix, parce qu'il pensa que le second parti seroit plus agréable à Louis XIV,
& plus convenable à sa famille, vu l'inquiétude que donnoit la santé du duc d'Anjou.

Philippe venoit alors de répondre qu'il
renonceroit à la couronne de France. Ainsi
l'option, proposée par Oxford, ne fit que
retarder la négociation : car il fallut attendre une nouvelle réponse.

Louis XIV, exhorta vivement son petit
fils à préférer l'échange qu'on lui proposoit.
Philippe persista dans la premiere résolution
qu'il avoit prise, & renonça à tous les droits
de sa naissance. Peut-être y fut-il en partie
déterminé par l'ambition de la reine sa femme, qui ne voulut pas sacrifier la monarchie d'Espagne à l'incertitude d'être un jour
reine de France. Quoiqu'il en soit, la renonciation fut faite quelques mois après par
le roi d'Espagne, ratifiée par les états de son
royaume, acceptée par Louis XIV, publiée
par les ordres de ce prince, enregistrée dans
tous les parlements de la maniere la plus
solemnelle, & à la paix, garantie par toutes
les puissances de l'Europe. On peut encore
remarquer que le roi de France & le roi
d'Espagne ne paroissent pas avoir douté de
la validité de cet acte, si on en juge par
les lettres qu'ils s'écrivirent à ce sujet ; &
quand ils en auroient douté, il n'en résulte-

*Philippe donne une re-
nonciation à la couronne de France.*

Tome XV.

roit autre chofe , finon qu'ils n'auroient pas
traité de bonne foi , & la mauvaife foi ne
rend pas un acte nul. Voilà donc une loi
fondamentale , où il n'y en a point. Par
conféquent, le prince de Bourbon qui regne-
ra en Efpagne ne conferve plus aucuu droit
à la couronne de France. En foutenant le
contraire , je vous plairois peut-être davantage : mais je vous tromperois.

Tout étoit
d'accord en-
tre la France
& l'Angle-
terre, & la
reine Anue
avoit l'aveu
de fon parle-
ment.

1712.]

L'Angleterre & la France fe trouvoient
parfaitement d'accord. Il ne reftoit plus qu'à
rompre les obftacles que les autres puiffances mettoient à la paix. La reine fe rendit
au parlement le 17 juin 1712. Elle communiqua aux deux chambres l'état où elle
avoit conduit la négociation. Elle fit l'énumération des avantages qu'elle procuroit à
fes alliés : elle expofa les mefures qu'elle
avoit prifes pour affurer la fucceffion dans
la maifon de Hanovre ; enfin elle fit valoir
fes foins pour prévenir l'union des couronnes de France & d'Efpagne. Elle fut écou-
tée avec un applaudiffement général : feulement quelques membres de la chambre-haute protefterent contre plufieurs articles de fa
harangue : mais ces proteftations furent fans
effet.

Les troupes
angloifes fe-
féparerent du

L'Angleterre pouvoit alors faire fa paix féparément. C'eût été fans doute le moyen le
plus court de terminer tout-à-fait la guerre. Le

conseil de Londres, croyant devoir user de plus de circonspection, n'osa prendre ce parti. Il auroit craint de choquer trop les alliés. Il prit un parti moyen, qui leur étoit presque aussi contraire, & qui les choqua tout autant. Le duc d'Ormond, qui commandoit les troupes angloises depuis la déposition de Marlborough, eut ordre de se séparer du prince Eugene, & de ne concourrir avec lui dans aucune entreprise ; & bientôt après, il y eut entre la France & l'Angleterre une suspension d'armes pour quatre mois dans les Pays-Bas.

prince Euge-ne. Suspen-sion d'armes entre la France & l'Angle-terre pour les Pays-Bas.

En considération de ces démarches de la cour de Londres, le roi étoit convenu de remettre Dunkerque aux Anglois, jusqu'à ce que les fortifications en eussent été démolies. Cependant ces démarches n'avoient pas produit tout l'effet qu'il en avoit attendu : car les étrangers, à la solde de l'Angleterre, avoient pour la plupart refusé de suivre le duc d'Ormond, & étoient restés avec le prince Eugene, dont l'armée se trouvoit par-là supérieure à celle des François. Il y avoit donc beaucoup à diminuer des avantages que la suspension avoit promis.

Cette suspen-sion ne produit pas tout l'effet qu'on en avoit attendu.

S. Jean, que la reine avoit fait pair d'Angleterre, sous le titre de vicomte de Bolingbroke, répondit que cette princesse voyoit avec un déplaisir sensible que ses desseins avoient été traversés ; qu'elle étoit résolue à ne se pas rebuter ; & que si le roi vouloit lui remettre Dunkerque, elle ne feroit aucune difficulté de conclure sa paix particuliere. Il remarquoit au reste que l'Angleterre cessant de payer la solde aux troupes étrangeres, les Etats-Généraux ne feroient pas en état de les faire subsister long-temps.

Cessation de toute hostilité entre ces deux couronnes.

Comme l'offre d'une paix particuliere conduisoit plus promptement à la paix générale, le roi accepta la proposition de la reine. Il envoya ordre à l'officier qui commandoit dans Dunkerque, d'y laisser entrer les troupes angloises. Aussitôt la suspension, qui n'avoit eû lieu que dans les Pays-Bas, devint générale; & les hostilités cesserent par mer & par terre entre les deux couronnes.

La reine Anne avoit pris le parti le plus sage. Car si elle se fût déterminée à faire encore une campagne, & qu'elle eût eu avec ses alliés des succès tels qu'ils se les promettoient, ils auroient pu se rendre maîtres de la négociation. Si, au contraire, les François avoient eu l'avantage, ils n'auroient plus voulu traiter avec l'Angleterre aux conditions qu'ils avoient offertes. Cette princesse avoit donc pris à propos une résolution décisive, telle quelle convenoit à ses intérêts.

Les Hollandois se plaignirent hautement, eux qui avoient abandonné leurs alliés à Nimegue dans une conjonctûre bien différente, & qui avoient seuls tiré avantage d'une guerre, où l'on ne s'étoit engagé que pour les défendre; eux qui, dans cette derniere guerre qu'ils vouloient continuer, avoient souvent déconcerté les opérations, en retardant la marche de leurs troupes, en refusant même de les envoyer, & en négligeant les préparatifs qu'ils étoient obligés de faire. Après s'être plaints, ils déclarerent avec confiance qu'ils feroient la guerre sans la Grande-Bretagne; se flattant toujours que quelque révolution changeroit le gouvernement de ce royaume, & comptant qu'ils porteroient bientôt le ravage jusques dans le cœur de la France. Sinzendorff, ministre de l'empereur à la Haye, & le prince Eugene les berçoient de ces vaines espérances.

Les Hollandois se flattent de soutenir la guerre avec avantage.

Après avoir pris le Quesnoi, le 4 juillet, le prince Eugene fit le siege de Landrecie. Cette entreprise parut téméraire, parce qu'il ne pouvoit tirer ses vivres & ses munitions que de Marchiennes; & qu'il avoit par conséquent douze lieues de pays à garder. Il tira des lignes pour couvrir la marche de ses convois. Un corps de troupes, sous les ordres du prince d'Anhalt-Dessau, avoit investi Landrecie. L'armée que commandoit le prince Eugene, s'é-

Eugene assiége Landrecie. Disposition de son armée.

tendoit depuis le camp des affiégeants jufqu'à
l'Efcaut qui la féparoit du camp de Denain.
Le comte d'Albemarle, général des troupes
hollandoifes, avoit, dans ce dernier camp
bien retranché, dix à douze mille hommes.
Ses lignes commençoient à l'Efcaut au-deffus
de Denain, & au-deffous de Prouvi, & finif-
foient à la Scarpe, au-deffus & au-deffous de
Marchiennes, où l'armée avoit fes maga-
fins. Par cette difpofition, le prince Eugene
pouvoit fe porter fur fa droite ou fur fa gauche, fuivant les mouvements que feroient les
ennemis.

Villars force les lignes de Denain. Villars s'approcha de Châtillon-fur-Sam-
bre, afin de faire croire qu'il vouloit attaquer
le camp de Landrecie. Il fit ouvrir les chemins, il fit jeter plufieurs ponts fur la riviere,
& difpofa tout pour marcher au camp des affiégeants. Eugene ne doutant point d'avoir découvert le vrai deffein du maréchal, fe rap-
procha pour foutenir le prince d'Anhalt, &
fa droite fe trouva, par ce mouvement, éloignée de Denain d'environ trois lieues. C'eft
où Villars l'attendoit. Alors il s'avance pendant la nuit vers Denain; & pour cacher fa
marche, il laiffe fur la Sambre le comte
de Coigny, auquel il ordonne de paffer cette
riviere, & d'envoyer, à la pointe de jour,
de petits partis à la vue du camp de Landrecie.

Eugene, qui ne fut inftruit de ces mouvements qu'à fept heures du matin, ne put
arriver au fecours de Denain, que lorfque
les lignes avoient été forcées. De toutes les
troupes qu'il avoit mifes à la garde de ce
camp, il ne recueillit au plus que quatre cents
hommes, tout le refte ayant été pris, tué ou
noyé.

Cette action fe paffa le 24 juillet. Les ennemis de la France, ayant perdu Marchiennes
bientôt après, leverent le fiege de Landrecie,
& perdirent encore S. Amand, Douai, le Quef-
noi & Bouchain. Villars eut, par fa victoire,
la gloire d'avancer la paix, & de procurer à la
France des conditions plus honorables & plus
avantageufes. Un bon général eft l'ame des
négociations.

Les ennemis lévent le fiege & perdent plufieurs places.

En effet, les efpérances des Hollandois étoient
évanouies. Ils reconnurent qu'ils ne pouvoient
foutenir la guerre fans les fecours de la Grande-
Bretagne. Ils voulurent renouer avec la France
les conférences qu'ils avoient interrompues depuis long-temps; & leurs plénipotentiaires vinrent fupplier ceux de la reine Anne d'employer
leurs bons offices à cet effet. » Nous prenons
» la figure que les Hollandois avoient à Ger-
» truidenberg, & ils prennent la nôtre, écri-
» voit l'abbé de Polignac. C'eft une revanche

Les Hollan- dois deman- dent la paix.

» complete. Le comte de Sinzendorff fent
» bien vivement fa décadence.

La renoncia- Quoique la renonciation de Philippe eût été
tion de Phi- promife , & qu'on fût affuré de l'obtenir, elle
lippe s'étoit n'avoit pas encore été faite avec la folemnité
fait;attendre. requife. Ce ne fut que le 5 novembre 1711
que ce prince la fit dans l'affemblée des états
de fon royaume, & les lettres patentes données
par Louis XIV fur cet acte, ne furent enrégif-
trées au parlement que le 15 mars de l'année
fuivante. C'eſt ce qui retarda la conclufion d'une
paix particuliere entre la France & l'Angleterre.

Louis XIV. Je ne fais pas pourquoi le Confeil de Ver-
en avoit re- failles fufpendit fi long-temps l'enrégiftrement
tardé l'enré- de cette renonciation. Milord Bolingbroke
giftrement
quoique la avoit follicité vivement pour qu'on fe preffât
cour de Lon- davantage ; promettant qu'auffitôt après l'ac-
dres n'atten- compliffement de cette condition effentielle, la
dit que cet
acte pour fai- reine feroit fa paix particuliere ; qu'elle déclare fa paix par- reroit à fes alliés n'avoir d'autres offres à leur
riculiere. faire , que les conditions que le roi avoit pro-
pofées ; qu'elle leur donneroit trois mois pour
en délibérer ; & qu'après ce terme, Louis XIV
ne feroit plus tenu de leur accorder les mêmes
conditions : mais ce même miniftre avertiffoit
la France, que fi avant l'enrégiftrement les Hollandois revenoient à la raifon , & imploroient la
protection de la reine , il feroit difficile de faire
accepter

accepter le plan de paix que le roi propofoit, & que l'Angleterre ne pourroit fe difpenfer de procurer de meilleures conditions à fes alliés.

L'événement vérifia l'avis que Bolingbroke avoit donné au miniftere de France. La reine favorifa les Hollandois. Elle leur conferva Tournai, dont le roi demandoit la reftitution. Elle leur auroit procuré de plus grands avantages, fi au lieu de s'oppofer à la paix, ils s'étoient joints à elle une année plus tôt. Mais depuis la journée de Denain, il n'étoit plus poffible de donner la loi aux François.

Si l'on fe fût plus preffé, elle eût été moins favorable à fes alliés.

Enfin le 11 avril 1713, Louis XIV fit fon accommodement particulier par cinq traités différents, avec l'Angleterre, le Portugal, la Pruffe, la Savoie & les Provinces-Unies. L'Efpagne figna fa paix avec l'Angleterre & la Savoie, le 13 juillet 1713. Elle traita le 26 juin 1714, avec les États-Généraux, & le 6 février de l'année fuivante avec le Portugal. Tous ces actes furent fignés à Utrecht.

Pacification d'Utrecht terminée.

L'empereur avoit de la peine à fe réfoudre à la paix. Mais étant abandonné de tous fes alliés, & voyant les fuccès du maréchal de Villars, il fut enfin forcé de conclure le 26 mars 1714. Le traité fe fit à Raftadt. Le 6 feptembre de la même année, les intérêts des princes de l'empire furent réglés dans des conférences qui se tinrent à Bade; & le 15 novembre de l'année suivante, Charles VI, Georges I, qui avoit succédé à la reine Anne, & les États-Généraux conclurent à Anvers le traité de la barriere des Pays-Bas.

La France avoit par le traité d'Utrecht remis aux Provinces-Unies les Pays-Bas espagnols, tels que Charles II, roi d'Espagne, les avoit possédés en vertu du traité de Ryswick; & les États-Généraux s'étoient engagés à les remettre à la maison d'Autriche pour les posséder en toute souveraineté, avec la clause que, sous quelque prétexte que ce fût, elle n'en pourroit jamais céder ou transférer aucune place à la couronne de France, ni à aucun prince du sang de ce royaume. Or, la république de Hollande stipule, dans le traité de la barriere, les conditions auxquelles elle reconnoît la souveraineté de la maison d'Autriche sur les Pays-Bas; & elle y prend toutes les précautions, qu'elle a jugées nécessaires à sa sureté.

CHAPITRE II.

*De l'Europe depuis le traité d'Utrecht
jufqu'à la ceffation de toute hoftilité.*

PAR les armes de Villars & par les derniers
traités, la France avoit recouvré les principales
places qu'on lui avoit enlevées pendant la guerre. Philippe V étoit affermi fur le trône d'Efpagne, & reconnu par toutes les puiffances,
l'empereur feul excepté. Le duc de Savoie avoit
acquis le royaume de Sicile par la ceffion du
roi d'Efpagne. Les traités de Raftadt & de Bade
avoient rétabli les électeurs de Baviere & de
Cologne dans leurs états, droits & prérogatives. La France reconnoiffoit la dignité électo-
rale de la maifon de Hanovre, ainfi que la
royauté de l'électeur de Brandebourg, Frédéric-Guillaume, qui venoit de fucceder à fon
pere Frédéric I. La fucceffion à la couronne
d'Angleterre étoit affurée à la ligne proteftante.
Charles VI avoit acquis les Pays-Bas, le royaume de Naples, la Sardaigne & le Milanès. Les
Anglois étoient maîtres de Gibraltar & de Port-

Quoique le traité d'U-trecht eût ter-miné bien des querelles, il n'étoit pas tout fujet de guerre.

I 2

Mahon. Enfin les Provinces-Unies venoient de
former cette barriere pour laquelle elles avoient
ſi long-temps combattu. Après tant de guerres
& tant de traités, la paix étoit encore mal affer-
mie. Si les puiſſances fatiguées avoient poſé
les armes, la plupart formoient encore des prétentions, & n'attendoient que le moment de
les faire valoir. Mais avant de conſidérer les
ſuites des traités d'Utrecht & de Bade, il faut
jeter un coup d'œil ſur le Nord. Nous eſſayerons
enſuite d'embraſſer toute l'Europe.

Charles XII.
revient dans
ſes états.

Après un trop long ſéjour en Turquie, & une
conduite fort extraordinaire, Charles XII ſe
réſolut enfin à revenir dans ſes états. Il traverſa
l'Allemagne incognito, & arriva le 21 novem-

1714

bre 1714 à Stralſund. Ses affaires étoient dans
une ſituation déſeſpérée.

La Suede
avoit perdu
pluſieurs pro-
vinces.

Le czar, maître de la Livonie, de l'Ingrie,
de la Carélie & d'une partie de la Finlande,
l'étoit encore de la mer Baltique. Fréderic IV,
roi de Danemarck, venoit de dépouiller le duc
de Holſtein, & après avoir conquis les duchés
de Breme & de Verden, il les avoit mis en dé-
pôt pour ſoixante mille piſtoles entre les mains
de Georges, électeur de Hanovre. Enfin les généraux ſuédois, dans l'impuiſſance de défendre la Poméranie contre les Ruſſes & les Saxons,
l'avoient donnée en ſequeſtre au roi de Pruſſe.
Ainſi Charles XII, dépouillé par ſes ennemis,

l'étoit encore par des princes avec lesquels il
n'avoit eu jusqu'alors aucun démêlé : car il jugeoit bien que le sequestre n'avoit été qu'un prétexte pour s'enrichir de ses dépouilles. En effet,
Frédéric-Guillaume n'affectoit la neutralité, que
pour recueillir les fruits de la guerre sans en partager les hasards.

Charles XII protesta contre le sequestre, &
fit déclarer contre lui deux nouveaux ennemis.
Le roi de Prusse & l'électeur de Hanovre se li-
guerent avec le Danemarck, la Pologne & la
Russie. Le dessein des confédérés étoit de chasser
tout-à-fait les Suédois d'Allemagne : ils avoient
déja partagé entre-eux les conquêtes qu'ils se
proposoient de faire.

Ligue qui se propose de chasser tout-à-fait d'Allemagne les Suédois.

Frédéric I, roi de Prusse, avec la magnificence d'une ame vaine, dissipoit ses revenus en
fêtes, en bâtiments, en chevaux, en valets. Ses
prodigalités enrichissoïent ses favoris & ses
chasseurs, pendant que la famine & la peste
ravageoient ses provinces, auxquelles il ne
donnoit aucun secours. Il trafiquoit du sang de
ses peuples, dit l'auteur des mémoires de Brandebourg ; & il vendoit vingt mille hommes
pour en entretenir trente mille. Il est un des
princes à qui l'Angleterre & la Hollande donnoient des subsides, pour faire la guerre à Louis
XIV. *Il est difficile de comprendre*, dit l'écrivain
que je viens de citer, *comment cette espece de*

Frédéric I, roi de Prusse, dissipoit ses finances, & trafiquoit du sang de ses peuples.

fierté qu'ont les ames généreuses, peut se conci-
lier avec la bassesse qu'il y a d'être aux aumônes
de ses égaux.

Frédéric-Guillaume, bien différent de son
pere, voulant être puissant par lui-même, mit
la réforme dans sa cour, dans sa maison, dans
toutes ses dépenses. Il régla ses finances avec
discernement. Il établit la discipline parmi ses
troupes : enfin, riche par son économie, il étoit
à peine sur le trône, & il devenoit déja une
puissance redoutable à ses voisins. Il entretenoit cinquante mille hommes sans être à l'au-
mône de ses égaux. Tel est le nouvel ennemi
qui armoit contre la Suede.

Charles XII n'eut plus que des revers jusqu'à sa mort. Au mois de décembre 1715, les
confédérés se rendirent maîtres de Stralsund,
& l'année suivante ils prirent Wismar, l'unique place que les Suédois conservoient en Allemagne.

Auparavant, craint ou recherché de toutes
les puissances de l'Europe, le roi de Suede se
voyoit alors réduit à porter à la diete de Ratisbonne des plaintes, auxquelles on n'avoit aucun égard. L'empereur regardoit comme un
avantage pour lui & pour l'Allemagne, que ce
prince inquiet fût enfin chassé au-delà de la mer
Baltique. Il venoit de se liguer avec les Véni-

tiens contre les Turcs : il avoit befoin de toutes les forces de l'empire : il attendoit des fecours de la part des ennemis du roi de Suede. Il étoit donc bien éloigné de fe déclarer contre eux, & d'entretenir la guerre dans le nord, lorfqu'il fe difpofoit à la porter en Hongrie. Frédéric-Guillaume néanmoins ne voulut point prendre part à cette nouvelle guerre, fous prétexte qu'il avoit encore befoin de fes troupes contre les Suédois. Mais dans le vrai, c'est qu'il ne vouloit pas contribuer à l'agrandiffement de la maifon d'Autriche.

Lorfque les confédérés eurent partagé leurs conquêtes, le Danemarck refta prefque feul armé contre la Suede. La Norwege, où Charles XII avoit déja porté fes armes dans le temps même qu'on lui enlevoit Wifmar, devint le feul théâtre de la guerre. Cependant les Suédois accablés d'impôts ou plutôt d'extorfions, fe voyoient tous dans la néceffité d'être foldats. Les campagnes étoient défertes. Il ne reftoit prefque dans les villages que des vieillards, des femmes & des enfants.

Etat de la Suede qui avoit encore la guerre avec le Danemarck.

La reine Anne étoit morte le 12 août 1714, & Georges, électeur de Hanovre, avoit été proclamé roi de la Grande-Bretagne, conformément aux vœux des Whigs, & aux difpofitions faites par le parlement. Ce prince étoit

Georges fuccéde à la reine Anne.

I 4

fils d'Erneft-Augufte, duc de Brunfwick-Lune-
bourg, & de la princeffe Sophie, petite-fille de
Jacques I. Sophie étoit née du mariage d'Elifabeth d'Angleterre avec Fréderic V, électeur
Palatin, ce prince qui avoit été élu roi de
Bohême, & qui avoit donné commencement
à la guerre de trente ans. On a remarqué qu'il
y avoit quarante cinq perfonnes, qui fe trouvoient plus près du trône que l'électeur de Hanovre.

Il fait le pro-
cès à Oxford
& à Boling-
broke.

Georges, perfuadé que les principaux miniftres du dernier regne avoient eu des vues
contraires à fes intérêts, & que fous le prétexte
de la paix, ils ne s'étoient unis à la France,
que pour préparer le rétabliffement du fils de
Jacques II, établit une commiffion, qu'il chargea d'examiner, avec la derniere rigueur, la
conduite du comte d'Oxford & du vicomte de
Bolingbroke. Robert Walpole, nommé pour
examiner les papiers de l'un & de l'autre, les
lut avec la paffion d'un Whig, qui s'étoit toujours oppofé à la paix, qui avoit cabalé dans
les communes afin de la traverfer, & qui par
ces raifons avoit été renfermé à la tour. Bolingbroke prévint l'orage, en quittant l'Angleterre : Oxford fut arrêté; mais parce qu'on ne
put rien prouver contre lui, le roi Georges lui
rendit enfin la liberté, après un long procès
& une longue prifon.

Cependant la naiſſance avoit mis un trop grand intervalle entre cet étranger & le trône, & tous les Anglois ne croyoient pas également voir en lui un ſouverain légitime. Agréable aux Whigs, il devenoit odieux aux Torys, qui, par les changements faits dans le gouvernement ſe voyoient privés de toute la faveur. D'ailleurs les eſprits ſans paſſion & ſans préjugé ne pouvoient ſe diſſimuler l'injuſtice qu'on faiſoit à la maiſon des Stuarts. Ces diſpoſitons furent la cauſe d'une guerre civile, qui ne fut aſſoupie que dans le cours de 1716 ; & il reſtoit toujours un eſprit de révolte, qui ſuffiſoit pour troubler le regne de Georges I.

Les commencements de ſon regne ſont troublés par une guerre civile.

La mort de Louis XIV, arrivée le 1 ſeptembre 1715, changea tout le ſyſtême de l'Europe. Après un regne de ſoixante-douze ans, ce prince, dans la ſoixante-dix-ſeptieme année de ſon âge, apprécioit enfin, à la vue du tombeau, cette grandeur, cette gloire, qui l'avoit ébloui trop long-temps, »Mon fils, dit-il, deux » jours avant ſa mort au duc d'Anjou, alors » dauphin, je vous laiſſe un grand royaume à » gouverner. Je vous recommande ſur-tout de » travailler, autant que vous pourrez, à dimi» nuer les maux & à augmenter les biens de » vos ſujets; & pour cet effet je vous demande » avec inſtance de conſerver toujours précieuſe» ment la paix avec vos voiſins, comme la

Mort de Louis XIV. Leçon qu'il laiſſe au dauphin.

» fource des plus grands biens, & d'éviter foi-
» gneufement la guerre, comme la fource des
» plus grands maux. Ne faites donc jamais la
» guerre que pour vous défendre, ou pour dé-
» fendre vos alliés. Je vous avoue que de ce
» côté-là, je ne vous ai pas donné de bons
» exemples : mais auffi c'eft la partie de ma vie &
» de mon gouvernement, dont je me repens da-
» vantage. » Cet aveu excufe les fautes de ce
monarque. Ce prince avoit de la générofité, de
la fermeté, de l'élévation dans l'ame. Il fut
grand par la tranquillité avec laquelle il vit les
approches de la mort. Il faut le plaindre d'a-
voir eu une mauvaife éducation, d'avoir été
mal entouré, d'avoir eu des fuccès de trop
bonne heure. Avec les qualités qu'il tenoit
de la nature, il eût été grand dès fa jeuneffe,
fi fes premiers malheurs n'euffent pas duré fi
peu.

Inquiétudes
de la France
& de l'Europe
en confidé
rant la jeu-
neffe de Louis
XV. Il y avoit plus d'un an que le duc de Ber-
ri étoit mort. Louis XV n'avoit pas encore
cinq ans accomplis. La France trembloit à la
vue des malheurs dont elle étoit menacée, fi elle perdoit fon jeune roi, dont la fanté ne la raf-
furoit pas ; & l'Europe n'étoit pas fans inquiétude, quand elle confidéroit que Philippe V,
malgré fes renonciations, pouvoit contefter
au duc d'Orléans, régent du royaume, les
droits que le traité d'Utrecht lui donnoit à la

couronne. Quoique pour la plupart mécontentes des conditions de la paix, les puissances, encore épuisées, ne songerent qu'à prévenir une guerre, à laquelle elles n'étoient pas assez préparées. Autant elles avoient redouté l'union de la France & de l'Espagne, autant alors elles redouterent les divisions, qui paroissoient les devoir armer l'une contre l'autre.

Le duc d'Orléans croyoit voir un ennemi dans Philippe V, & George I voyoit que le prétendant avoit encore un grand parti en Angleterre. Ces deux princes comme plus intéressés à prévenir une nouvelle guerre, négocierent pendant le cours de l'année 1716 ; & l'année suivante, ils conclurent à la Haye le traité de la triple alliance avec les États-Généraux. Ces puissances se garantissoient mutuellement toutes les dispositions des traités d'Utrecht ; elles s'engageoient à ne donner aucun asyle à ceux qui seroient déclarés rebelles par l'un des contractans ; & en cas de troubles domestiques, ou d'attaques de la part de quelques ennemis étrangers, elles se promettoient des secours prompts & efficaces. Ainsi la France pour assurer son repos, & pour maintenir les droits de la maison d'Orléans, fut dans la nécessité de se liguer avec l'Angleterre & la Hollande ; & bientôt elle fera la guerre à l'Espagne.

Traité de la triple alliance.

Lorſqu'un mauvais gouvernement a jeté les peuples dans une eſpece de léthargie; il ſemble qu'il n'y ait plus que les troubles des guerres civiles, qui puiſſent rendre aux ames une activité qu'elles ne ſe ſentoient plus. Alors l'eſprit de faction, qui produit naturellement l'enthouſiaſme, donne du reſſort à tous les partis, produit des ſoldats, & crée de talents militaires. A la paix le gouvernement trouve des hommes qui ſentent le beſoin d'agir, & parce qu'ils ſe ſont fait une habitude de l'action, & parce qu'ils ont des pertes à réparer. S'il eſt ſage, il entretiendra, il nourrira cette inquiétude, en protégeant les arts, & les arts ſeront cultivés : car par-tout où ils ont fait des progrès, vous les avez toujours vus fleurir après de longues guerres, & même commencer parmi les troubles.

C'eſt après des guerres civiles qu'un bon gouvernement peut retirer une nation de la léthargie où elle étoit auparavant

Ce ne fut pas ainſi qu'en Eſpagne le gouvernement dirigea l'inquiétude des peuples. Épuiſé, n'ayant que des reſſources qui devoient l'épuiſer encore ; il fit de nouveaux efforts pour troubler toute l'Europe. Il entreprit de grandes choſes avec des petits moyens dans un ſiecle où avec de grands moyens on n'en faiſoit d'ordinaire que de petites. Après de vaines tentatives, il ſuccomba par laſſitude, & les peuples, également las, retomberent dans leur premier aſſoupiſſement.

Le gouvernement de Philippe V n'a fait que jeter les peuples dans leur premier aſſoupiſſement.

Jules Albéroni, né à Plaifance en 1664, avoit eu occasion, lorfqu'il étoit curé d'un village dans le Parmefan, de s'introduire auprès du duc de Vendôme, qui conçut de l'estime pour lui. Ayant rendu aux François pendant la guerre, des fervices, qui ne lui permettroient pas de refter en fureté dans fa patrie ; il fuivit le duc de Vendôme en France, & enfuite en Efpagne. Ce général fe fervit de lui, pour entretenir une correfpondance avec la princeffe des Urfins, qui avoit beaucoup de crédit fur Philippe. Albéroni fut fe faire goûter, de forte qu'après la mort du duc de Vendôme, en 1712, il fe vit encore affuré d'une puiffante protection. Son crédit s'accrut au point que Marie-Louife-Gabrielle de Savoie, reine d'Efpagne, étant morte en 1715, il eut beaucoup de part au mariage de Philippe V avec Elifabeth Farnefe. La nouvelle reine lui marqua fa reconnoiffance par le chapeau de cardinal, & par une confiance entiere. Albéroni fut bientôt premier miniftre. C'étoit une imagination bouillante, faite pour former de grandes entreprifes, plutôt que pour les bien concerter.

Les traités qu'on avoit faits jufqu'alors, n'avoient pas terminé les différents entre Charles VI & Philippe V : car l'un n'avoit pas donné fa renonciation à la monarchie d'Efpagne, & l'autre n'avoit pas donné la fienne aux états

[marginal notes:]

Fortune du cardinal Albéroni.

Il médite la conquête de l'Italie.

que l'empereur possédoit en Italie & dans les Pays-Bas. Le cardinal Albéroni flattant la reine Elisabeth de l'espérance de procurer des établissements à ses fils, médita la conquête de l'Italie. Il se proposoit de réserver pour l'Espagne la Sicile, Naples & la Sardaigne, & il offroit au duc de Savoie le Milanès en échange de la Sicile. Comme la guerre que les Turcs faisoient alors à l'empereur paroissoit favorable à ses desseins, il négocioit avec la Porte pour la faire durer.

Il suscite des troubles en France pour ôter la régence au duc d'Orléans.

En même temps, il cherchoit à susciter des troubles en France, comptant beaucoup sur les mécontentements que les parlements, la noblesse & le peuple faisoient paroître. Le prince de Cellamare, ambassadeur d'Espagne, tramoit sourdement une conspiration, dans laquelle plusieurs grands entrerent. Un parti, qui se formoit en Bretagne, n'attendoit que la flotte des Espagnols pour se déclarer : & des soldats déguisés filoient insensiblement, & venoient se joindre aux rebelles. Le projet du cardinal Albéroni étoit d'ôter la régence au duc d'Orléans, & de la donner à Philippe V, afin de gouverner lui-même tout-à-la fois la France & l'Espagne.

Il intrigue de concert avec le baron de Gœrtz qui une médite

Les intrigues de ce cardinal ne se bornoient pas là. Il négocioit encore à Pétersbourg & à Stockholm. Il trouva dans le baron de Gœrtz, premier ministre du roi de Suede, un esprit remuant, capable des deſſeins les plus audacieux. A péine ces deux hommes ſe furent-ils communiqué leurs projets, qu'ils ne formerent plus qu'un plan des vues qu'ils avoient eues ſéparément.

Les ennemis du roi de Suede étoient diviſés. Le czar ſur-tout paroiſſoit mécontent de l'eſpece de défiance avec laquelle les rois de Pologne, d'Angleterre, de Danemarck & de Pruſſe s'étoient conduits avec lui, & de tout ce qu'ils avoient fait pour l'empêcher d'avoir un établiſſement en Allemagne. Gœrtz, jugeant donc qu'il ſeroit facile de ſéparer ce prince de ſes alliés, imagina de l'engager à faire la paix avec la Suede, & ſe flatta d'y déterminer ſon maître. En effet, Charles XII, irrité contre George qui lui avoit enlevé Breme & Verden, quoiqu'il ne lui eût point donné occaſion de ſe déclarer contre lui, lui ſacrifioit volontiers ſa vieille haine contre le czar au nouveau deſir de ſe venger du roi d'Angleterre. Il eſt vrai qu'il falloit abandonner pluſieurs provinces à la Ruſſie : mais Gœrtz lui faiſoit enviſager la gloire de rétablir Stanislas, le prétendant, le duc de Holſtein, de reconquérir les provinces qu'on lui avoit enlevées, & de donner la loi à l'Europe.

Charles, à qui de pareils projets ne pouvoient manquer de plaire, donna des pouvoirs à ſon miniſtre, pour traiter avec toutes les cours

en Angleter-
ré, en Fran-
ce, en Hol-
lande, en
Russie & en
Suede.

où il voudroit négocier. Gœrtz vint en Hollande, en France: il se concerta avec Albéroni; & il fit sonder le czar, qui parut entrer dans ses desseins; moins sans doute parce qu'il comptoit sur le succès, que parce qu'il risquoit peu. Il avoit toujours l'avantage de s'assurer ses conquêtes par un traité. Les propositions qu'on devoit lui faire, étoient de fournir des vaisseaux pour transporter dix mille Suédois en Angleterre, & trente mille en Allemagne; & d'entrer lui-même en Pologne avec quatre-vingt mille Russes.

Le comte de Gyllembourg, ambassadeur de Suede en Angleterre, encourageoit les mécontents. Le parti du prétendant avoit déja fourni des sommes considérables. Gœrtz, qui les toucha en Hollande, avoit acheté des armes & des vaisseaux. Le chevalier de Folard, alors au service de Charles XII, étoit venu en France pour engager dans ce parti des officiers françois & irlandois. Mais comment conduire secrétement une conspiration qui se trame tout-à-la fois en Angleterre, en France, en Hollande, en Espagne, en Russie & en Suede?

Gœrtz & Gyl-
lembourg,
ambassadeur
de Suede en
Angleterre,
sont arrêtés.

Le duc d'Orléans, ayant découvert ces intrigues, en donna avis au roi d'Angleterre, dans le même temps que les Hollandois communiquoient au ministre de Londres à la Haye les soupçons qu'ils avoient de la conduite de Gœrtz.

Gœrtz. Le plénipotentiaire du roi de Suede & Gyllembourg furent arrêtés, le premier à Deventer en Gueldres, & le second à Londres.

Cette même année le czar vint en France, où il fit trop peu de séjour pour étudier une nation, où il y a beaucoup à louer & beaucoup à blâmer. Il s'occupa sur-tout des arts ; & il saisit cette occasion pour proposer un traité d'alliance, que le régent n'accepta pas, parce qu'il eût été contraire aux engagemens qu'il prenoit avec la Grande-Bretagne. A sa considération le duc d'Orléans demanda & obtint la liberté des ministres du roi de Suede. Gœrtz, devenu libre, n'abandonna pas ses projets: mais nous sommes bientôt à la fin de toutes ces intrigues.

Au mois d'août 1716 le prince Eugene avoit battu les Turcs à Peterwaradin, & au même mois de l'année suivante, il les défit encore à Belgrade, & se rendit maître de cette place. Albéroni, voyant qu'il ne pouvoit changer les dispositions que la Porte apportoit à la paix, hâta les expéditions dont il avoit fait les préparatifs. Les Éspagnols envahirent la Sardaigne, & débarquerent en Sicile. Cette flotte, la plus considérable que l'Espagne eût armée depuis Philippe II, fut entiérement ruinée par l'escadre angloise, qui vint au secours de l'empereur.

Tom. XV. K

Paix entre
la Porte & la
cour de Vien-
ne.
Le traité de Paſſarowitz venoit de terminer
la guerre entre la Porte & Charles VI, qui ac-
quéroit Temeſwar, Belgrade & toute la Ser-
vie. Les Vénitiens, qui avoient conquis la
Morée à la fin du dix-ſeptieme ſiecle, & à qui
elle avoit été abandonnée par le traité de Car-
lowitz, l'avoient perduë dans cette guerre & ne
la recouvrerent pas.

Alors l'An-
gleterre & la
France con-
cluoient le
traité de la
quadruple al-
liance.

1718
Dans le temps même que ces choſes ſe paſ-
ſoient, l'Angleterre & la France prenoient ſur
elles de régler les différents, qui ſubſiſtoient entre l'empereur & le roi d'Eſpagne. Le 2 août
elles conclurent à Londres le traité de la quadruple alliance, dans lequel elles ſe propoſoient
de faire entrer l'empereur, qui le ſigna tout
auſſitôt; & la Hollande, qui, ſous différents
prétextes, n'y accéda qu'au mois de février de
l'année ſuivante.

Par ce traité, Charles VI reconnoiſſoit
Philippe V pour roi d'Eſpagne, & Philippe cédoit à Charles les Pays-Bas & les provinces
d'Italie, qui étoient le ſujet de la guerre. Ces
deux princes devoient donner des renonciations aux états qu'ils s'abandonnoient l'un à
l'autre.

Le duc de Savoie rendoit la Sicile à l'empereur, & on lui donnoit en échange la Sardaigne.

Quoique le faint fiege regardât & regarde
encore Parme & Plaifance, comme des fiefs
dont il peut feul difpofer, & qui, au défaut
d'hoirs mâles dans la maifon Farnefe, doivent
être réunis au domaine de l'églife; la quadruple alliance, fans aucun égard pour ces prétentions, déclare que les duchés de Parme & de
Plaifance, ainfi que le duché de Tofcane, feroient tenus pour fiefs mafculins de l'empire;
& que lorfque la fucceffion de ces états fera ouverte, on les donnera aux fils d'Elifabeth Farnefe, en fuivant l'ordre de primogéniture. Par
cette derniere difpofition, favorable à la reine d'Efpagne, on comptoit perfuader à la cour
de Madrid d'accéder à la quadruple alliance.

Quoique le duc de Savoye fût léfé par ces
arrangements, il y donna fon confentement
d'une maniere authentique le 2 novembre
1718. Mais Albéroni perfiftoit toujours à vouloir réunir à l'Efpagne les provinces démem-
brées, comme s'il eût pu réfifter feul aux forces de la quadruple alliance. Sur ces entrefaites la mort de Charles XII, tué le 11 décembre au fiege de Fridérichs-hall, ruina tous les
grands projets du nord. Gœrtz, arrêté comme
auteur, par fes confeils, des malheurs de la
Suede, fut facrifié à la haine du peuple, &
perdit la tête fur un échafaud.

K 2

L'Efpagne
refufe d'accé-
der à la qua-
druple allian-
ce. Mort de
Charles XII.

Enfin au mois de janvier 1719 la France déclara la guerre à l'Espagne, par un manifeste qui expliquoit les raisons qu'elle avoit eues de faire alliance avec l'empereur & le roi de la Grande-Bretagne. Philippe, alors trop foible contre ses ennemis, & cédant aux instances de l'Europe, disgracia son ministre, & accéda à la quadruple alliance, le 26 janvier. Le cardinal Albéroni, contraint de sortir du royaume, se retira en Italie, où il est mort en 1752.

1720

Cependant la paix donnée à l'Europe, n'étoit rien moins qu'assurée.

L'accession de la cour de Madrid au traité de la quadruple alliance paroissoit avoir consommé l'ouvrage de la paix : mais la politique des principales puissances, qui depuis les traités de partage, s'établissoient pour juges de tous les différents, n'étoit pas un moyen bien sûr d'assurer la tranquillité de l'Europe. Les puissances lésées protestoient contre un tribunal qui n'avoit sur elles d'autres droits que la force. Si elles cédoient par impuissance, elles conservoient des prétentions ; & elles attendoient que quelque événement divisât les arbitres, qui leur avoient donné la loi. Le roi d'Espagne réclamoit lui-même les provinces qu'il venoit d'abandonner ; déclarant qu'il n'étoit entré dans la quadruple alliance, que parce que le duc d'Orléans lui avoit promis la restitution de Gibraltar, que les Anglois refusoient cependant de lui rendre. L'empereur n'a

voit pas renoncé fincérement aux duchés de
Parme, de Plaifance & de Tofcane: il ne les
avoit cédés aux fils d'Elifabeth Farnefe, que
parce qu'il pouvoit arriver telles circonftances,
où toutes ces difpofitions feroient changées. Il
venoit d'ailleurs de publier une pragmatique
fanction, qui étoit une nouvelle fource de querelles. C'eft une loi par laquelle il établiffoit,
au défaut d'hoirs mâles dans fa maifon, l'indi-
vifibilité de fes domaines en faveur de fa fille
aînée. Or, cette loi étoit contraire aux intérêts de plufieurs princes, qui dans le cas où
Charles VI ne laifferoit point de fils, avoient
des droits fur plufieurs provinces de la maifon
d'Autriche. Ainfi, l'Europe jouiffoit de la paix
& les peuples ne favoient pas combien elle
étoit incertaine. Les confeils des princes occu-
pés à la confolider, ne ceffoient de négocier,
& fe voyoient tous les jours à la veille d'une
nouvelle guerre.

Les Suédois font de tous les peuples celui
qui fut le mieux tirer avantage des malheurs
que toute l'Europe avoit foufferts. Ils reconnurent enfin qu'un héros fur le trône de Suede
étoit plus redoutable pour eux que pour leurs
ennemis. Les états affemblés déclarerent à Ul-
rique-Eléonore, fœur & héritiere de Charles
XII, qu'ils regardoient le trône comme vacant,
l'affurant néanmoins que leur choix tomberoit

Changement dans le gou-vernement de Suede.

K 3

sur elle, si elle vouloit s'engager à ne regner que suivant la forme de gouvernement qu'on lui prescriroit. Eléonore moins jalouse de l'autorité, que touchée des malheurs qu'entraîne le despotisme, consentit à cette proposition ; & les Suédois établirent un gouvernement mixte, propre à limiter la puissance du monarque. Ils eurent ensuite pour Eléonore la complaisance de couronner le prince de Hesse-Cassel son mari. En 1720 cette princesse conclut à Stockholm un traité de paix avec l'Angleterre, la Prusse, la Pologne & le Danemarck ; & en 1721 elle en conclut un autre à Neustadt avec le czar qui mourut en 1725.

LIVRE DERNIER.

Des révolutions dans les lettres & dans les sciences depuis le quinzieme siecle.

CHAPITRE I.

Révolution que produisent dans les lettres, les Grecs qui se réfugient en Italie après la prise de Constantinople.

Nous avons vu l'Europe dans l'ignorance s'appliquer à des études pires que l'ignorance même ; & sans doute que les meilleurs esprits, après avoir fait de vains efforts pour s'instruire, se sentoient portés à préférer leur ignorance à ces études. Dégoûtés de tout ce qu'on leur offroit, & n'ayant pas assez de lu-

L'Europe étoit dans l'i-gnorance & ne faisoit que de mauvaises études.

K

mieres pour juſtifier leurs dégoûts, ils n'oſoient ni critiquer leurs maîtres, ni tenter une route nouvelle : ils avoient plutôt la ſimplicité de ſe croire ſans intelligence, & ils renonçoient à un ſavoir qu'ils ne pouvoient acquérir. Ainſi ce qu'on nommoit ſcience, reſtoit en proie aux eſprits faux, qui étoient d'autant plus vains de ce qu'ils croyoient avoir appris que perſonne n'y pouvoit rien comprendre.

lorſque le goût ſe forma tout-à-coup en Italie ; L'Italie étoit encore dans cette barbarie, lorſque les poëtes provençaux ſuſciterent les génies toſcans. Le goût ſe forma tout-à-coup ſur la fin du treizieme ſiecle, & ſe perfectionna dans le quatorzieme. Ce fut l'ouvrage du Dante, de Pétrarque & de Bocace.

On croiroit que la barbarie va ſe diſſiper ; car le goût eſt proprement l'aurore du jour qui doit éclairer l'eſprit humain. Aux premiers rayons qu'il répandoit, on devoit entrevoir les formes hideuſes de la ſcholaſtique. En effet, le Dante, Pétrarque & Bocace mépriſoient toutes les études de leur ſiecle.

mais il ſe perdit à l'arrivée des Grecs de Conſtantinople. Si la lecture de leurs ouvrages eût répandu ce mépris, comme elle paroiſſoit devoir faire, les bons eſprits ſe ſeroient portés à de nouvelles études. Les uns auroient cultivé leur goût, en imitant les anciens ; les autres auroient cherché dans la nature les connoiſ-

fances , qu'ils ne trouvoient pas dans les écoles. Mais les Grecs , ces Grecs auxquels on at-
tribue la renaiffance des lettres , fe répandirent
en Italie comme un nuage , & intercepterent
la lumiere qui venoit de fe montrer.

L'étude du grec commença parmi les Italiens
avec le quinzieme fiecle. Manuel Chryfoloras
l'enfeigna fucceffivement à Venife , à Florence , à Rome & à Pavie. Ayant été envoyé par
l'empereur de Conftantinople pour implorer
le fecours des princes chrétiens contre les
Turcs , il fe fixa en Italie , lorfqu'il eut appris
la défaite de Bajazet par Tamerlan , & il forma un grand nombre de difciples.

L'étude de la langue grecque avoit commencée en Italie avec le quinzieme fiecle.

1401

Après la prife de Conftantinople par Ma-
homet II, les Grecs qui avoient quelques connoiffances , fe réfugierent en Italie , où le goût
qu'on avoit pour leur langue , leur ouvroit un
afyle , & leur affuroit des fecours. Ils trouverent de puiffants protecteurs dans Côme , Pierre & Laurent. Celui-ci, fur-tout, les combla de
bienfaits. André-Jean Lafcaris , un des favants
qui étoient venus de Conftantinople , fit deux
fois par fon ordre le voyage de la Grece , d'où
il remporta quantité d'excellents manufcrits.
Plufieurs autres princes faviferent encore les
lettres grecques à l'exemple des Medicis.

1453 C'eft pourquoi les Grecs y trouverent un afyle & de puiffants protecteurs.

Le cardinal Beffarion ne les favorifoit pas

moins à Rome, où il jouissoit d'une grande
considération. Auparavant archevêque de Ni-
cée, il avoit accompagné Jean Paléologue II
aux conciles de Ferrare & de Florence. Il étoit
resté en Italie pour se dérober à la vengeance
des Grecs, qui lui reprochoient avec fondement d'avoir contribué plus qu'aucun autre au
décret de réunion. Il avoit été fait cardinal par
Eugene IV, & il pouvoit rendre aux Grecs
qui se retiroient en Italie, des services d'autant
plus grands, qu'alors Nicolas V, de la maison
des Medicis & protecteur des lettres, étoit sur
la chaire de S. Pierre.

Alors l'étude de leur langue devint la passion des
Italiens qui cherchoient
l'instruction ou la considération.

La considération que le public accorde à
ceux qui approchent les grands, & qui ont
part à leurs bienfaits, fut un aiguillon pour
les Italiens. Ils se livrerent avec passion à une
étude qui excitoit d'autant plus leur curiosité,
qu'elle étoit nouvelle, & qu'elle conduisoit à
la faveur. Elle devenoit d'ailleurs tous les jours
plus facile : les livres grecs se répandoient : on
trouvoit par-tout des maîtres pour les expliquer, & il est bien plus commode d'apprendre des mots que des choses.

Ils auroient dû étudier le
grec pour en
transporter
les beautés
dans leur lan-
gue.

Si les Italiens se fussent adonnés à cette
étude, avec l'ambition de transporter dans leur
langue les beautés des anciens écrivains de la
Grece, ils auroient sans doute perfectionné
leur goût. C'est ainsi que Dante, Pétraque &

Bocace s'étoient conduits. Le dernier avoit étudié le grec, & tous trois ils savoient la langue latine, beaucoup mieux qu'on ne la savoit de leur temps. Mais il eut été à souhaiter que ceux qui vouloient enrichir ainsi la langue italienne, en eussent étudié le caractere, avec plus de discernement que n'ont fait les écrivains du quatorzieme siecle. Comme ils avoient plus la manie que le goût du latin, ils en transportoient indifféremment les constructions dans leur langue, & faisoient souvent prendre à l'italien des tours qui ne lui pouvoient pas convenir. Bocace n'est pas exempt de reproches à cet égard. Aussi l'italien s'est-il ressenti long-temps, & se ressent peut-être encore du mauvais goût du siecle où il se formoit.

Le quinzieme siecle lui fut encore plus contraire : car bien loin de l'enrichir, on ne le cultiva plus. L'étude des écrivains de la Grece, prit avec trop de faveur, trop d'applaudissement, & trop de rapidité, pour permettre de se partager entre une langue savante & une langue vulgaire. Le fanatisme de l'érudition se saisit des esprits ; & on ne connut plus d'autre mérite que d'entendre le grec & d'écrire en latin. Alors s'établit le préjugé de l'antiquité, qui n'est pas encore tout-à-fait détruit. On imita servilement les anciens. On crut prouver une opinion qu'on embrassoit, en prouvant que c'étoit celle de quelqu'un d'eux. En

Mais ils laisserent leur langue pour lire du grec & pour écrire en latin ;

un mot, on s'imagina qu'ils avoient tout fait, & qu'il ne restoit plus qu'à les entendre, & qu'à les copier.

Les savants, venus de Constantinople, con-

& l'Italie fut
féconde en
écrivains la-
tins.

tribuerent sans doute à répandre un préjugé, qui leur étoit aussi favorable. Quoiqu'ils sussent médiocrement la langue latine, ils la préférerent à une langue vulgaire, dont ils ignoroient entiérement les beautés. Ils donnerent l'exemple, & l'Italie fut féconde en écrivains latins, la plupart poëtes, & mauvais; si, comme on le leur reproche, ils n'imitoient qu'en copiant les expressions & les tours des anciens. Ce goût domina pendant le quinzieme & le seizieme siecles.

Au seizie
me siecle les
meilleurs es-
prits d'Italie
cultiverent
l'italien: mais
par-tout ail-
leurs les lan-
gues vulgai-
res furent né-
gligées & mé-
prisées.

Au seizieme cependant quelques esprits, qui n'étoient pas faits pour obéir au préjugé, cultiverent la langue italienne avec succès. Tels sont Guichardin, Machiavel, l'Arioste, Guarini, le Tasse, & quelques autres moins célebres. Mais par-tout ailleurs qu'en Italie, les savants négligerent tout-à-fait les langues vulgaires, qu'ils traitoient de jargon barbare. Ils crurent qu'ils alloient faire renaître celle de l'ancienne Rome, & le seizieme siecle produisit plus d'écrivains latins que le siecle d'Auguste. Seulement la France eut quelques poëtes françois, fort mauvais, ou qui tout au plus, comme Marot, montroient quelquefois, dans

un langage encore groſſier, de l'eſprit, du talent & même de l'élégance.

Je crois, Monſeigneur, que vous com-
mencez à comprendre comment la mode des
langues ſavantes a retardé les progrès du goût.
Cherchons néanmoins à nous en rendre raiſon
plus particuliérement. Cette recherche curieuſe
eſt utile, parce qu'elle contribue à faire mieux
connoître l'eſprit humain.

Cette paſſion
pour les lan-
gues mortes
devoit retar-
der les pro-
grès du goût.

Vous ſavez que le ſyſtême des langues eſt
calqué ſur celui de nos connoiſſances; & que
par conſéquent elles ſont plus ou moins riches,
ſuivant que nous avons plus au moins d'idées.
Vous en devez conclure qu'elles ſont ſuſceptibles de plus ou moins de fineſſe, de délicateſſe & de préciſion, à proportion de la fineſſe,
de la délicateſſe & de la préciſion avec laquelle
nous ſommes capables de concevoir les choſes.
Car la langue, dans laquelle nous penſons,
doit prendre la forme de nos penſées; & elle
ne peut être élégante, ſi l'élégance n'eſt déja
dans notre eſprit.

Les langues
n'ont d'élé-
gance qu'au-
tant qu'il y en
a dans l'eſprit
de ceux qui
les parlent.

A l'exception de l'italien que je ne compte
pas, puiſque les ſavants dédaignoient de le parler, toutes les langues de l'Europe étoient encore fort groſſieres au quinzieme ſiecle. Elles
étoient par conſéquent rarement capables de fineſſe, de délicateſſe, de préciſion. J'en peux

Les eſprits
étoient donc
bien groſſiers
au quinzieme
ſiecle, puiſ-
que les lan-
gues étoient
groſſieres.

donc dire autant de ceux qui les parloient, puiſqu'ils avoient fait ces langues d'après leur façon de voir & de ſentir.

Or, la même groſſiéreté étant commune à
ces langues & à ceux qui les parloient, le goût
ſe ſeroit formé bien difficilement & bien lentement, ſi on les eût cultivées ſans faire aucune étude des anciens : mais il devoit ſe former peut-être encore plus difficilement & plus
lentement, lorſqu'on s'appliquoit uniquement
aux langues mortes, & qu'on négligeoit de cultiver les langues vulgaires. Pour hâter les progrès du goût, il falloit donc étudier les
unes, & en même temps cultiver les autres,
il falloit les comparer continuellement :
c'étoit le vrai moyen de s'approprier
des beautés, qu'on ne ſavoit pas encore
ſentir. Alors à meſure qu'on auroit lu les anciens avec plus de diſcernement, les langues
modernes ſeroient devenues ſuſceptibles de
plus d'élégance; & à meſure que les langues
modernes ſeroient devenues ſuſceptibles de
plus d'élégance, on auroit été capable de lire
les anciens avec plus de diſcernement. En continuant donc de paſſer ainſi alternativement de
l'une de ces études à l'autre, on auroit trouvé
dans chacune des ſecours pour réuſſir également
dans toutes deux. Voilà par quel moyen la lecture des anciens pouvoit rendre les progrès du
goût plus rapides.

Mais pour s'être adonnés au grec & au latin uniquement, il arriva que les esprits, aussi grossiers que les langues qu'ils parloient, lurent les anciens sans être capables d'en sentir toutes les beautés. En effet pouvoient-ils y démêler une finesse, une délicatesse, une précision dont ils n'avoient pas encore d'idée? S'ils étoient bien éloignés de voir & de sentir comme les Romains ou comme les Grecs, pouvoient-ils juger de la maniere dont les Romains ou les Grecs exprimoient ce qu'ils voyoient & ce qu'ils sentoient? On admiroit donc sans discernement, & sur parole, & cette admiration aveugle étoit une nouvelle barriere contre les progrès du goût.

Mais dès qu'ils se bornoient à l'étude des langues mortes, le goût ne pouvoit plus se former.

En étudiant le françois, vous avez eu souvent occasion de remarquer combien les beautés de style sont quelquefois fines & délicates. Or, s'il est si difficile de les bien sentir dans une langue que nous parlons tous les jours avec des gens de goût, & dans laquelle nous avons tant d'excellents modeles; les savants du quinzieme siecle avoient-ils plus de facilité de les appercevoir dans les écrivains de la Grece & de Rome?

Cependant quoiqu'ils lussent, où plutôt parce qu'ils lisoient avec aussi peu de goût, ils se flatterent de s'être rapprochés du siecle d'Auguste, lorsqu'ils n'avoient fait que copier ou

Cependant ils se comparoient aux écrivains du siecle d'Auguste.

contrefaire les anciens. Toutes les fois qu'ils se louent mutuellement, ils croient découvrir parmi eux des Virgiles, des Cicérons, &c. C'étoit, à s'y tromper, le style de ces grands hommes. On n'avoit pas assez de discernement pour sentir que ces écrivains étoient inimitables, sur-tout au quinzieme siecle. Ils l'étoient cependant déja du temps d'Auguste : car chaque homme de génie a un style, qui ne ressemble point à celui d'un autre. Aussi lorsqu'aujourd'hui nous voulons louer un écrivain, nous n'imaginons pas de dire qu'il écrit comme Racine ou comme Bossuet, quand même il écriroit aussi bien ou mieux ; & tout écrivain qui veut ecrire comme un autre est un écrivain médiocre.

La manie du latin a nui à la langue Italienne. Je crains que la confiance d'écrire si bien en latin dans le seizieme siecle, n'ait nui à la langue italienne qui se cultivoit alors ; & que l'usage où étoient les latinistes d'écrire sans trop choisir les tours, n'ait accoutumé les Italiens à n'être pas assez difficiles. Quoique la beauté du style exige, pour employer toujours le terme propre, qu'on démêle jusqu'aux nuances qui distinguent deux mots ; il paroît qu'à cet égard ils ne sont pas fort scrupuleux, & que leurs meilleurs écrivains ne sont pas à l'abri de tout reproche. On peut encore remarquer que s'étant accoutumés dans les commencements à imiter les tours de la langue latine,

tine, ils n'ont plus su écrire qu'en imitant cette langue ou quelque autre, & c'est le françois qu'ils imitent aujourd'hui. Aussi leur langue est elle très propre à contrefaire toutes les autres; mais elle n'a point de caractere décidé, & n'en aura vraisemblablement jamais. Je sens bien que ce jugement peut être téméraire de ma part : mais comme vous saurez un jour cette langue mieux que moi, je vous laisse le soin de le confirmer ou de le détruire.

Notre langue s'est formée dans des circonstances plus heureuses. C'est dans le dix-septieme siecle, , lorsque les bons esprits commençoient à secouer le préjugé de l'antiquité, & à se guérir de la manie d'écrire en latin. Nous étudiames notre langue, comme il falloit l'étudier, en consultant les anciens, sans nous y asservir; & nous lui fimes prendre un caractere. Si les François sont aujourd'hui de tous les peuples celui qui parle le mieux sa langue, en voilà, je crois, une des causes. Autre jugement hasardé, dont les étrangers conviendront d'autant moins, que je ne sais pas leurs langues. Revenons donc à notre sujet.

La langue françoise a été formée sous de plus heureux auspices.

Je crois avoir démontré que c'est au goût à se perfectionner le premier ; & à donner ensuite, à mesure qu'il fait des progrès, le perfectionnement aux autres facultés. Il étoit donc

Tant que le goût étoit encore grossier, les autres facultés ne pou-

voient pas se perfection-ner.

bien difficile qu'on fût raisonner, dans ces fie-cles où l'étude du grec & du latin dégénéroit en manie. Aussi n'y a-t-il rien de plus miséra-ble ou de plus absurde que les raisonnemens que faisoient quelquefois les esprits, même les meilleurs. Sans jugement, sans critique, ils sont comme le peuple, livrés aux préjugés les plus grossiers. Ils ne savent que penser sur les choses, où ils n'ont pas un ancien pour guide; & ils croient tout, lorsqu'ils rencontrent un ancien crédule.

Si Corneille n'eût écrit qu'en latin, il n'eût été que médiocre.

C'est dans le commerce du monde que le goût doit se former; & si les hommes de génie y contribuent plus que les autres, il faut enco-re que tout le public y concoure. Si Corneille n'eût jamais fait que des pieces médiocres, il eût toujours eu les mêmes applaudissemens, parce qu'on n'eût rien connu de mieux. Mais en donnant des beautés nouvelles, il accoutuma les spectateurs à lui en demander. Il se fit des juges qui ne se contentoient plus du médiocre; & se trouvant forcé à faire mieux, il les ren-dit tous les jours plus difficiles. Quand il eut donc de mauvais succès, il ne put s'en pren-dre qu'à son génie, qui avoit éclairé le pu-blic.

Or, croirez-vous que Corneille eût égale-ment réussi, s'il n'eût écrit qu'en latin? non, sans doute; puisqu'il n'auroit plus trouvé dans

le public, ce juge qui l'avertiſſoit, lorſqu'il ceſ-
ſoit de bien faire. Je craindrois plutôt qu'après
avoir commencé par être médiocre, il n'eût finit par être mauvais.

Tel étoit donc le ſort des érudits du quin- *Il ne pouvoit
zieme & du ſeizieme ſiecles. Sans goût, ils ſe pas y avoir de
trouvoient dans l'impuiſſance d'en acquérir, grands écri-
parce qu'ils n'avoient pas le public pour juge. quinzieme
Ils louoient pour être loués, ils critiquoient ſiecle.
par envie, ils ne jugeoient que par préju-
gé.

Lorſque dans le ſeizieme ſiecle, le ſavoir Dans le ſei-
hériſſé de grec & de latin, ſe montroit preſ- zieme ſiecle
que toujours ſans goût & ſans jugement, les les arts fleu-
Italiens eurent parmi eux des hommes de gé- lie.
nie, pour qui l'érudition ne fut pas ſi contagieu-
ſe, & qui cultiverent les arts avec ſuccès. L'ar-
chitecture, la peinture, la ſculpture, la gravure
& la poëſie italienne furent portées à un ſi haut
point de perfection, que le ſeizieme ſiecle eſt
le beau ſiecle de l'Italie.

Pour faire naître tous ces arts, il falloit La cour de
une cour voluptueuſe, magnifique, riche & Léon X y con-
prodigue. Telle étoit celle de Léon X, fils de coup.
Laurent de Medicis. Élevé ſur la chaire de S.
Pierre à l'âge de trente ſix à trente - ſept ans, 1513
il ſe partagea entre la politique & les plaiſirs.
Pendant les guerres qui déchiroient l'Italie, il

L 2

prodiguoit ſes tréſors aux artiſtes, aux poëtes,
aux gens de lettres: il faiſoit achever la baſilique de S. Pierre, que Jules II, ſon prédéceſ-
ſeur, avoit commencée ; & il donnoit des fêtes
à ſes cardinaux. Ce fut alors qu'on vit pour la
premiere fois des poëmes en muſique. On donnoit ſouvent des comédies; & le plaiſir que le
pape & la cour prenoient à la repréſentation
de celles de l'Arioſte & de Machiavel, contribua ſans doute à faire cultiver de plus en plus
la langue italienne.

On ne peut pas douter que l'Italie ne doive à ce pontife le progrès qu'elle a fait dans les
arts & dans la poëſie. Il en a été loué, & le ſeizieme ſiecle a été nommé le ſiecle de Léon X.

Mais, Monſeigneur, ſi vous conſidérez les
suites de tant de diſſipations, c'eſt-à-dire, les
abus des indulgences, & les maux qui en ſont
nés; vous conviendrez que la baſilique de S.
Pierre, des tableaux, des ſtatues, des poëmes
& des fêtes ont coûté à l'égliſe la moitié de
l'Allemagne, les royaumes du nord, les Provinces-Unies, l'Angleterre, des millions de
françois, & à l'Europe entiere tout le ſang que
les guerres de religion ont fait répandre. J'eſpe-
re donc que vous ne vous laiſſerez pas éblouir
aux louanges qu'on donne à Léon X; & que
la gloire dont on le couvre, ne ſera pas celle
dont vous ſerez le plus jaloux. Avant les arts

*Mais ce pon-
tife a fait
payer cher à
l'égliſe & à
l'Europe la
protection
qu'il a don-
née aux arts,*

de luxe , il y a bien des chofes qui méritent l'attention du prince. Il doit fur-tout n'ê-
tre jamais prodigue : car fi fes diffipations coû-
tent des larmes au peuple, les flatteries des gens
de lettres ne les fechent pas.

Vous voyez que la naiffance des arts ne
doit rien à la révolution de Conftantinople. Ils
paroîtroient plutôt s'être formés, malgré les favants du feizieme fiecle : car l'Italie fe trouvoit
comme divifée en deux nations, dont l'une
étoit poffédée de la manie de l'antiquité, tandis que l'autre parloit fa langue. L'une en quelque forte fe croyoit ancienne, & l'autre fe contentoit d'être moderne. Hors l'Italie, tout le
refte de l'Europe étoit alors barbare : on y
trouvoit feulement des hommes qui lifoient
le grec , qui parloient latin, qui fe croyoient favants, & qui paffoient pour tels. Erafme , dont nous parlerons bientôt, eft le feul
qui fe foit véritablement diftingué par fon goût
& par la juftefle de fon efprit.

> Les arts fe
> font formés
> en Italie mal-
> gré les fa-
> vants.

L 3

CHAPITRE II.

Abſurdités & fanatiſme des littérateurs
& des ſcholaſtiques du ſeizieme ſiecle.

Dans un temps où l'on commençoit à quitter la ſcholaſtique pour lire les meilleurs écrivains de l'antiquité, il étoit naturel qu'on ſe livrât avec trop de paſſion à l'étude du grec & du latin.

Aᴘʀᴇ̀s avoir critiqué les ſavants du quinzieme & du ſeizieme ſiecles, je ne dois pas oublier ce qui peut les juſtifier, d'autant plus que
j'ai encore des critiques à faire. Pluſieurs avoient
beaucoup d'eſprit, & il ne leur manquoit que
d'être venus dans de meilleurs temps. Quand
on penſe combien ils devoient être dégoûtés de
la ſcholaſtique, on n'eſt pas étonné que dans le
deſir de s'inſtruire, ils ſe ſoient portés avec trop
de paſſion à l'étude des écrivains de la Grece &
de Rome. Attirés par les charmes d'un ſtyle
qui ſe faiſoit entendre, ils ne pouvoient avoir
d'autre ambition, que d'entendre tous les jours
mieux des ouvrages, dont la célébrité ſembloit
promettre des connoiſſances en tous genres.
Ils commencerent donc par mépriſer ſouverai-
nement la ſcholaſtique. Peut-être ce mépris
ne fut-il d'abord fondé que ſur le langage bar-

bare des écoles: mais il préparoit au moins à juger dans la suite des choses & de la méthode.

Ce mépris suscita de vives disputes, dans lesquelles la raison eut moins de part que la passion. D'un côté attaquer la scholastique, c'étoit attaquer la théologie, par conséquent la religion, par conséquent être impie, athée, &c. Rien n'est plus dangereux, disoit-on, que de mettre les livres des payens entre les mains des jeunes gens: c'est les élever dans le paganisme; & quiconque sait le grec, & se pique de parler comme Cicéron, est tout au moins hérétique.

De là deux partis : celui des scholastiques, qui traitoient de payens ou d'athées ceux qui les méprisoient ;

De l'autre côté, on regardoit non-seulement les anciens payens comme les inventeurs de toutes les sciences, ce qui étoit exagérer déja beaucoup; mais on louoit encore leurs mœurs, jusqu'à laisser en doute s'ils n'ont pas pu être sauvés ou même jusqu'à les canoniser. On étoit si attaché à leur langage, qu'on le transportoit dans la théologie chrétienne. L'excommunication s'appelloit l'interdiction du feu & de l'eau. On rendoit graces aux dieux immortels de l'élévation d'un cardinal sur la chaire de S. Pierre : & Léon X lui-même, écrivant à François I pour l'engager à faire la guerre aux Turcs, l'y exhortoit par les dieux & par les hommes, *per deos atque homines.* Enfin il

& celui des latinistes qui canonisoient les écrivains de l'antiquité, & qui en transportoient le langage jusques dans la théologie.

L 4

se forma une secte de Cicéroniens, qui prétendoient que Cicéron est le seul auteur qu'on doit lire & imiter. Je conjecture que cette prévention outrée des latinistes pour les auteurs payens est ce qui a donné occasion aux p ètes du seizieme siecle de mêler dans leurs ouvrages le sacré avec le profane. Il étoit naturel que l'exemple devînt contagieux pour eux ; & personne ne songeoit à blâmer un usage, approuvé par tous les savants.

Au milieu de ces disputes les meilleurs esprits s'éclairoient. Tel est Erasme. Pendant que les uns sauvoient les anciens payens, & que les autres damnoient ceux qui les lisoient, il se trouvoit des esprits d'une meilleure trempe, qui s'éclairoient à mesure que les deux partis contraires devenoient plus absurdes. Tel est Erasme, le plus bel esprit & le plus éclairé de son siecle. Je ne dois pas passer sous silence cet écrivain qui vous a donné quelques leçons.

Erasme se refuse aux invitations de François I. Rodolphe Agricola, d'un village près de Groningue, avoit commencé à répandre la littérature ancienne en Allemagne ; lorsque Erasme, né à Roterdam vers l'an 1467, (a) faisoit ses études à Deventer, sous Hegius, disciple d'Agricola. Sans m'arrêter sur le temps de

_____

(a) *On ne sait pas exactement l'année de sa naissance.*

fa jeuneſſe, où il montra autant de talent que
d'envie de s'inſtruire, je dirai ſeulement qu'il
fit avec paſſion toutes les études qu'on faiſoit
alors, qu'il ſe dégoûta de quelques unes avec
raiſon, & que dans la ſuite il contribua par ſes
ouvrages plus qu'aucun autre à répandre en
France & en Allemagne le goût des lettres grecques & latines. François I, dans le deſſein de
fonder un college pour les langues ſavantes,
voulut l'attirer à Paris; & il chargea Budé, ami
de cet homme célebre, de lui écrire à ce ſujet.
Budé étoit un ſavant françois que l'on compa-
roit alors à Eraſme, mais qu'on ne lui compare
plus; & ces deux hommes ſont en France l'é-
poque de la connoiſſance du grec, qui avant
le ſeizieme ſiecle n'y étoit point connu. Eraſme
ſe refuſa aux offres de François I, parce que
c'étoit s'expoſer à la haine des théologiens, que
de concourir à l'établiſſement d'un college où
l'on enſeigneroit le grec & l'hébreu; & parce
que d'ailleurs il craignoit l'eſclavage, attaché à la condition de ceux qui ſervent les
princes.

Les ſavants, comme autrefois les Grecs,
voyageoient alors pour acquérir des connoiſſances; uſage qui s'eſt inſenſiblement perdu, à meſure que les livres ſont devenus plus communs.
Eraſme voyagea donc en France, en Angleterre
& en Italie.

Il voyge.

Les Italiens, prévenus pour leur favoir, méprifoient alors généralement les étrangers, & particuliérement Erafme & Budé, dont il défendoient la lecture : ils fe piquoient tous d'être Cicéroniens. Erafme arriva en Italie en 1506, lorfque Jules II affiégeoit Bologne. Il fut témoin de l'entrée triomphante de ce pontife, dans laquelle il ne reconnut pas la marche d'un fucceffeur de S. Pierre. Les Italiens ne lui parurent pas répondre à leur réputation. Il leur trouva peu de mœurs, peu de religion, beaucoup de pédanterie. Il fut cependant fort accueilli de tous ceux qui avoient plus de mérite. On tenta même tout pour le retenir à Rome.

L'éloge de la folie lui fufcite des ennemis, & la Sorbonne le condamne. Il revint enfuite en Angleterre, où il avoit déja été. Il y compofa l'éloge de la folie, fatyre ingénieufe de tous les états. Cet ouvrage eut un grand fuccès, & fuffit feul pour immortalifer Erafme. Mais il fufcita contre lui la haine des moines & des fcholaftiques qu'il avoit tournés en ridicule. Plufieurs écrivains ayant pris la plume pour cenfurer cet ouvrage ou pour le défendre, il s'éleva de grands mouvements dans la république des lettres. Enfin quelques années après la mort de l'Auteur, il fut mis à l'index, & la Sorbonne le condamna. Cette faculté déclara qu'Erafme, en le compofant, s'étoit montré fou, infenfé, même im-

pie, injurieux à Dieu, à Jesus - Chrift, à la
Vierge, aux faints, aux ordonnances de l'é-
glife, aux cérémonies eccléfiaftiques, aux théologiens, aux religieux mendiants, qu'il avoit
ofé infulter d'une bouche corrompue & blafphé-
matoire.

Avec un efprit tourné à la plaifanterie, Erafme étoit très propre à combattre plufieurs préjugés de fon temps : mais auffi il lui étoit difficile de fe contenir toujours dans de juftes bornes. Il s'échappoit quelquefois. Il recon- noiffoit lui-même qu'il y avoit des chofes à reprendre dans fon ouvrage, & il fe repro- choit de l'avoir publié. Cependant de toutes les qualifications que la Sorbonne a données à l'é- loge de la folie, il ne mérite que celle d'avoir été injurieux aux théologiens & aux moines. Il l'a en effet été d'autant plus, que les injures pouvoient paffer pour des vérités.

Il reconnoît qu'il y a des chofes a re- prendre dans cet ouvrage.

Ce n'étoit pas la premiere fois qu'Erafme attaquoit les théologiens de fon temps, & ce ne fut pas la derniere. Il leur reprochoit de ne connoître ni l'écriture, ni les peres, ni les conciles; de n'agiter que des queftions frivoles ; & d'avoir corrompu la théologie par ambition, par avarice, par flatterie, par efprit de difpute & par fuperftition. Ils étoient à la vérité fi igno- rants, qu'on entreprenoit férieufement de leur prouver que les belles lettres leur étoient né-

Reproche qu'il faifoit avec fonde- ment aux théologiens de fon temps.

ceſſaires ; & ils entreprenoient tout auſſi ſérieu-
ſement de prouver eux-mêmes qu'elles leur
étoient au moins tout-à-fait inutiles. Il eſt vrai
qu'elles leur avoient été inutiles pendant pluſieurs ſiecles ; & comme il s'étoient toujours
trouvés bien retranchés derriere leur ignorance,
ils ſe défendoient avec rage, ſe voyant menacés
de perdre toute leur conſidération.

Il écrit con-
tre les Cicéro-
niens qui lui
répondent
avec des inju-
res. Si la littérature étoit tout-à-fait bannie des
écoles, vous avez vu qu'on s'y livroit ailleurs
avec un ridicule, qui pouvoit excuſer les ſcholaſtiques. Eraſme, qui cherchoit naturellement
le milieu entre les excès, écrivit donc contre
les Cicéroniens. Auſſitôt les littérateurs s'éleverent contre lui avec la même rage que les
ſcholaſtiques. Toute l'Italie cria qu'il vouloit
déprimer Cicéron, pour ſe mettre lui-même à
la place de cette orateur. Jules Scaliger le traita
d'ivrogne, de bourreau, de parricide, de monſ-
tre, de nouveau Porphyre (a), d'héréſiar-
que ; ajoutant qu'il avoit commencé par attaquer Jeſus-Chriſt, Dieu même, pour paſſer
enſuite à Cicéron, tâcher de l'anéantir, en
prendre la place, & introduire une nouvelle
éloquence.

Le goût de
l'antiquité s'é- Si le goût de l'antiquité ſe fût introduit
avec lenteur, comme au temps du Dante, de

(a) *Porphyre avoit écrit contre la religion chrétienne.*

Pétrarque & de Bocace, il eût été plus sage & plus réglé; on n'eût point vu tant d'absurdités, soutenues avec tant de fanatisme. Je le répete donc, les Grecs venus de Constantinople, en produisant une révolution trop prompte, ont retardé les progrès de l'esprit.

Pendant que les savants s'occupoient à des disputes ridicules, Luther parut, & en agita d'autres, qui devoient être bientôt sanglantes. Il attaquoit les moines & les scholastiques. Or, Erasme les avoit attaqués avant lui. Erasme étoit donc le précurseur de Luther : il étoit le véritable hérésiarque. Il savoit le grec & le latin : il ne falloit donc pas apprendre ces langues, elles étoient la vraie source des hérésies. Avec de pareils raisonnemens ses ennemis croyoient triompher.

En effet plus les raisonnemens sont mauvais, plus il est quelquefois difficile de se défendre : comme ils sont intarissables, il n'est pas possible de répondre à tous. Erasme étoit d'autant plus embarrassé, qu'en condamnant les erreurs de Luther, il ne pouvoit approuver les bûchers des Catholiques. On brûloit les Hérétiques à Rome, en Allemagne, en France, en Angleterre ; & il étoit persuadé que dans les premiers siecles de l'église l'hérésie n'étoit pas punie de mort. Cependant il eût fallu, pour écarter tout soupçon, allumer lui - même les bûchers. Mais il se contentoit de dire : *je ne juge ni ceux qui tuent , ni ceux qui sont tués ; je m'exprime seulement comme les peres , qui n'employoient que les arguments & les livres contre les Hérétiques.*

Scene panto-
mime où l'on
Joue l'empe-
reur & Léon
X.

Cette façon de penser avoit ses partisans, malgré la barbarie du seizieme siecle, & quoi-qu'il y eût du danger à se déclarer, il se trouva des hommes assez hardis pour jeter du ridi-cule sur la conduite du pape & de l'em-pereur.

1530

Pendant la tenue de la diete d'Ausbourg, dans laquelle les Protestants présenterent à Charles-Quint leur célebre confession de foi, un homme masqué en docteur parut au milieu de l'assemblée. Il avoit un écriteau sur lequel on lisoit le nom de Jean Capnion, philosophe sincrétiste ou éclectique, qui adoptant jusqu'aux absurdités de la cabale , brouilloit tous les sys-têmes. Ce masque jeta au milieu de la salle un fagot, dont une partie du bois étoit droit, & l'autre tortu. Quand il se fut retiré, il en survint un second, qui représentoit Erasme, & qui tenta d'arranger ce bois & de le re-dresser : mais n'ayant pu réussir, il s'en retou-na, après avoir donné quelques signes d'hu-meur. On vit ensuite arriver un moine avec le nom de Luther : celui-ci sépara le bois tortu, y mit le feu, & dès qu'il le vit enflammé, il fe retira. Alors un homme habillé en empereur, vint l'épée à la main contre ce feu: il le remua, il l'alluma davantage, il entra en fureur, & fortit. Un dernier mafque accourut, c'étoit Léon X. Tout effrayé, il paroiffoit occupé des moyens d'éteindre ce bois ; lorfqu'ayant vu deux urnes, dont l'une étoit pleine d'eau, & l'autre d'huile, il prit dans fon trouble la derniere, la jeta fur le feu, & difparut. Charles-Quint, qui avoit d'abord cru qu'on ne vouloit que l'amufer, ayant enfin compris le fens de cette fcene pantomime, ordonna d'arrêter les mafques : mais on ne les trouva plus.

Nous avons vu que dans les commencements Luther attaquoit feulement les abus. On a donc lieu de juger qu'une réforme auroit prévu les maux que cet héréfiarque a caufés. Mais il eût fallu facrifier dans bien des chofes les intérêts des papes, des moines & des fcholaftiques. Dailleurs on étoit fi ignorant & fi prévenu, que tout ufage qui fubfiftoit depuis un fiecle ou deux, étoit regardé comme autorifé par tous les fiecles de l'églife. Les moines croyoient bonnement que la théologie des Arabes étoit la doctrine des apôtres ; comme les papes croyoient, ou vouloient paroître croire que la puiffance qu'ils s'arrogeoient, n'étoit que

Les difputes de religion fe multiplioient & détournoient de toute autre étude ;

la puiſſance même que Jéſus Chriſt avoit donnée à S. Pierre.

Les diſputes ſans nombre, qui ſont nées de
cette ignorance & de ces prétentions, ont diſ-
trait de toute autre étude, & par conſéquent,
elles ont encore retardé les progrès des
belles lettres. Cependant elles devoient enfin
produire quelque bien, parce qu'elles mettoient
dans la néceſſité d'étudier l'hiſtoire, & de lire
avec plus de critique. Cette révolution ne pouvoit être prompte: mais Eraſme a la gloire de
l'avoir préparée. Cet écrivain célebre, qui a
eu l'eſtime de tous les hommes de mérite de ſon
temps, s'eſt fait un nom qui a ſurvécu à ſes critiques. Les ennemis qui l'ont perſécuté, ne
méritent plus d'être nommés. Il mourut à Bâle en 1536.

CHAPITRE III.

Des sectes de philosophie au quinzieme & au seizieme siecles.

Si nous avions à chercher l'art de la navigation, nous commencerions par échouer contre
les mêmes écueils, où l'on avoit échoué avant
nous. La même chose nous a dû arriver, lorsque l'art de philosopher est devenu l'objet de
nos recherches. Nous pouvions consulter les
anciens, & nous l'avons fait : mais c'étoit prendre sur une mer que nous ne connoissions pas,
des guides qui ne la connoissoient guere mieux.
Quoiqu'elle fût couverte de leurs naufrages, ils
ne s'en étoient pas apperçus; & comme ils s'é-
toient presque continuellement égarés, en se
croyant toujours dans la bonne route, il nous
ont seulement appris à nous égarer avec confiance. Cette seule considération peut vous
faire prévoir ce qui doit arriver à la philosophie.

Les anciens étoient de mauvais guides en philo-sophie.

Tom. XV. M

Cependant il étoit naturel de les consulter;

Il eût été plus sage d'étudier la nature dans la nature même : mais il fut plus aisé de l'étudier dans les Grecs, qu'on supposoit l'avoir connue. Dans l'ignorance où l'on se trouvoit, on s'applaudissoit d'avoir des guides : on se flattoit de satisfaire plus promptement sa curiosité; & la paresse s'accommodoit de n'avoir que des lectures à faire.

& de se prévenir pour eux & pour les Grecs modernes qui paroissoient les entendre.

Le style des anciens philosophes a contribué à dégoûter de la scholastique; c'est un avantage : mais aussi cet avantage est cause qu'on les a lus avec trop de prévention. L'estime pour l'Académie ou pour le Lycée s'est accrue, non à proportion du mérite de ces deux sectes, mais à proportion du mépris où tomboient les écoles. De là naîtront mille préjugés. L'entêtement, avec lequel on les soutiendra, mettra de nouveaux obstacles à la découverte de la vérité: & les Grecs de Constantinople, qui ont introduit la pédanterie dans les belles lettres, ne répandront aucune connoissance dans la philosophie.

Cette prévention devoit se porter à l'excès.

Le goût se trouvant informe, le jugement n'étoit pas assez éclairé, pour démêler ce qui manquoit aux anciens écrivains de la Grece, & ce qui manquoit encore plus aux Grecs modernes. Comme on aimoit à lire ceux-là, on crut qu'ils savoient tout, & on ne jugea pas

moins favants ceux qui paroiſſoient les entendre. Ce qu'il y a de vrai, c'eſt que les Italiens
étoient fort ignorants eux-mêmes. S'ils ſe portoient avec paſſion à la lecture des anciens, c'é-
toit moins par ſentiment des beautés de ſtyle,
que par dégoût du jargon des ſcholaſtiques. Ils
admiroient ce qu'ils n'entendoient pas. Ils diſ-
putoient ſur le ſens d'un paſſage, comme ſi découvrir ce qu'un philoſophe a cru, c'étoit toujours connoître la vérité. Ils croyoient ſur ſa
parole ce qu'ils s'imaginoient avoir trouvé dans
ſes écrits ; & ſouvent, par conſéquent, ce qu'il
n'avoit jamais penſé.

De là naîtra une admiration aveugle pour
tout philoſophe ancien. On ne verra en lui ni
erreur, ni faute. Les commentateurs pourront
ne pas s'accorder ſur les explications qu'ils en
donneront: mais ils s'accorderont à dire qu'il eſt
toujours clair, toujours élégant, & qu'il ne peut
jamais ſe tromper. On croira donc que nous
ſommes venus trop tard pour raiſonner, que
tout a été dit, que la ſource des découvertes eſt
tarie, & qu'il ne nous reſte plus qu'à étudier
l'antiquité, & qu'à la citer. S'il arrivoit alors
un homme de génie, qui ayant découvert le
ſyſtême du monde, ſe contentât de le démontrer par des raiſonnements que l'expérience &
les obſervations confirmeroient; je crois pouvoir aſſurer qu'il ne paſſeroit que pour ignorant.

On croira que
les anciens
ont tout ſu, &
qu'il ne nous
reſte qu'à les
étudier.

Au contraire, celui qui le combattroit par l'autorité des anciens, & qui accumuleroit paſſages ſur paſſages, ſeroit regardé comme un homme d'une ſcience profonde. Ce ſiecle ſera donc celui où l'érudition entreprendra de tout prouver, & où l'autorité tiendra lieu de raiſon. Vous voyez par-là qu'il ne faut pas juger des ſavants du quinzieme & du ſeizieme ſiecles ſur la réputation qu'ils avoient alors. Quand les ſciences paroiſſent commencer, les hommes doivent toujours être prodigues de louanges; parce que tout ſavoir, vrai ou prétendu, paroît alors un prodige. Dans des temps plus éclairés, on loue moins, parce qu'on loue avec plus de diſcernement.

De là naîtront routes les ſectes. Cette prévention pour l'antiquité eſt d'autant plus extraordinaire, qu'il n'y a point d'accord entre les philoſophes grecs, & que même leurs ouvrages ont encore été commentés, c'eſt-à dire, altérés de bien des manieres. Cependant il faut bien s'opiniâtrer à chercher la ſcience chez eux, dès qu'on a pour principe qu'elle ne ſe trouve que dans l'érudition. Seulement on ſe permettra de quitter un ancien pour un ancien, & vous allez voir renaître toutes les ſectes.

Le péripatéticiſme & le Dans le quinzieme ſiecle & dans les précédents, les Grecs étoient péripatéticiens &

platoniciens. La fecte d'Ariftote prévaloit à la
cour de Conftantinople, tandis que le platonifme, bien différent de la doctrine de Platon,
regnoit dans les cloîtres. Trompés par le faux
Denis, les moines avoient puifé dans Ammo-
nius ou dans d'autres philofophes d'Alexandrie.
Ainfi leur platonifme n'étoit autre chofe que ce
fincrétifme qui fe propofoit de concilier Pythagore, Platon, Moyfe; & qui adoptant des idées
d'Hermès & de Zoroaftre, fe concilioit encore
avec le fyftême d'émanation, autrefois fi accré-
dité en Afie & en Egypte. Si cette doctrine devoit plaire aux Grecs dont l'efprit en matiere de
philofophie, a toujours été plus fubtil que foli-
de; elle étoit encore bien plus faite pour occuper des imaginations creufes, qui rêvoient dans
la folitude.

platonifme
paffent de
Conftantino-
ple en Italie.

Le platonifme, apporté en Italie avec le
péripatétifme, y fit des fectateurs. De ce
nombre étoient les Medicis, qui contribuerent beaucoup à le répandre, par la protection qu'ils donnoient à ceux qui l'enfeignoient. Cependant Nicolas V, quoique de
la même maifon, & Alphonfe, roi d'Arragon
& de Naples, favorifant plus particuliérement Ariftote, chargerent des favants d'en
revoir le texte, & d'en donner des traductions
latines.

M 3

Ces deux sectes ne s'accorderent que sur la scholastique, qu'elles méprisoient à l'envi. Elles l'attaquerent : mais elles se livrerent aussi l'une à l'autre des combats. On disputa dans toute l'Italie pour savoir auquel des deux on devoit la préférence, d'Aristote ou de Platon, ou s'il ne seroit pas mieux de les rejeter également. Ces disputes furent soutenues avec tout le fanatisme que l'ignorance inspiroit aux nouveaux sectateurs des deux philosophes grecs, & aux partisans aveugles des anciennes études. Cependant on ne connoissoit dans le vrai ni Aristote ni Platon : car le premier étoit mutilé, & ils avoient été fort défigurés l'un & l'autre par les sincrétistes d'Alexandrie.

On se prévenoit pour le platonisme, parce qu'on étoit persuadé que les premiers peres de l'église avoient été platoniciens ; & que Platon, ainsi que Pythagore, avoit puisé sa doctrine dans les livres de Moyse. Aussi croyoit-on y découvrir les mysteres de notre religion. Ceux au contraire qui ne s'accommodoient pas des êtres imaginaires du platonisme, comptoient s'instruire mieux avec Aristote : il leur paroissoit plus physicien. D'ailleurs, les esprits qui avoient été élevés dans les écoles, le trouvoient souvent plus conforme à leur maniere de raisonner, & aux préjugés dont ils étoient imbus.

Entre ces deux sectes, il s'éleva des Sincrétistes qui voulurent concilier Aristote avec Platon. Ce fut un nouveau sujet de dispute : car
les Platoniciens & les Péripatéticiens zélés soutinrent également que rien n'étoit plus contraire que les principes de ces deux philosophes.

Une secte
de Sincrétistes
veut concilier
Aristote & Pla-
ton.

Jean Pic, prince de la Mirandole, suffira
pour vous donner une idée du savoir du quinzieme siecle, dont il étoit le phénix, de l'aveu
de tous les savants.

Jean Pic
de la Miran-
dole, phénix
du quinzieme
siecle.

Dès l'age de dix-huit ans, il savoit déja
une quantité prodigieuse de langues: & son
ambition n'étant pas satisfaite, s'il n'étoit en
tous genres le plus savant des hommes; il ne se
proposa pas moins, que de connoître toutes les
choses divines & humaines avec leurs causes.
Il se flatta de trouver tout cela dans des voyages & dans des lectures. Il causa avec tous les
vivants; il lut sans choix tous les morts; il apprit le jargon de toutes les sectes passées & pré-
sentes; & ne voyant plus rien de caché pour
lui, il fit afficher des theses dans toutes les universités de l'Europe, provocant à la dispute tous
ceux qui voudroient se rendre à Rome, & offrant de leur payer le voyage. Ce défi étonna
d'autant plus, que Pic n'avoit alors que vingt-
quatre ans.

Ces thefes, au nombre de neuf cents étoient un ramas de propofitions qu'il avoit prifes dans tous les écrivains connus, platoniciens, péripatéticiens, fcholaftiques, arabes, cabaliftes, &c. Il y avoit encore ajouté plufieurs centaines de propofitions, qu'il regardoit comme autant d'opinions à lui : & il fe flattoit d'avoir fait de tout ce chaos un fyftême, qui s'accordoit parfaitement avec les dogmes de la religion.

Innocent VIII lui défendit de foutenir à Rome ces propofitions, & d'un fi grand nombre, il en condamna treize comme hérétiques. Ce n'étoit pas beaucoup, ou plutôt c'étoit trop : car toute cette érudition ne fignifioit rien fans doute. Pic de la Mirandole fe plaignit, il fit fon apologie : cependant quelque temps après il regrettoit les années qu'il avoit paffées à lire S. Thomas, Scot, Albert le Grand, &c.

Le feizieme fiecle donne la préférence à Ariftote fur Platon. La décadence des Medicis, lors de la guerre de Charles VIII, entraîna la décadence du platonifme. Les Péripatéticiens triomphèrent, & les Platoniciens devinrent rares dans le feizieme fiecle.

Deux fectes de Péripatéticiens. La préférence d'Ariftote fur Platon ceffa donc d'être une queftion. Il ne reftoit plus qu'à entendre le premier de ces philofophes, & on

eut recours à des commentateurs. Les uns choi-
sirent Averroès ; d'autres préférerent Alexandre
d'Aphrodisée, qui vivoit au second siecle de
l'église, & qui passoit pour avoir le mieux entendu le chef du Lycée. Delà nâquirent deux
sectes que Léon X condamna.

Ce fut avec raison : car les Péripatéticiens
d'après Alexandre d'Aphrodisée nioient l'im-
mortalité de l'ame humaine, & les Péripatéticiens averroïstes ne reconnoissoient qu'une seule
ame pour animer tout-à-la fois l'univers &
chaque homme. Ces deux systêmes étoient une
des causes du peu de religion qu'Erasme avoit
remarqué en Italie.

Ces erreurs d'Aristote fournirent des armes
aux scholastiques, qui ne savoient trop eux-
mêmes ce qu'ils penfoient sur l'ame. Mais les
partisans de ce philosophe le défendoient avec
zele, les uns affurant qu'on ne l'entendoit pas
encore affez pour le condamner, les autres offrant de le corriger quelquefois avec un peu de
platonisme.

Ces disputes divisoient tous les esprits, lorsque
le Luthéranisme fit une diversion en faveur des
Péripatéticiens. Comme les scholastiques n'a-
voient fait qu'un systême monstrueux de la philosophie & de la théologie; les Luthériens,

La naissance
du Luthéranis-
me donne de
nouveaux
partisans à
Aristote.

qui prétendoient réformer l'église, jugeren^t devoir porter les premiers coups sur la scholas-tique, qu'ils regardoient comme le boulevard de tous les abus. Ils le firent avec d'autant plus d'avantage, qu'Erasme & d'autres les avoient déja prévenus ; & que tant qu'ils se bornerent à ne combattre que les mauvaises études, les meilleurs esprits, parmi les Catholiques mêmes, se joignirent à eux, ou du moins les approuve-rent secrétement. Luther eut sur-tout un grand nombre de sectateurs en Allemagne, parce que les Allemands étoient exercés dans l'art de dis-puter autant que les Italiens mêmes. Au bruit que faisoient les sectes qui se combattoient en Italie, ils étoient accourus dès le quinzieme siecle ; & ils avoient reporté chez eux les opi-nions & les disputes. Il étoit difficile que la scholastique se soutînt contre des hommes qui savoient combattre, & à qui le zele de la reli-gion ou le fanatisme fournissoit des armes. Elle avoit d'ailleurs contre elle la passion avec la-quelle on se portoit à la lecture des anciens ; la prévention, où l'on étoit, que pour corriger les abus, il la falloit absolument détruire ; les ef-forts ridicules qu'elle faisoit, pour intéresser la religion à sa défense ; & enfin les persécutions qu'elle employoit.

A mesure qu'elle tomboit dans le mépris le péripatétisme s'élevoit à la plus haute considération. On eût dit que c'étoit assez d'avoir prouvé qu'elle n'apprenoit rien, pour être en droit d'en conclure qu'on apprenoit tout dans Aristote. Telle étoit la prévention pour cet écrivain, qu'on appelloit le prince des philosophes. Si quelquefois on ne pouvoit pas s'en dissimuler les erreurs, on les regardoit comme de légeres taches, qu'il étoit facile d'enlever.

Mélanchton, un des chefs du luthéranisme, ne connoissoit rien de mieux qu'Aristote. Il conseilla de l'étudier : il voulut qu'on l'enseignât dans les écoles après l'avoir corrigé ; & son autorité le fit prévaloir parmi les Protestants. Cependant il s'éloignoit en cela de Luther, qui rejetoit également le péripatétisme & la scholastique.

Au milieu des disputes, il s'éléve d'ordinaire des esprits conciliateurs, qui cherchent à rapprocher les deux partis. On jugea donc qu'il ne falloit ni tout blâmer dans la scholastique, ni tout approuver ; & qu'il suffiroit d'en corriger les abus. On ne faisoit pas attention qu'elle n'étoit scholastique que par les abus ; & qu'on ne pouvoit les corriger tous, sans la détruire.

Les scholastiques les moins passionnés, conviennent, qu'il y a des vices dans leur méthode.

Les partisans de cette méthode, se trouvant heureux de pouvoir composer, cédérent sur

Mais ils pensent qu'il la

faut conferver
pour défendre
la religion.
quelques articles dans l'efpérance qu'on ne les
inquiéteroit plus fur les autres. Quelque prévenus qu'ils fuffent, ils ne pouvoient pas toujours s'aveugler. Les difficultés les frappoient
quelquefois, & fur-tout les ridicules dont on
les couvroit. Ils reconnurent donc une partie
des abus : mais ils juftifierent la fcholaftique, en
les rejetant fur ceux qui l'enfeignoient; & fai-
fiffant l'occafion d'en faire l'éloge, ils prétendi-
rent qu'il la falloit conferver, pour défendre la
religion contre les Hérétiques : comme fi les
peres de l'églife, fans être fcholaftiques, ne
l'avoient pas bien défendue pendant plufieurs
fiecles.

Ils croient
la corriger, en
fe rappro-
chant du pé-
ripatétifme,
& Ariftote
prend poffef-
fion des éco-
les.
Dès qu'une réforme devenoit néceffaire, il
étoit naturel de chercher des lumieres dans la
fecte la plus accréditée. Les fcholaftiques fe ra-
procherent donc des Péripatéticiens; & il fe forma une doctrine, qui n'étoit ni la fcholaftique
pure ni le péripatétifme pur, mais un mélange
de l'un & de l'autre. C'eft ainfi que les univerfités s'ouvrirent infenfiblement au chef
du Lycée. Son nom retentit bientôt dans
les écoles & on ne jura plus que fur la parole d'Ariftote.

Il eût été bien
étonné d'en-
feigner dans
On croyoit du moins jurer fur la parole de
ce philofophe, & on fe trompoit; car Ariftote,
devenu fcholaftique, n'étoit certainement plus

lui-même. Il eût été bien étonné fans doute de penfer comme S. Thomas & comme Scot. Ce qu'il y a de vrai , c'eft que pour accorder ces trois écrivains, on leur faifoit fouvent dire ce qu'ils n'avaient pas dit.

les univerfités
la doctrine de
S. Thomas &
de Scot.

Le premier défaut de la fcholaftique péripatéticienne, comme de la fcholaftique pure, eft de n'avoir fait qu'un fcience de la philofophie, & de la théologie. Car fi la faine philofophie eft uniquement fondée fur l'expérience , & fi la faine théologie ne doit puifer que dans l'écriture & dans la tradition; il eft évident que ces deux fciences , ayant une origine différente, doivent être traitées féparément. Elles ne font pas contraires , mais elles ne fauroient fe confondre. Quelle confufion ne doit donc pas produire leur mêlange , lorfqu'on emploie une philofophie abfurde, fans principe & fans méthode ?

Le premier
défaut de la
fcholaftique
eft de n'avoir
voulu faire
qu'une fcience de la phi-
lofophie & de
la théologie.

Si les fcholaftiques fe rapprocherent des Péripatéticiens, les Péripatéticiens ne fe rapprocherent pas des fcholaftiques : au contraire ils continuerent d'en être les ennemis. Cependant ils n'étoient pas plus raifonnables, puifqu'ils vouloient faire d'Ariftote un théologien chrétien, & qu'ils entreprenoient d'expliquer la théologie chrétienne par les mauvais principes de ce philofophe. Parce que la vérité ne fauroit

Les Péripatéti-
ciens ne fe rap-
prochoient
pas des fcho-
laftiques
qu'ils conti-
nuoient de
méprifer , &
ils croyoient
que pour être
chrétien il fuf-
fifoit de pen-
fer comme A-

être contraire à la vérité, ils s'imaginoient qu'il devoit penſer en chrétien : croyant que tout ce qu'il avoit dit, étoit preſque auſſi vrai, que tout ce qui avoit été révélé.

Vous pouvez juger d'après ces conſidérations qu'il ſera inutile de vouloir réformer la ſcho-laſtique & le péripatétiſme ; qu'on ne raiſon-nera bien, que lorſqu'on abandonnera abſolu-ment l'un & l'autre; & que tant qu'il en reſtera quelque choſe, ce ſera un obſtacle aux progrès de l'eſprit. Mais l'empire d'Ariſtote eſt établi ſur l'opinion, & la raiſon a peu de force contre les préjugés.

Pendant qu'on plioit en général ſous le joug du péripatétiſme ou de laſcholaſtique, il y avoit une ſecte qui s'étoit formée des débris du plato-niſme, & à laquelle je ne ſais quel nom don-ner. Elle puiſoit tout à-la-fois dans Pythagore qui n'a point écrit, dans Platon & dans les ca-baliſtes. Son principe étoit que Moyſe avoit en-ſeigné toutes les ſciences, que les cabaliſtes les conſervoient par tradition, & que Platon les tenoit de Pythagore, qui les avoit priſes dans le légiſlateur des Juifs. Après tant de ſuppoſi-tions fauſſes, elle avoit découvert que tous les êtres émanent ſucceſſivement par degrés d'un premier principe; que par conſéquent l'univers eſt rempli d'eſprits de différents ordres; & que nous pouvons remonter à eux, ou les faire defcendre à nous. Ce fyſtême prenoit autant de formes qu'il avoit de ſectateurs. C'eſt un rêve qui mene à la magie, & la magie eſt un autre rêve elle-meme. Cette ſecte obſcure ne s'eſt ſignalée que par la haine qu'elle portoit aux Péripatéticiens.

Le péripatétiſme eut d'autres ennemis. Le plus célèbre de ceux qui commencerent à l'attaquer ouvertement eſt Bernardo Téléſio né à Coſenza dans le royaume de Naples en 1508, & mort en 1588, dans la même ville. Ne trouvant pas plus de ſolidité dans Ariſtote que dans les ſcholaſtiques, il s'appliqua ſur tout à faire voir que les principes de ce philoſophe ne ſont que des définitions arbitraires, des notions vagues, de pures abſtractions qui n'expliquent rien, & qui ne mettent que des mots à la place des choſes. La juſteſſe de ſes critiques lui mérita les applaudiſſements des Napolitains, quoique juſqu'alors ils euſſent été prévenus pour Ariſtote. Mais il ne fut pas auſſi heureux, quand il voulut lui même expliquer la nature. Car ayant pris Parménide pour guide, il entreprit de faire voir comment le chaud & le froid, notions vagues qu'il réaliſoit, avoient tout produit en agiſſant ſur la matiere. Son ſyſtême, dit-on, eſt mieux développé & plus ingénieux que celui du philoſophe d'Élée : mais il ne s'ap-

Bernardo Téléſio, qui a le premier réfuté ſolidement Ariſtote, renouvelle la ſecte de Parménide.

perçut pas, comme le lui reproche le chancelier Bacon, qu'il ne raisonnoit lui-même que sur des abstractions toutes pures. Il a la gloire d'avoir le premier réfuté solidement Aristote, & ce fut la cause de sa mort : car les querelles que lui firent des moines péripatériciens, lui causerent la maladie dont il mourut.

Les erreurs où tombent d'autres ennemis d'Aristote, font dire que hors le péripatétisme il n'y a plus de religion.

Les avantages qu'il avoit remportés sur le prince des philosophes, auroient pu avoir des suites ; si les erreurs dangereuses, où tomberent ceux qui entrerent dans la même carriere, n'avoient pas décrédité les ennemis du péripatétisme. Il semble que dans ce siecle on ne devoit plus connoître aucune autorité, dès qu'on avoit tant fait que de rejeter celle d'Aristote. Les Péripatériciens s'en prévalurent. Ils soutinrent qu'il ne pouvoit être combattu que par des hommes sans religion ; & ils parurent le prouver par l'exemple de Giordano Bruno de Nole, & par celui de Tommaso Campanella de Stilo, tous deux de l'ordre des dominicains.

Erreurs ou absurdités de Giordano Bruno.

Bruno avoit de la lecture, peu de jugement, une imagination déréglée, & se piquoit surtout de penser librement & hardiment. Il adopta pour le fond la philosophie de Démocrite & d'Épicure : il emprunta beaucoup de choses de Pythagore ; & il croyoit qu'avec la connoissance des

des nombres, ce philofophe & Apollonius de
Tyane avoient fait des miracles : il admettoit
la métempfycofe : il penfoit que la nature eft
Dieu : il peuploit l'efpace de génies de différentes efpeces : il mettoit des ames jufques dans
les pierres : il croyoit que le fort de chaque
homme eft écrit dans fa main, &c. En un mot,
il fe fit un fyftême rempli d'idées confufes,
abfurdes & contradictoires. On a remarqué qu'il
n'eft pas poffible de deviner fa penfée, & vrai-
femblablement il ne favoit pas ce qu'il croyoit
lui-même. Ses opinions font l'ouvrage d'une
imagination qui prend par-tout fans fe fixer fur
rien ; & elles ne font pas moins contraires à la
raifon qu'à la foi.

Il voyagea en Allemagne, en France & en
Angleterre, enfeignant fa doctrine, & combat-
tant les Péripatéticiens. Il vint à Paris, lorfque
cette fecte y caufoit de grands mouvements par
la violence avec laquelle elle pourfuivoit Ra-
mus, qu'elle accufoit d'attaquer la religion,
parce qu'il écrivoit contre la dialectique d'Ariftote. Cependant il n'y avoit pas un demi fiecle,
que l'univerfité, encore toute fcholaftique, auroit accufé d'irréligion quiconque eût adopté
le péripatétifme ; & on remarque que les
Grecs, qui vinrent à Paris lors de la révolution de Conftantinople, n'oferent pas l'enfeigner.

Tom. XV. **N**

Quelque abſurde que ſoit le ſyſtême de Bruno, il s'y trouve néanmoins des choſes, dont
des philoſophes ſe ſont fait honneur. Il a regardé le doute comme une précaution préliminaire à la recherche de la vérité. Il a ſuppoſé
des tourbillons pour expliquer le mouvement
des corps céleſtes. Il a penſé qu'il ne peut pas y
avoir deux individus parfaitement ſemblables;
que toutes les parties du monde, & que toutes
les choſes qu'elles renferment, concourent à la
perfection de l'univers; qu'il n'y a rien de mauvais, qui ne ſoit bon à quelque choſe; & que
tout eſt bon dans la nature. Il a dit qu'il y a
deux ſortes d'aſtres, des ſoleils immobiles &
des terres mobiles; que notre terre eſt une planete à laquelle les autres planetes reſſemblent;
qu'elle réfléchit la lumiere ſur la lune; qu'elle
n'eſt pas parfaitement ſphérique; que les étoiles fixes ſont des ſoleils qui éclairent d'autres
mondes, &c.

Campanella appartient au ſeizieme & au dix-
ſeptieme ſiecles. Il adoptoit des principes de
Téléſio, il en rejetoit; & s'il s'eſt fait un
ſyſtême, où il y a plus d'imagination que de
jugement. Il ne faut pas s'étonner ſi ces philoſophes, qui empruntoient toujours quelque
choſe du platoniſme, ne réuſſiſſoient pas à dégoûter d'Ariſtote: car ils ne mettoient à la place
du péripatétiſme, que des opinions auxquelles

(marginalia gauche, paragraphe 1) Il y a cependant dans ſes écrits des choſes, dont des philoſophes ſe ſont fait honneur.

(marginalia gauche, paragraphe 2) Tommaſo Campanella & d'autres qui puiſoient dans le plato-niſme, n'enſeignoient gue-re que des viſions.

on ne pouvoit rien comprendre. Ce n'étoient dans le vrai que des vifionnaires ; & leurs ouvrages ne fervoient qu'à nourrir la crédulité du peuple fur la magie & fur l'aftrologie judiciaire. Auffi n'a-t-on jamais été plus crédule que dans le feizieme fiecle. Erafme lui-même conte des hiftoires de forcellerie auxquelles il croit de la meilleure foi du monde.

Vous jugerez que l'Europe n'avoit jamais été plus troublée qu'au feizieme fiecle, fi confidérant tout-à-la-fois les divifions de l'églife, les querelles des princes, les révoltes des peuples & les difputes des écoles, vous réfléchiffez encore fur le fanatifme, qui animoit tous les partis contraires. Il étoit bien difficile de trouver alors, même dans la philofophie, un port affuré & tranquille. Il femble qu'on ne devoit pas l'efpérer, fur-tout dans les Pays-Bas. Cependant Jufte-Lipfe, né en 1547, dans un village près de Bruxelles, fe flatta que la philofophie lui ouvriroit un afyle : il ne crut pas même en devoir chercher d'autre.

Parmi les troubles du feizieme fiecle, Jufte-Lipfe cherche un afyle dans la philofophie des ftoïciens.

Mécontent de toutes les fectes de fon temps, qui bien loin d'éclairer, ne donnoient que des notions vagues & abfurdes ; il fe borna, comme Socrate, à l'étude de la morale ; & il renouvella le ftoïcifme. Séneque lui en fournit les préceptes, & Tacite les exemples : deux

N 2

écrivains qu'il avoit fort goûtés. Il eſt vrai
que ſi jamais on a eu beſoin d'être ſtoï-
cien, c'étoit dans le ſeizieme ſiecle & à Bruxelles. Cependant Juſte-Lipſe n'a pas formé de ſectateurs. Au reſte c'eſt un écrivain
eſtimé pour ſon ſavoir, mais dont on critique beaucoup le ſtyle.

CHAPITRE IV.

*Des opinions philosophiques du dix-
septieme siecle.*

Nous avons déja vu se renouveller les rêves
de Platon, d'Ariftote, de Pythagore, de Zoroaftre, de Parménide, de Démocrite, d'É-
picure, &c Ce n'eft point avec critique qu'on
avoit choifi parmi tant d'opinions. Ceux qui
fe déclaroient pour une fecte, n'avoient pas
examiné les autres, ils ne l'avoient pas feulement examinée elle-même. Les uns fe déter-
minoient fur la réputation d'un philofophe de
l'antiquité. D'autres jaloux de fe faire un nom,
& de combattre par conféquent la doctrine qui
venoit de s'établir, cherchoient parmi les anciens un chef, dont les opinions fuffent moins
connues. Quelques-uns prenoient par-tout,
fouillant dans toutes les fources, & croyant
penfer avec plus de liberté: mais il femble que
tous penfoient au hazard. Il eft certain que fi
nous obfervions les principales circonftances où

*Dans le feizie-
me fiecle, on
avoit renou-
vellé quantité
de fectes: mais
fans critique,
& comme au
hazard.*

N 3

se sont trouvés les philosophes du quinzieme & du seizieme siecles, il seroit facile de prévoir pour quel système chacun d'eux a dû se déclarer. Mais sans perdre du temps à de pareilles recherches, il suffit de vous avoir donné un exemple de la vérité de cette observation, lorsque la philosophie s'établit à Rome.

Dans le dix-septieme, des observations, ou des hasards plus heureux convaincront peu à peu qu'il faut étudier la nature. Les philosophes du dix-septieme siecle s'a-heurteront encore à chercher des connoissances chez les Grecs. Tantôt sectaires, ils épouse-ront les opinions d'un seul chef: tantôt éclécti-ques, ils emprunteront quelque chose de plu-sieurs. D'autrefois ils se flatteront de suppléer par leur imagination à ce qu'ils croiront man-quer aux anciens systêmes, & ils les changeront sans les corriger. Cependant le hasard ou la curiosité fera faire de loin à loin des observa-tions. Des esprits moins prévenus tenteront des expériences. On découvrira des erreurs grossie-res dans les anciens. On s'en assurera par des observations bien faites. Enfin on se convain-cra peu-à peu, que pour connoître la nature, il faut l'étudier. N'est-il pas étonnant qu'avant d'en venir là, il ait fallu s'égarer pendant plu-sieurs siecles?

La secte Ionique avoir été oubliée. La secte Ionique, fondée par Thalès, s'étoit éteinte, peu après qu'Anaxagore, jugé coupa-ble d'athéisme, avoit été banni d'Athènes.

Depuis, toujours fufpecte aux Athéniens, elle ne fe renouvella plus : d'autres caufes contribuerent encore à l'enfevelir dans l'oubli.

Socrate, forti de cette école, dans laquelle il avoit eu Archelaüs pour maître, lui porta des coups dont elle ne put fe relever, lorfqu'il l'abandonna, comme toutes les autres, pour s'appliquer uniquement à la morale. De ce fage, le plus fage des Grecs, nâquirent les Académiciens, les Péripatéticiens, les Cyniques & les Stoïciens. C'étoient autant d'ennemis redoutables pour la fecte Ionique, puifqu'ils paroiffoient enfeigner la doctrine de celui-même qui l'avoit abandonnée. Ils entretinrent la prévention où l'on étoit contre elle, en la calomniant, en lui attribuant des raifonnements abfurdes, & en la couvrant de ridicules, lors même qu'ils s'approprioient ce qu'ils y trouvoient de mieux.

Elle n'avoit plus de fectateurs dans la Grece, lorfque la philofophie fut apportée à Rome. Les Romains, qui prenoient les fciences qu'on leur offroit, & faifoient peu de recherches, fe contenterent de l'Académie, du Lycée, du Portique & des Jardins d'Epicure. Comme la fecte Ionique avoit d'ailleurs fur la divinité des idées plus faines que toutes les autres, il étoit

Claude Guillermet de Bérigard la renouvella pour attaquer indirectement Ariftote, qu'il n'ofoit combattre ouvertement.

N 4

difficile qu'elle fe pût concilier avec l'idolâtrie. Il arriva donc que de toutes les fectes la moins déraifonnable fût auffi la plus oubliée ; & les ouvrages de fes écrivains, devenant tous les jours plus rares, il étoit difficile qu'elle reparût jamais. Cependant Claude Guillermet de Bérigard la renouvella au commencement du dix-feptieme fiecle : mais ce fut moins pour faire des partifans à un fyftême qu'il jugeoit défectueux, que pour attaquer indirectement Ariftote, fans qu'on pût lui en faire un crime.

Après avoir fait fes études à Aix, il vint à Paris, lorfque des obfervations nouvelles commençoient à faire voir le faux des principes phyfiques d'Ariftote. Alors l'autorité de ce philofophe étoit fi bien établie, qu'on n'ofoit encore écrire contre lui ; & qu'on s'ouvroit feulement dans la converfation, quand on fe trouvoit avec des perfonnes fûres. L'univerfité traitoit d'hérétiques ceux qui l'attaquoient : le parlement & le gouvernement même défendoient d'enfeigner toute autre doctrine. Il falloit donc fe taire ou s'expofer à des perfécutions.

Il n'étoit pas permis d'écrire contre ce philofophie quoique fes principes commençaffent à être démentis par les obfervations.

Il paroît que la guerre de trente ans a été une conjoncture favorable pour combattre le péripatétifme. Comme le public étoit occupé de chofes plus importantes, il ne donnoit plus la

Pendant la guerre de trente ans on put le combattre avec plus

même attention aux difputes de l'école. Les théologiens, moins écoutés, en devenoient moins à craindre : & on commençoit à penfer avec plus de liberté. C'eft en effet entre 1610 & 1630 que parurent les premiers ouvrages contre la phyfique d'Ariftote. Il eft vrai qu'en 1624 la faculté de théologie cenfura des thefes compofées dans cet efprit, & que le parlement les condamna: mais cela n'empêcha pas d'écrire. Les uns le faifoient ouvertement, les autres avec plus de circonfpection. Quelquefois on affectoit de louer beaucoup Ariftote, lorfqu'on lni oppofoit des obfervations qui détruifoient fes principes; & on paroiffoit ne relever fes erreurs, que comme de légeres fautes.

de liberté ; mais pas encore bien ouvertement.

La liberté de penfer faifoit des progrès à Paris, lorfqu'en 1628 Bérigard fut appellé par le grand-duc de Tofcane, pour profeffer la philofophie à Pife. Les Italiens, qui penfoient trop librement au quinzieme fiecle & au feizieme, étoient alors fort contenus par l'inquifition, qui devenoit tous les jours plus févere depuis la naiffance du luthéranifme, & qui n'a pas peu contribué à faire tomber les lettres en Italie.

Bérigard eft appellé en Tofcane où l'inquifition ne permettoit pas d'attaquer Ariftote.

Dans l'obligation d'enfeigner le péripatétifme, Bérigard, à qui l'inquifition ne permettoit pas de déclarer fes vrais fentiments, compofa

Au lieu donc de le combattre lui-même,

ses leçons en dialogues. L'un des interlocuteurs soutenoit les opinions d'Aristote, sans les déguiser avec les subtilités de l'école; l'autre les combattoit, & leur opposoit les principes d'Anaximandre & d'Anaxagore. Cette méthode cachoit ce que le professeur pensoit, & permettoit à chacun d'embrasser le sentiment qui paroissoit plus conforme à la vérité. Cependant Bérigard, sans se compromettre, faisoit voir combien le péripatétisme étoit contraire à la réligion & à la vraie Physique.

Il fait des dialogues où l'un des interlocuteurs oppose les sentimens d'Anaxagore à ceux d'Aristote.

En France on étoit plus hardi, & on n'avoit pas besoin d'autant de circonspection. Il est vrai que les Aristotéliciens conservoient encore du crédit à la cour & au parlement, & qu'ils pouvoient susciter, ou suscitoient même quelquefois des affaires à ceux qui les combattoient. Mais les ministres & les magistrats n'étoient pas des inquisiteurs; ils ne donnoient pas la même attention à toutes ces disputes : & un homme de mérite pouvoit trouver des protecteurs auprès d'eux, ou même parmi eux. Il suffisoit donc de se conduire avec prudence.

En France on pouvoit être plus hardi, pourvu néanmoins qu'on fût prudent.

Il y avoit alors en France un jeune homme, qui, lui seul, voyoit mieux que tout son siecle & que tous les précédents, les défauts du péripatétisme. C'est Gassendi. Il étoit né à Chantersier, diocese de Digne; & il professoit la

Avec quelle précaution Gassendi combat Aristote.

philosophie à Aix. Ne pouvant enseigner d'autre doctrine que celle d'Aristote, il l'exposa telle que les scholastiques l'enseignoient eux-mêmes, & il la défendit de la même maniere. Mais il n'oublia aucune des difficultés qui la pouvoient détruire; seulement il les proposoit avec timidité comme des doutes, comme des paradoxes qu'il soumettoit au jugement de l'église. Il est assez singulier que pour oser dire ce qu'on pensoit sur les ouvrages de ce philosophe, on fût obligé de prendre alors les mêmes précautions que pour juger d'un écrit révélé; & qu'on fût obligé de prendre l'infallibilité de l'église pour guide en lisant Aristote, comme en lisant l'écriture sainte. Mais enfin il falloit s'accommoder au temps; & c'étoit assez que de pouvoir parler de façon ou d'autre.

Gassendi, joignant à une grande érudition un jugement droit & des mœurs simples & honnêtes, eut de bonne heure des amis parmi les grands qui aimoient les lettres. La considération, qu'il avoit acquise, suffisoit pour le défendre contre les traits de ses ennemis, lorsqu'il imprima des paradoxes contre les principes, qui servent de fondement à la philosophie d'Aristote. Quoiqu'il se fût proposé de détruire dans toutes les parties le péripatétisme scholastique, il ne suivit pas cette entreprise; vraisemblablement parce qu'il prévit le cri général, qui

Il ne suit pas le plan qu'il s'étoit fait de détruire le péripatétisme dans toutes les parties.

s'éleveroit dans toutes les écoles. Il fut attiré à Paris par le cardinal de Lyon, qui lui procura en 1645 une chaire de mathématiques au college royal ; & il y vécut, aimé & confidéré jufqu'à fa mort, qui arriva en 1655.

Il renouvelle le fyfteme d'Epicure. Après avoir détruit les calomnies, qui flétriffoient depuis tant de fiecles la réputation d'Epicure, Gaffendi tenta de reffufciter le fyftême des atômes. Il en retrancha les erreurs contraires à la religion. Il l'expofa dans un nouveau jour, & avec une fagacité finguliere. Cependant on a lieu de regretter le temps qu'un fi bon efprit employoit à raifonner fur des principes auffi peu folides, & on defireroit qu'il n'eût pas payé ce tribut à fon fiecle. Il eut peu de fectateurs.

Jufqu'alors les philofophes avoient commencé par les caufes pour defcendre aux effets. Jufqu'ici les philofophes modernes, à l'exemple des Grecs, fe font flattés d'expliquer la nature, en imaginant d'abord des caufes pour defcendre enfuite aux effets. Et nous n'avons vu que des révolutions, où les fyftêmes prenant continuellement de nouvelles formes, fe reproduifent pour fe détruire. Chaque philofophe, trop foible pour réfifter aux coups qu'on lui porte, attaque toujours avec avantage. Toutes les opinions fe détruifoient les unes par les autres, & aucune ne fe foutient.

Il semble donc qu'il étoit temps de soupçonner, qu'on s'étoit engagé dans une route qui ne conduit pas au vrai; que trop curieux de savoir comment tout a été formé, nous nous sommes aussi trop persuadés que nous étions faits pour le deviner; & que par conséquent au lieu de commencer par les causes pour descendre aux effets, il seroit peut-être mieux de commencer par les effets pour remonter aux causes. Alors réglant notre curiosité sur nos facultés, nous irions de phénomenes en phénomenes; & ne pouvant pas connoître tout le systême de l'univers, nous nous contenterions d'en découvrir quelques parties. Mais les philosophes sont comme les animaux, qui se précipitent à la suite les uns des autres. Je vais vous parler de Descartes.

Il étoit temps de s'appercevoir qu'il falloit commencer par les effets pour remonter aux causes.

Contemporain de Gassendi, Descartes étoit un peu plus jeune, étant né en 1566. Rien n'est plus sage que les réflexions, qui lui ont ouvert les yeux sur les mauvaises études qu'il avoit faites, & sur les erreurs des philosophes; il les a exposées dans ses méditations. Mais quoiqu'il blâmât qu'on prît pour principes des notions vagues, de pures conjectures & des suppositions tout au plus probables; il ne s'en fit pas d'autres lui-même dans son systême du monde, qu'il acheva en 1633.

Descartes ne s'est pas mis à l'abri des reproches qu'il fait aux philosophes de son temps.

Pour former le monde, il ne demande que de la matiere & du mouvement.

Pour expliquer la formation de l'univers, il suppofa qu'il fût encore à créer ; & il ne demanda que de la matiere & du mouvement.

Effence du corps, felon lui.

L'effence du corps, felon lui, ne confiftant que dans l'étendue, tout fut plein ; & il ne vit point de différence entre l'efpace & la matiere.

Il divife la maffe de la matiere en cubes.

Toute cette maffe homogene, encore informe & fans mouvement, eft divifée en cubes ou en d'autres petites parties angulaires, qui ne laiffent point d'interftice entre elles. Car autrement il y auroit une étendue qui ne feroit pas corps ; ce qui eft impoffible dans fes principes, puifqu'il a défini le corps une fubftance étendue.

Les cubes étant mus, ils s'arrondiffent & forment des globules, ou le fecond élément.

Dieu imprime le mouvement à toutes ces parties. Alors elles tournent fur elles-mêmes. Leurs angles fe brifent : elles s'arrondiffent : & Defcartes donne le nom de fecond élément à tous ces petits globules.

Les parties des angles brifés forment la matiere fubtile, ou le premier élément.

De ces angles brifés fe forment des parties très fubtiles, qui fe broyent encore ; parce que plus elles font petites, plus elles fe meuvent avec facilité. Cette matiere fubtile eft le premier élément.

Mais il reste des parties plus grossieres, plus irrégulieres, & dont le mouvement est nécessairement retardé. C'est un troisieme élément pour former les planetes. Car les parties du premier élément étant mues avec plus de rapidité, elles s'échappent, elles s'écartent de tous côtés, & elles repoussent derriere elles, & par conséquent vers un centre commun, toutes les parties grossieres. C'est de la sorte que se forme une planete au milieu de son tourbillon.

Ce qui reste de parties plus grossieres produit le troisieme élément, dont se forment les planetes.

Dans ce mouvement rapide les parties du premier élément se divisent toujours davantage. Il arrive qu'il y en a plus qu'il ne faut, pour remplir tous les intervalles entre les globules du second; & les parties qui restent, lorsque tous les interstices sont pleins, se réunissent dans un centre où elles forment le soleil.

Le soleil est formé d'une portion de la matiere subtile.

Il faut donc comprendre que dans le plein les différentes parties de matiere n'ayant d'abord pu se mouvoir, qu'en tournant chacune sur elles-mêmes; elles n'ont pu dans la suite avoir plusieurs ensemble une même direction, qu'autant qu'elles se sont mues circulairement C'est ainsi que se sont formés des tourbillons autour du soleil & autour des planetes.

Formation des tourbillons.

Tous ces tourbillons n'ayant pas la même force, les plus foibles ont cédé aux plus forts, qui les ont enveloppés & entraînés ; & ils se font tous combattus jufqu'au moment, où l'équilibre leur a fait prendre à chacun un cours régulier, & leur a permis de fe mouvoir fans fe nuire. Alors les planetes fecondaires ont fait leur révolution autour des planetes principales, dont le tourbillon enveloppoit les leurs; & celles - ci ont été emportées par le tourbillon folaire, qui enveloppe tous les autres.

Les différentes couches de ce grand tourbillon fe meuvent avec des vîtesses inégales: chaque planete nage dans une couche, qui est d'une denfité égale à la fienne : & elle est entraînée par le courant, comme un bateau fur une riviere.

Ce roman, expofé d'une maniere ingénieufe, paroiffoit au premier coup d'œil expliquer les phénomenes. Il faifoit au moins imaginer une forte de méchanifme, qu'on faififfoit confufément; tandis qu'on ne pouvoit rien comprendre aux autres fyftêmes. Il étoit à la portée de tout le monde. Il ne falloit que quelques moments de lecture, pour fe rendre raifon de tous les mouvements de l'univers. Il eut donc le plus grand fuccès.

Quand

Quand un syftême eft une fois établi, il eft difficile de le détruire. Car une illusion qui fatisfait notre curiofité, nous devient tous les jours plus chere; & lorfque nous croyons avoir appris quelque chofe, il nous en coûte d'avouer que nous ne favons rien. On nous arrachera fur-tout difficilement cet aveu, s'il faut pour nous inftruire, non-feulement recommencer, mais encore entreprendre des études, qui effrayent par les difficultés. Le fyftême des tourbillons s'eft donc défendu long-temps. Manié & remanié par des imaginations fécondes, qui l'ont continuellement changé pour le corriger, il s'eft foutenu en France jufqu'à notre âge, il a même encore quelques partifans. Les graces avec lefquelles Mr. de Fontenelle l'a expofé dans fa Pluralité des mondes, ont fait des Cartéfiennes de toutes les femmes qui en favent affez pour lire des romans: & les tourbillons ont eu des fectateurs féduifants, bien capables de faire durer les illufions qu'elles avoient prifes d'un jeune philofophe, & dans lefquelles il s'entretenoit lui-même en leur donnant des leçons. Auffi les a-t-il confervées jufqu'à la fin de fa vie.

Il devoit auffi fe défendre long-temps.

Les écoles fe fouleverent contre Defcartes; elles l'accuferent d'impiété & d'athéifme, & en effet fon impiété & fon athéifme étoient d'avoir porté une main facrilege fur Ariftote, & d'en-

Defcartes n'eût pas combattu avec fuccès les erreurs s'il n'eût pas

seigner une doctrine, qui n'étoit pas celle des Péripatéticiens. Il a eu la gloire d'étouffer enfin le péripatétisme, cette hydre, dont les têtes ne tomboient que pour se reproduire. Mais avec quelque force qu'il l'ait combattu, il ne fût pas sorti vainqueur, si son systême n'eût pas mieux réussi que celui de Gassendi. Pour persuader aux scholastiques d'abandonner leurs erreurs, il falloit leur en donner d'autres; & je conjecture que si les tourbillons avoient eu moins de succès, on nous enseigneroit encore le péripatétisme.

On peut encore remarquer que les erreurs de Descartes étoient un pas vers la vérité. Après tant de systêmes obscurs & ténébreux, c'étoit quelque chose qu'un roman que l'imagination du moins paroissoit saisir. En donnant la préférence à ce roman, parce qu'on le jugeoit plus clair, on s'accoutumoit à chercher la lumiere. On commençoit donc à se demander raison des phénomenes, & on se préparoit à voir un jour l'insuffisance des tourbillons. Descartes mourut en 1650 à Stockholm, où la reine Christine l'avoit appellé. Nous aurons occasion d'en parler encore.

Depuis que la philosophie a reparu en Europe, nous avons vu des sectaires, des éclectiques, des novateurs & des sincré-

(marginal note 1) substitué d'autres erreurs.

(marginal note 2) Ses erreurs mêmes étoient un pas vers la vérité.

(marginal note 3) Il n'y a point de système qu'on

tistes, qui, plus absurdes que tous les autres, ont cru concilier les opinions les plus
contraires. De tous les systêmes qu'ont fait
les Grecs, il n'y en a pas un, que quelque
moderne n'ait essayé d'accorder avec la théologie chrétienne.

n'ait essayé de concilier avec la théologie.

Après des efforts si souvent répétés, la vérité étoit encore à découvrir. L'érudition, le raisonnement, le génie avoient échoué; ou s'il
s'étoit fait quelques découvertes, le préjugé
qui les combattoit encore, ne permettoit pas
de les reconnoître pour des vérités. Plus on
considéroit donc le peu de succès des hommes
mêmes, qui avoient été les lumieres de leurs
siecles, plus on désespéroit de faire mieux, &
on se plaignoit de l'aveuglement de la raison
humaine. C'étoit passer d'une extrémité à l'autre ; comme si au réveil nous devions désespérer de bien voir, parce que dans le sommeil
nous avons été trompés à nos songes.

Tant d'efforts inutiles pour découvrir la vérité, font juger que la raison est insuffisante.

Au défaut de la raison, dont on croyoit l'impuissance bien constatée, on eut recours à la
révélation; & on chercha dans l'écriture sainte
l'origine de l'univers, sa formation, & l'explication de tous les phénomenes.

On a donc recours à la révélation ;

Vous concevez combien il est absurde de
chercher un systême de physique, dans un li-

& on imagine une philo-

vre que Dieu n'a dicté que pour nous apprendre les chofes néceffaires au falut, & dans lequel, en parlant de la création, il nous dit
feulement qu'il a tout fait par fa parole. Il
faudra donc aider à la lettre, faire des hy-
pothefes fur un paffage, fur un mot, recou-
rir à des allégories, à des interprétations violentes ; non pour découvrir dans l'écriture
le fyftême du monde qui n'y eft pas, mais
pour y trouver les opinions dont on eft déja
prévenu. C'eft tout ce qu'on a fait, & cependant cette philofophie fe faifoit refpecter
par les noms qu'on lui donnoit de mofayque
& de chrétienne.

Excès où tom-
bent les philo-
fophes mofay-
ques.

Il feroit bien long & bien inutile d'entrer
dans le détail des fyftêmes de ces philofophes, prétendus mofayques: car il n'y a jamais eu de fectes, dont les partifans aient
eu des fentiments plus contraires. Il fuffira
de vous faire connoître les excès où ils font
tombés.

Perfuadés que la raifon ne peut rien découvrir par elle-même, ils en concluent qu'avec
les feules lumieres naturelles, nous ne faurions
jamais nous affurer du vrai fens des écritures.
Il faut donc que la vérité nous foit révélée immédiatement. Or, elle ne peut l'être qu'autant
qu'une portion de l'efprit divin, une étincelle,

échappée de l'océan immense de lumiere, descend en nous, & s'unit à notre ame. Ils ne doutent pas que la divinité ne réside de la sorte en eux-mêmes. Dès-lors chacun d'eux croit trouver le vrai sens des écritures dans les allégories qui se présentent à son esprit : ou même sans avoir besoin de consulter les livres saints, ils prennent pour autant de vérités tous les fantômes de leur imagination. Ils font magiciens, astrologues, ils commandent aux esprits, & ils pénétrent seuls dans tous les secrets de la nature ; ce ne font que des enthousiastes.

Comme les Protestants, après s'être séparés de l'église, n'avoient plus de regles pour fixer leur croyance, il s'est formé parmi eux des sectes, qui ont cru être éclairées par une portion de cet esprit divin. Tels étoient ces fanatiques, que vous avez vus en Écosse, dans le temps de la malheureuse reine Marie.

Leurs visions infectent les sectes luthériennes.

On ne sauroit dire toutes les formes que cette théologie mystique est capable de prendre. Mais je ne dois pas oublier le quiétisme qu'elle a produit, & qui a fait beaucoup de bruit à la fin du siecle dernier. Les Quiétistes s'imaginent, qu'ils pourront s'unir à Dieu en s'anéantissant ; que jouissant alors d'un repos parfait dans le sein de la divinité, leur ame ne se mettra pas

Ils ont donné naissance au Quiétisme.

O 5

en peine de ce qui arrive au corps; & que par conséquent ils ne pourront plus pécher, quoiqu'ils fassent. Vous voyez où conduit une doctrine aussi monstrueuse.

Toute cette mysticité extravagante est une suite du platonisme, qui a pour principe les émanations de Zoroastre. Lorsque je vous ai parlé pour la première fois des opinions de ce philosophe, vous n'auriez pas prévu qu'elles influeroient sur les erreurs de votre siecle. Les absurdités sont bien vieilles, & il semble qu'elles rajeunissent, sans pouvoir tomber en caducité.

Plus les esprits s'égaroient, plus on paroissoit fondé à déprimer la raison. Il ne faut donc pas s'étonner, si le scepticisme s'est fort répandu dans le cours du dix-septieme siecle. Les uns l'embrassoient par paresse, trouvant doux qu'on ne pût rien assurer, afin de n'avoir rien à apprendre; & ils étoient flattés de se trouver sans étude au niveau de ceux qui avoient le plus étudié. D'autres, parce qu'ils étoient plus instruits, se faisoient un jeu de prouver qu'on ne sait rien, ils s'applaudissoient d'avoir une erreur de moins; & leur vanité se trouvoit bien d'avoir plus de sagacité pour détruire, que les génies de tous les siecles n'en avoient eu pour établir. Plusieurs enfin croyoient servir la

religion, en exagérant la foiblesse de l'esprit
humain; parce qu'ils jugeoient, que lorfque nous ne pourrions plus compter sur les
lumieres naturelles, nous en sentirions mieux
la nécessité de nous soumettre à la foi. Quelquefois ce motif étoit sincere ; d'autres fois
ce n'étoit qu'un prétexte afin d'oser douter de
tout impunément. De tous ces sceptiques
je ne vous parlerai que du plus célebre.

Pierre Bayle, le plus savant & le plus ingénieux sophiste qui ait jamais été, naquit en
1647 à Carlat, petite ville du comté de Foix,
& mourut à Roterdam en 1706. Dès son bas
âge il montra pour l'étude une passion, qu'une
maladie, causée par trop d'application, ne di-
minua point. Comme il avoit une grande mémoire, il s'occupa naturellement beaucoup plus
à lire qu'à réfléchir, & il acquit de bonne heure une vaste érudition en tous genres: peut-être
se borna-t-il d'abord à cette étude, parce que
c'étoit alors ce qu'on estimoit davantage, &
un moyen sûr de se faire un nom plus prompte-
tement. Il est certain que s'il eût moins lu,
& réfléchi davantage, il se seroit fait un jugement plus solide : mais il avoit vingt-un an,
lorsqu'il imagina de s'appliquer à l'art de raisonner. C'étoit trop tard, comme il en convenoit lui-même.

De Bayle.

O 4

Alors ayant la tête remplie d'opinions qu'il
savoit prouver & combattre, il se voyoit dans
une incertitude, d'où il ne pouvoit sortir ; & ce
fut peut-être pour trouver une issue, qu'il voulut faire une étude de l'art de raisonner. Mais
l'habitude de douter étoit prise ; & elle s'entretenoit par le goût qu'il prenoit à la lecture de
Montagne, écrivain plein d'esprit, & Pyrrhonien
par paresse. Il continua de s'adonner à l'érudition,
raisonnant toujours avec assez de sagacité pour
détruire les raisonnements des autres, & même
les siens. Il se confirma donc de plus en plus
dans son doute : il combattit toutes les opinions,
& il prouva le pour & le contre, parce qu'il ne
voulut jamais rien prouver.

Il est certain que lorsque nous considérons
cette multitude d'opinions, qui se combattent
toutes avec avantage ; nous sommes portés à
douter, sur-tout, si nous supposons qu'il n'y a
pas de meilleure méthode, que celles que les
philosophes se sont faites. Voilà ce que Bayle
a cru, parce qu'il l'a supposé, sans l'avoir examiné. En conséquence il soutient que la philosophie détruit tout, & qu'elle ne peut rien établir. Mais ce scepticisme tombe de lui-même,
si on indique une bonne méthode pour conduire l'esprit, & si on fait voir des découvertes
démontrées. Or, ce qui vous paroîtra étonnant,
c'est que le siecle où Bayle enseignoit le Pyr-

rhonifme, eft précifément le fiecle des plus grandes découvertes. Comme je vous crois bien garanti contre ce doute, je n'en parlerai pas davantage.; & je viens enfin aux vrais philofophes, c'eft à-dire, aux hommes de génie, faits
pour découvrir la vérité , & pour la montrer
aux autres.

CHAPITRE V.

Commencement de la vraie philosophie.
De l'astronomie sous Copernic, Ti-
chobrahé, Képler & Galilée.

Les découvertes n'ont fait un corps de science que vers la fin du dix-septieme siecle.

PENDANT que l'imagination égaroit les philosophes les plus célebres, quelques-uns plus sages & plus heureux, observoient & acquéroient de vraies connoissances. Je n'en ai point encore parlé, parce que j'ai cru qu'en mettant d'un côté la suite des erreurs, & de l'autre une suite des découvertes, je vous ferois mieux sentir les avantages d'une bonne méthode. Il faut d'ailleurs remarquer que les découvertes qui ont été faites depuis la renaissance des lettres, n'ont fait un corps qu'à la fin du dix-septieme siecle. C'est alors que les progrès rapides de la philosophie ont fait voir ce que peuvent les hommes de génie, quand ils sont une fois dans la vraie route.

Quoiqu'il fut temps d'obser-

Il étoit temps de sentir le besoin d'observer, & de reconnoître qu'on ne peut pénétrer dans la nature, qu'autant qu'on eſt conduit par les phénomenes. Mais cette méthode eſt longue, & la curioſité eſt toujours impatiente. Il falloit ſe frayer une nouvelle route, y marcher ſans guide, avoir le courage de la ſuivre malgré les obſtacles. Tout cela étoit fort difficile, & capable de dégoûter. Heureuſement on ſera de temps en temps ſoutenu par des ſuccès. Les premieres découvertes en feront eſpérer d'autres: elles indiqueront même le moyen d'en faire. Il eſt vrai qu'on aura bien de la peine à ne pas imaginer des hypotheſes & des principes vagues: ce ne ſera qu'avec une ſorte de répugnance qu'on y renoncera tout-à-fait; & pluſieurs obſervateurs, à qui nous aurons les plus grandes obligations, ne pouvant ſe refuſer à l'impatience de faire des ſyſtêmes, ſe flatteront quelquefois trop tôt d'expliquer les découvertes qu'ils auront faites. Heureux celui qui viendra dans un temps qui lui fournira aſſez d'obſervations pour n'avoir pas beſoin d'imaginer.

ver, les philoſophes les plus ſages avoient bien de la peine à ſe borner à l'obſervation.

Mon deſſein n'eſt pas de vous faire l'hiſtoire de toutes les découvertes; encore moins de vous expliquer toujours comment elles ont été faites & comment on s'en s'aſſure. Il ne faut pas oublier que ces leçons ne ſont qu'une introduction à l'étude de l'hiſtoire. Sans vous parler de toutes les erreurs, je vous en ai fait con-

Il faut étudier la philoſophie pour apprendre comment on évite l'erreur & comment on acquiert des connoiſſances.

noître affez pour vous faire voir comment on
fe trompe : fans vous parler de toutes les vérités, il s'agit actuellement de vous faire voir
comment on doit fe conduire pour être affuré
d'en trouver.

La vraie mé-
thode a été
connu avant
qu'il y eût des
philofophes.

Le croiriez vous, Monfeigneur ? c'eft une
des premieres chofes qu'on ait fues. Oui, on
connoiffoit la vraie méthode de découvrir des
vérités, avant qu'il y eut des Thalès, des Pythagore, des Zoroaftre, en un mot, avant
les temps de tous les philofophes, dont les noms
font venus jufqu'à nous. Ce qui vous étonne-
ra peut-être davantage, c'eft que je ne vous
dis rien que vous ne fachiez.

En effet dès
l'origine des
fociétés, les
hommes ont
fu qu'il fal-
loit obferver
pour s'inftrui-
re.

Rappellez vous le temps où vous avez vu
les fociétés commencer ; & où les hommes,
encore fans expérience, voyoient la terre comme une furface plane, & les cieux comme une
voûte à laquelle tous les aftres étoient attachés.
Ce font ces hommes ignorants qui ont fu fe
mettre tout-à-coup dans le chemin de la vérité : car vous les avez vus commencer par obferver la terre & les cieux.

C'eft ainfi
qu'ils fe font
fait une idée
de la rondeur
de la terre,

En voyageant dans la direction de la méri-
dienne, ils remarquerent que les étoiles s'éle-
voient vers un pole ; & qu'il en paroiffoit de
nouvelles ; tandis qu'à l'autre pole il en difpa-

roiſſoit, & que toutes s'abaiſſoient. Ils virent
de même que le moment, où les aſtres ſe mon-
trent à l'horiſon, & celui où ils s'élevent à peu-
près au méridien, arrivent plutôt pour ceux
qui avancent vers l'orient, & plus tard pour
ceux qui marchent vers le côté oppoſé. De ces
obſervations ils conclurent la rondeur de la
terre.

Les éclipſes ſolaires leur firent connoître que de la diſtance
des aſtres ;
la lune eſt plus près de la terre que le ſoleil;
comme un nuage en eſt plus près que la lune,
puiſqu'il la cache. Alors ils commencerent à
ſoupçonner que les autres aſtres pourroient bien
n'être pas attachés à cette voûte apparente; &
ils ſe confirmerent dans cette conjecture, lorſqu'ils eurent obſervé le paſſage de venus ſur le
diſque du ſoleil. Ils furent ſans doute aſſez
long-temps, avant de faire la même obſervation ſur mercure. Mais ils continuerent d'obſerver, & après avoir remarqué que les aſtres étoient
plus près ou plus loin, ils eſſayerent d'en déterminer les différentes diſtances.

Quand des deux extrêmités d'une baſe on & qu'avant
Thalès & Py-
thagore ils ont
fait de gran-
des découver-
tes.
regarde un objet, on le rapporte à deux points
différents; & les deux rayons viſuels forment
un angle plus obtus ou plus aigu, à proportion
que l'objet eſt plus près ou plus loin. Cette
géométrie groſſiere étoit à la portée des plus

ignorants. Il ne s'agiſſoit que de la perfectionner, & de s'en ſervir pour meſurer les diſtances des corps élevés ſur l'horiſon. Il faut bien que dans les ſiecles antérieurs à ceux dont nous connoiſſons l'hiſtoire, ces recherches aient été faites avec beaucoup de ſuccès; puiſqu'auſſi haut que nous puiſſions remonter, nous voyons qu'on déterminoit déja, à peu de choſe près, les révolutions de la lune & celles du ſoleil. Une preuve encore plus grande, c'eſt qu'alors il y avoit des aſtronomes, qui penſoient que la terre tourne ſur ſon axe & autour du ſoleil; que les cometes ſont des planetes; & que les étoiles ſont autant de ſoleils, qui éclairent d'autres mondes. On ne peut pas préſumer qu'un ſyſtême, qui choque ſi fort les ſens, ait été uniquement l'ouvrage de l'imagination de ces aſtronomes. Je crois bien qu'ils n'étoient pas comme nous, en état de le démontrer, & qu'ils en auront conjecturé une partie par analogie : mais ces conjectures ſuppoſoient bien des obſervations.

Ils pouvoient déja former des conjectures ſur le ſyſtême du monde.

Les dernieres vérités tiennent ſi fort aux premieres, que lorſqu'on les connoît, on eſt toujours étonné qu'elles n'aient pas été découvertes plus tôt. En effet de la rondeur de la terre, on devoit naturellement conclure la gravitation de toutes les parties vers un centre commun; & en conſidérant les corps dont la

pefanteur eſt fenſible à peu de diſtance de la
ſurface, il étoit naturel de conclure encore
qu'ils peſeroient à une plus grande diſtance. La
lune peſe donc ſur la terre. Semblable à une
pierre, qui étant jetée horiſontalement, eſt
forcée par ſa gravité à décrire une courbe; elle
eſt un projectile, que ſa gravité retient dans
ſon orbite. Avec une moindre force de projection, elle tomberoit ſur la terre, & ſi elle ne
gravitoit pas, elle s'échapperoit par la tangente.

En partant de cette conjecture, l'analogie
conduiſoit rapidement à la gravitation univer-
ſelle. Alors on auroit tenu le vrai ſyſtême du
monde: on n'auroit plus cherché qu'à s'en aſſurer; & comme des obſervations déja faites l'a-
voient indiqué, on auroit vu que l'unique moyen de le démontrer, étoit de faire de nouvelles obſervations. On ſe ſeroit trouvé dans la
vraie route; & en quelque ſorte forcé à la ſuivre, on auroit tenté de découvrir les loix de la
gravité, de meſurer exactement la diſtance des
planetes au ſoleil, & de déterminer le temps
de leurs révolutions périodiques. En un
mot, on auroit continué d'obſerver juſqu'à
ce qu'on eût vu que les phénomenes concou-
roient tous à confirmer la gravitation univer-
ſelle, que quelques uns avoient d'abord fait
ſoupçonner.

Il est certain
qu'ils en fa-
voient affez
pour cela.

Vous voyez qu'il y a long-temps qu'on étoit
à portée de former au moins des conjectures fur
le véritable fystême du monde, s'il est vrai;
comme je le suppofe, que la fphere, telle que
Copernic l'a décrite, étoit connue avant le fiecle de Thalès & de Pythagore. Or, cela n'est
pas douteux, puifque nous la trouvons dans les
Pythagoriciens ; & que l'école ionique avoit à
ce fujet des connoiffances affez exactes pour
prédire des éclipfes & tracer des cadrans folai-
res. Or, fi ces philofophes avoient imaginé la
fphere d'après leurs obfervations, ils ne nous
l'auroient pas laiffé ignorer; & il est vraifem-
blable qu'ils auroient continué d'obferver, s'ils
en avoient connu la néceffité & l'avantage par
leur propre expérience. Mais Pythagore & Thalès ayant pris cette doctrine chez les barbares
qui ne s'expliquoient jamais qu'à demi, l'adop-
terent fans réfléchir affez fur les phénomenes
qui en étoient le fondement, & fans chercher
à la confirmer par de nouvelles obfervations.
Il paroît au moins qu'ils n'ont pas beaucoup
contribué aux progrès de l'aftronomie. Je dois
cependant remarquer qu'Anaxagore difoit que
les aftres font des corps pefants; & que lorfqu'on lui demandoit pourquoi ils ne tomboient
pas fur la terre, il répondoit que leur mouvement circulaire les en empêchoit. Il avoit donc
une idée des deux forces, qui retiennent les planetes dans leurs orbites.

Vous

Vous comprendrez pourquoi dès la naissance des sociétés les hommes ont été obligés de commencer par observer, si vous considérez qu'ayant à déterminer les saisons, il ne suffisoit pas pour eux d'imaginer le cours des astres, & qu'il falloit le découvrir. D'ailleurs tant qu'ils n'avoient encore rien remarqué, ils ne pouvoient encore rien imaginer; & leurs hypotheses, s'ils en avoient fait, auroient été bientôt démenties par l'expérience, & les auroient forcés à revenir aux observations. Mais lorsque les sociétés ont cru avoir à peu-près toutes les connoissances qui leur étoient nécessaires, elles ont livré le monde aux philosophes, qui ne sentant plus le même besoin d'observer, & trouvant même cette voie trop longue, se sont flattés de tout découvrir en imaginant. Voilà pourquoi la physique a fait si peu de progrès pendant plus de deux mille ans.

C'est le besoin de déterminer les saisons, qui les avoit mis dans la nécessité d'observer.

La chymie & l'astronomie sont les seules parties de la physique, qui ayent toujours été cultivées plus ou moins, même dans les siecles d'ignorance. C'est que ceux qui vouloient passer pour magiciens & pour astrologues, avoient besoin d'en faire quelque étude, afin de pouvoir abuser de la crédulité des peuples. Comme l'objet qu'ils se proposoient, ne demandoit pas des connoissances bien profondes, on peut juger que ces sciences leur doivent peu de cho-

Dans les siecles d'ignorance on n'a cultivé la chymie & la physique, que pour abuser de la crédulité.

se. Quoi qu'il en soit, il importe peu de savoir, si des imposteurs ou des visionnaires ont fait par hasard quelques découvertes ; il est bien plus utile de chercher le progrès des sciences dans les travaux des bons esprits.

Naissance de l'astronomie moderne.

L'astronomie moderne est née en Allemagne, dans le quinzieme siecle. Elle dut ses premiers progrès à Peurbach & à son disciple Regiomontanus, qui sentirent l'un & l'autre la nécessité d'observer pour s'assurer d'une hypothese. Quelques autres astronomes furent aussi assez sages, pour se borner à l'observation : mais Copernic, qui leur succéda, les a presque fait oublier. Il naquit à Thorn en Prusse en 1473.

Systême de Copernic.

Frappé de la confusion qu'il remarquoit dans l'hypothese de Ptolomée, il chercha s'il n'en trouveroit pas une plus simple dans les écrits des anciens philosophes ; & ayant trouvé dans Cicéron & dans Plutarque, des traces de celle des Pythagoriciens, ce fut un trait de lumiere pour lui. Tous les mouvements célestes lui parurent réglés avec ordre, lorsqu'il put imaginer la terre tournant sur elle-même, & décrivant un orbite autour du centre du monde, où il plaçoit le soleil. Bientôt chaque planete eut son orbite. Considérant néanmoins qu'une hypothese, qui satisfait aux phénomenes généraux,

peut être démentie par des phénomenes parti-
culiers, il voulut, avant de la publier, faire des
obfervations, & il en fit pendant près de trente-
fix ans. Encore eût-il defiré de ne communiquer
fes vues qu'à fes amis, parce qu'il prévoyoit les
cris de l'ignorance & de la fuperftition : cependant preffé par leurs inftances redoublées,
il les donna au public en 1543. Il ne fut
pas témoin du grand fcandale qu'il a caufé :
car il mourut, lorfque fon ouvrage venoit
d'être imprimé.

Attaqué par les péripatéticiens & par les
théologiens, & défendu par les bons aftrono
mes, le fyftême de Copernic excitoit de grandes difputes, lorfqu'en 1615 l'inquifition condamna comme formellement hérérique, fauffe
& abfurde en philofophie, l'opinion qui met
le foleil immobile au centre du monde ; & comme erronnée dans la foi, celle qui donne un
mouvement à la terre. Alors précifément ce
fyftême venoit d'être confirmé par de nouvelles
obfervations, dont l'hiftoire va vous apprendre d'autres découvertes.

L'inquifition le condamne, lorfque de nouvelles obfervations le confirmoient.

Au treizieme fiecle, quelqu'un s'étant avifé
de regarder au travers des verres convexes &
concaves, découvrit en partie l'ufage qu'on en
pouvoit faire ; & on inventa des lunettes à verres fimples. Ce ne fut qu'environ trois cents

Découverte du télefcope.

ans après, vers 1590, qu'un autre hasard sit découvrir le télescope. On regarda à travers deux verres dont l'un étoit concave & l'autre convexe, ils se trouverent heureusement à une distance convenable, & on les mit aux deux bouts d'un tuyau : tels furent les premiers télescopes à réfraction : ils paroissent avoir été plutôt trouvés qu'inventés.

Galilée en fait un, qui augmente trente-trois fois le diametre des objets.

Cette découverte se répandit assez lentement : car ce ne fut qu'en 1609, que Galilée, étant à Venise, en entendit parler pour la premiere fois. Observateur & mathématicien, il ne regarda pas cet instrument comme un simple objet de curiosité. Il en chercha la construction dans la théorie des réfractions de la lumiere, & il en fit un qui augmentoit les objets trois fois en diametre. Ce premier essai lui ayant réussi, il parvint après d'autres tentatives, à construire un télescope, qui augmentoit environ trente-trois fois.

Avec ce télescope il découvre des inégalités dans la lune.

Il le tourna vers la lune, qui sortant alors de la conjonction, commençoit à se rendre visible. Il remarqua que les confins de la lumiere & de l'ombre étoient terminés fort irréguliérement, & il apperçut même dans les ombres, des points de lumiere séparés des autres parties éclairées. Il en conclut avec raison, qu'il y a des inégalités sur la surface de la lune, comme

fur celle de la terre. Ayant même voulu mefurer la hauteur d'une de ces éminences, il démontra par un procédé géométrique qu'elle eft
beaucoup plus élevée qu'aucune des montagnes
de notre globe.

Obfervant enfuite la voie lactée, il donna
beaucoup de vraifemblance à l'opinion de ceux
qui la jugent formée d'une multitude d'étoiles:
car il en apperçut plus de cinq cents dans l'o-
rion feul, & un grand nombre encore dans d'autres conftellations.

Il découvre plus de 500 é-toiles dans l'orion feul.

Peu après, le 8 Janvier 1610, il vit trois
étoiles auprès de Jupiter. Il les prit d'abord
pour des fixes, qui échappoient à l'œil nu. Le
lendemain ayant encore obfervé cette planete,
il reconnut qu'elles avoient changé de pofition.
Continuant d'obferver, il en apperçut une quatrieme. Il découvrit donc que jupiter eft accompagné de quatre lunes, & au commencement de 1613 il ofa prédire leurs configurations
pour deux mois confécutifs. Il leur donna le
nom d'aftres de Medicis, mais celui de fatellites leur eft refté.

Il découvre les fatellites de jupiter.

Copernic avoit dit que venus doit avoir des
phafes comme la lune. Impatient de confirmer
une chofe qui paroiffoit tout-à-fait probable,
Galilée obferva cette planete ; & il la vit en

Il découvre les phafes de venus, deux globes qui ac-compagnoient

P 3

croiſſant dans les environs de ſa conjonction inférieure , demi-pleine vers ſes plus grandes élongations du ſoleil, enfin pleine ou preſque pleine dans le voiſinage de ſa conjonction ſupérieure. Mais ſaturne l'étonna fort: car il lui parut accompagné de deux globes, qui ne changeoient point de poſition. Il ne put pas encore diſtinguer les deux anſes que formoit l'anneau. Enfin il découvrit dans le ſoleil des taches , qui lui firent appercevoir que cet aſtre tourne ſur ſon axe.

Ces taches & les inégalités de la lune établiſſoient la reſſemblance des corps céleſtes avec la terre : les ſatellites de jupiter faiſoient comprendre comment la lune accompagne notre globe : les phaſes de vénus démontroient la révolution périodique de cette planete : & l'analogie forçoit à juger que la terre n'eſt pas immobile au centre du monde.

Ce fut alors que pour arrêter les progrès de l'héréſie copernicienne , des théologiens péripatéticiens citerent Galilée au tribunal de l'inquiſition. Cet aſtronome jugeant qu'il n'eſt pas néceſſaire de ſouffrir le martyre pour des faits dont tout le monde peut s'aſſurer, & que quand il s'obſtineroit à reſter en priſon, il n'ouvriroit pas les yeux à des hommes, qui n'obſervoient pas le ciel matériel , convint de tout ce qu'on exigea de lui, & recouvra sa liberté au commencement de 1616.

Plusieurs années après, en 1632, il acheva des dialogues dans lesquels il feignoit de vouloir prouver que les docteurs, qui condamnoient le système de Copernic, n'étoient pas aussi ignorants qu'on le prétendoit; & en faveur de ce motif, on lui permit l'impression de son livre. Mais parce que l'interlocuteur qui soutenoit l'immobilité de la terre, n'avoit pas raison, quoiqu'il montrât tout le savoir d'un inquisiteur, on s'en prit à l'auteur de l'ouvrage. Galilée, cité de nouveau, fut encore contraint à se rétracter. On le condamna à une prison perpétuelle en punition de sa rechûte; & au bout d'un an, par grace singuliere, on lui donna le territoire de Florence pour prison. Cet homme célebre perdit la vue en 1636, & mourut en 1642. Il étoit né à Pise en 1564.

Une des objections qu'on faisoit contre le système de Copernic, étoit fondée sur l'autorité d'Aristote, qui supposant que tous les corps graves tendent au centre du monde, & voyant qu'ils tendent au centre de la terre, concluoit que ces deux centres sont dans un même point.

Copernic avoit prévenu cette difficulté, en disant que la pesanteur est l'effet de la même

P 4

caufe, qui force toutes les parties de la terre à
fe réunir de maniere à former un globe ; & il
jugeoit que le même phénomene avoit lieu dans
toutes les planetes. Vous voyez qu'il commence à fe faire une idée de la gravitation univer-
felle.

Une autre objection eft que, fi la terre
tournoit fur fon axe, toutes fes parties fe diffi-
peroient ; comme on voit les gouttes d'eau,
dont la circonférence d'une roue eft chargée,
s'écarter dès que la roue tourne avec quelque
vîteffe.

Il femble que les Coperniciens, qui avoient
fi bien répondu à la premiere, devoient répondre à la feconde, que les parties de la terre ne
fe diffipent pas, parce qu'elles tendent au centre avec un force fupérieure à celle qui paroît
les devoir écarter. En effet, on démontre aujourd'hui que la force centripere eft environ
dix - fept fois plus grande que la force centrifuge. Il falloit donc feulement conclure
que la terre eft plus élevée fous l'équateur, &
que fi l'expérience venoit à confirmer cette
conjecture, on auroit une nouvelle preuve
de fa rotation. Mais les Coperniciens qui
confervoient encore malgré eux quelque refte
de péripatétifme, répondirent en prenant pour
principe la vieille divifion du mouvement en

rectiligne & circulaire. Le mouvement circulaire, dirent - ils, ne diffipe pas les parties de la terre, parce qu'il leur eft naturel; au lieu qu'il ne l'eft pas aux gouttes d'eau qui font attachées à la circonférence d'une roue.

On objectoit encore qu'une pierre qu'on laifferoit tomber du haut d'une tour ne tomberoit pas au pied, fi la terre tournoit d'occident en orient. A quoi on répondoit que dans un vaiffeau qui feroit à la voile, une pierre tombant du haut du mât, fraperoit au pied le tillac. Cette expérience familiere aux matelots, n'étoit pas connue de tous les philofophes; & Gaffendi fut enfin obligé de la faire.

Autre objection.

Cette expérience, auparavant mal faite, avoit trompé Tycho-Brahé, qui prenant à la lettre quelques paffages de l'écriture, mit la terre au centre du monde, & la priva de tout mouvement: pour prendre un milieu entre l'ancien fyftême & le nouveau, il fuppofa que toutes les planetes tournent autour du foleil, & qu'en même temps elles accompagnent cet aftre dans la révolution diurne & annuelle, qu'il lui fait faire autour de notre globe. C'étoit conferver ce qu'il y a de plus choquant dans le fyftême de Ptolomée. Defcar-

Elle trompe Tycho-Brahé. Syftême de cet aftronome.

tes voyant les perfécutions qu'on faifoit à Galilée, paroît avoir cherché à fe concilier avec ceux qui s'obftinoient à croire l'immobilité de la terre; car il définit le mouvement, *le tranfport d'un corps de la proximité de ceux auxquels il touchoit, & qu'on regarde comme en repos par rapport à lui.* En conféquence, il pouvoit dire que la terre eft immobile, puifqu'elle ne s'éloigne point du fluide qui l'environne. Mais c'eft définir le mouvement rélatif ou apparent, au lieu du mouvement abfolu ou réel.

Ses découvertes. Tycho-Brahé étoit danois. Il a précédé Galilée, étant né en 1546 & mort en 1601. Fort exact & plein de fagacité, il a rendu de grands fervices à l'aftronomie par la juftefle de la plupart de fes obfervations. Il découvrit la réfraction des rayons de lumiere dans l'athmofphere, ou du moins il la vit beaucoup mieux que ceux qui l'avoient apperçue avant lui, & il la foumit au calcul. Il fit fur les inégalités de la lune plufieurs découvertes, qui ont fort perfectionné la théorie de cette planete. Il détermina le lieu d'un grand nombre d'étoiles fixes. Il démontra que les cometes font beaucoup plus élevées que la lune, parce qu'elles n'ont qu'une très petite parallaxe. Enfin il a laiffé un grand éleve: je veux parler de Képler.

La paffion de Képler étoit de découvrir la raifon des chofes. A peine commençoit-il à étudier l'aftronomie, qu'il voulut favoir pourquoi il y avoit fix planetes; pourquoi les dimenfions de leurs orbites étoient telles que Copernic les avoit obfervées; & quelle étoit la loi de leurs révolutions. Rempli des analogies myftérieufes des Pythagoriciens, il crut avoir déterminé le nombre des planetes & leur diftance au foleil, en confidérant feulement les propriétés des nombres & des figures; & il publia fes prétendues découvertes en 1593. Il étoit jeune encore, puifqu'il n'avoit alors que vingt-deux ans, étant né en 1571, dans le duché de Wirtemberg.

Képler, jeune encore, fait un mauvais fyftême.

Tycho-Brahé, à qui il envoya un exemplaire de fon livre, démêla du génie parmi les rêves du jeune aftronome. Il lui confeilla de ne pas fe preffer de chercher les caufes, & de commencer par s'affurer des phénomenes. Képler qui a publié lui-même le confeil que cet homme fage lui avoit donné, eut la fageffe d'en profiter. Il fe rendit à Prague auprès de lui: il n'eut plus d'autre objet que de partager les travaux de ce grand aftronome; & lorfqu'il le perdit, en 1601, il fe trouva dans une route, qui le devoit conduire à de nouvelles découvertes.

Corrigé par Tycho-Brahé, il obferve.

Il détermi-
ne l'ellipse de
mars.

Jufqu'alors on croyoit que les planetes
étoient emportées d'un mouvement uniforme
dans les orbites circulaires. Képler, en obfervant mars, découvrit le faux de cette hypothe-
fe. Il foupçonna d'abord que cette planete dé-
crivoit une ovale : il en détermina fort bien
l'excentricité, & il fe flatta d'en avoir tracé le
cours. Mais lorfqu'il en revint aux obfervations, il ne les trouva d'accord avec fes calculs, que lorfque cette planete étoit aphélie &
périhélie. Hors de-là, les diftances calculées fe
trouvoient plus grandes que les diftances obfervées, fur-tout à mefure que mars approchoit
des lieux moyens. Il reconnut donc que l'o-
vale qu'il avoit fuppofée, avoit le défaut d'ê-
tre trop renflée. Il voulut la corriger ; & il en
imagina une autre trop applatie, de forte
que mars qu'il croyoit déja tenir, lui échap-
pa une feconde fois. Alors cherchant un milieu entre l'ovale & le cercle, il imagina
une ellipfe à laquelle la planete voulut bien
s'affujettir.

Premiere ana-
logie de Kép-
ler.

Dès qu'il eut déterminé cette ellipfe, il
n'eut pas de peine à s'affurer, que mars, plus
lent vers fon aphélie, étoit plus vîte vers fon
périhélie; & que fon mouvement réellement
inégal, varioit de maniere qu'un rayon, tiré de
cette planete au foleil, balayoit des aires égales en temps égaux. Telle eft la premiere loi

que Képler découvrit, & qu'il retrouva encore dans les révolutions des quatre satellites de jupiter. C'est pourquoi il la regarda comme une loi, qui regle le mouvement de toutes les planetes.

Ayant ensuite confidéré que les planetes, placées à des diftances différentes du foleil, font auffi leurs révolutions dans des temps différents; il conçut qu'il feroit poffible de découvrir quelque analogie entre les diftances & les temps périodiques. Il vit d'abord que faturne devroit achever fa révolution dans neuf ans & demi, s'il avoit une vîteffe égale à celle de la terre, puifqu'étant neuf fois & demi plus loin du foleil, il décrit auffi une orbite neuf fois & demi plus grande. Or, la révolution de cette planete eft d'environ vingt-neuf ans. Les temps périodiques augmentent donc dans une plus grande proportion que les diftances. Cependant ils n'augmentent pas non plus en raifon du quarré de ces mêmes diftances, puifqu'alors la révolution de faturne feroit de quatre-vingt-dix ans. La vraie proportion des temps périodiques doit donc fe trouver entre celle des diftances & celle des quarrés des diftances. Képler dit qu'après être tombé à ce fujet dans plufieurs méprifes, il découvrit enfin le 15 mai 1618, que les quarrés des temps périodiques des planetes font toujours

Seconde analogie.

dans la même proportion que les cubes de leur diftance moyenne au foleil. Les fatellites de jupiter confirmerent encore cette découverte ; & depuis cet aftronome, toutes les obfervations & tous les calculs en ont donné de nouvelles preuves. Vous favez quel jour ces deux analogies, auxquelles on a confervé le nom de Képler, répandent fur le fyftème du monde.

Képler a penfé fur la gravité comme Copernic. Il a même été plus loin : car il a dit que les actions combinées de la terre & du foleil font la caufe des irrégularitées de la lune ; que la lune & la terre fe réuniroient, fi elles n'étoient pas retenues ; que le flux & le reflux font l'effet de l'attraction de la lune ; & que toutes les planetes gravitent vers le foleil. Cependant il falloit qu'il conçut encore bien imparfaitement cette gravitation ; puifque dans la fuite il l'abandonna tout-à-fait pour d'autres principes fort extraordinaires. Car il imagina comme répandue dans l'efpace, une certaine image immatérielle, qui, fortant du foleil, enveloppoit les planetes, & les forçoit à tourner avec elle autour de cet aftre. On lui reproche encore beaucoup d'autres idées de cette efpece. Telle eft, par exemple, l'analogie qu'il a cru trouver entre les mouvements des corps céleftes & les fept tons de la gamme. Mais il ne faut pas le juger d'après des opinions qui sont un reste de l'esprit ténébreux de tant de siecles, & qui doivent seulement nous étonner davantage, quand nous considérons la lumiere que cet astronome a répandue.

CHAPITRE VI.

Naiſſance de pluſieurs ſciences. L'al-
gebre, l'analyſe, principes de mé-
chanique, loix du mouvement, l'hor-
loge à pendule.

Képler & Galilée ſont l'époque où la philoſophie commence. Les ſuccès de ces deux
obſervateurs ouvrent enfin une route, dans laquelle pluſieurs hommes de génie vont entrer.
On va continuer d'obſerver; on cherchera les
cauſes en remontant de phénomenes en phénomenes; & on renoncera peu à-peu aux hypotheſes & aux principes vagues.

Dès que nous ne cherchons plus la nature
dans notre imagination, l'étude que nous nous
propoſons n'a plus de bornes: elle embraſſe
l'univers. La philoſophie n'eſt plus la ſcience
d'un homme, qui médite les yeux fermés: c'eſt
l'hiſtoire de la nature: elle tient à tous les arts.
Combien donc ne faudra-t-il pas acquérir de
connoiſ-

connoiſſances pour y faire des progrès? & dans combien de genres?

Auſſi les ſciences déja connues vont s'étendre, & de nouvelles vont naître. Une découverte mettra dans la néceſſité d'en faire d'autres. Les objets d'étude ſe multiplieront : on ne pourra pas ſe borner à un ſeul : la vue ſe portera toujours au delà : on embraſſera tous les jours davantage : on étudiera une multitude d'arts & de ſciences à la fois.

Le téleſcope, encore imparfait, paroît n'avoir été trouvé que pour nous montrer une ſcience, dont nous connoiſſions à peine quelques éléments. Si nous le voulons perfectionner, il faudra obſerver les rayons depuis le corps lumineux juſqu'aux ſurfaces qu'ils éclairent; découvrir comment ils ſe réfléchiſſent, comment ils ſe briſent en paſſant d'un milieu dans un autre, ſuivre par-tout le chemin qu'ils tracent, expliquer le phénomene de la viſion; & nous formant de nouveaux yeux, voir les objets qui juſqu'ici nous ont échappé par leur éloignement ou par leur petiteſſe. Ainſi de l'optique mieux connue naîtront la catoptrique & la dioptrique.

De l'optique perfectionnée naîtront la catoptrique & la dioptrique.

A meſure que nous connoîtrons mieux l'aſtronomie, nous perfectionnerons la géographie

L'aſtronomie, alors mieux

Tom. XV. Q

sonnue , per-
fectionnera la
géographie &
la navigation,
& ce sera une
nécessité d'é-
tudier les mé-
chaniques.

& la navigation. Mais pour étudier ces sciences avec succès , il sera encore nécessaire d'é-
tudier les loix du mouvement. Il faudra développer les principes de la méchanique; &
c'est alors que les objets d'étude se multiplieront sans fin.

Pour réussir
dans ces scien-
ces , il faudra
être géométre.

Cependant il ne suffira pas d'amasser des
expériences & des observations. Il faut encore
rendre raison des phénomenes , faire servir la
nature à nos usages , connoître par conséquent
ses forces , les loix qu'elle suit, la régler en
quelque sorte nous - mêmes. Or, c'est à
quoi nous ne réussirons , qu'autant que nous
suivrons la génération des effets, non - seulement en observant, mais encore en me-
surant & en calculant. La géométrie nous
deviendra donc absolument nécessaire. ┐

Ce sera donc
encore une né-
cessité de per-
fectionner la
géométrie.

Les objets de nos recherches venant à s'é-
tendre & à se multiplier, les rapports en seront plus compliqué ; & les problêmes plus
difficiles à résoudre. Mille obstacles nous arrê-
teront par conséquent à chaque pas, si la géométrie ne se perfectionne pas encore. En un
mot la géométrie doit être appliquée à la méchanique , & ces deux sciences doivent l'être ensemble à toutes les parties de la philosophie,
& se perfectionner avec elles.

Voilà, Monfeigneur, les fciences, qui vont occuper plufieurs grands efprits pendant le cours du dix-feptieme fiecle. Voyons-les dans leurs commencements: ce feroit un trop grand ouvrage que de les développer en entier; & puis, fi nous voulons dire la vérité, nous n'en favons pas affez, ni vous ni moi, pour les fuivre jufqu'au bout.

Voila les ob-jets qui vont occuper les génies du dix-feptieme fiecle.

Les fciences doivent leurs progrès aux méthodes rendues plus fimples; & fi elles en ont fait de fi lents pendant plufieurs fiecles, c'eft que rien n'eft fi difficile que de fimplifier.

Les fciences doivent leurs progrès à la fimplicité des méthodes.

Avant l'ufage des chiffres arabes, l'art de calculer, fi néceffaire pour fuivre les procédés de la nature, ne pouvoit être que très-borné. Les problèmes ne fe pouvoient réfoudre qu'à force de tête, & ils devenoient impoffibles pour peu qu'ils fuffent compliqués. Ce fut vers l'an 960 ou 970 que les chiffres arabes commencerent à s'introduire dans l'églife d'occident: on en eut l'obligation à Gerbert, depuis pape, fous le nom de Silveftre II. Mais il fe paffa plufieurs fiecles encore, avant qu'ils fuffent généralement connus.

L'art de calculer en eft la preuve.

L'algebre eft aux chiffres arabes ce que ceux-ci font aux chiffres romains: ce n'eft qu'une méthode plus fimplifiée. Nous la devons encore aux Arabes: ce fut Léonard de Pife qui

Q 2

l'apporta en Italie au commencement du quinzieme fiecle. Elle y fit d'abord des progrès affez rapides.

Effayez de divifer deux cents quatre mille
neuf cents quatre-vingt-quatre, par fix cents
cinquante-fept, fans exprimer ces nombres autrement que je fais ; vos efforts feront inutiles,
ou vous n'en viendrez à bout qu'avec une grande contention d'efprit. Au contraire fi vous
vous fervez des chiffres arabes, la divifion ne
fera plus qu'une opération purement méchanique ; & vous trouverez d'un coup de plume
ce que vous cherchez. L'expreffion algébrique
eft encore plus abrégée. Elle renferme dans un
petit nombre de fignes ce qui demanderoit un
grand nombre de chiffres arabes. Elle dégage
les calculs dont les rapports trop multipliés fa-
tigueroient l'efprit ; & par fon moyen on réfout
des problêmes qu'il feroit difficile de réfoudre
autrement, ou que même on ne réfoudroit pas.
Vous favez tout cela, Monfeigneur, (*) & je ne
vous le rappelle, que pour vous faire comprendre que comme on n'a d'abord perfectionné l'art
de calculer, qu'autant qu'on a imaginé des méthodes plus fimples; on ne continuera de le perfectionner encore, que parce qu'on imaginera de
nouveaux moyens, qui fimplifieront davantage.

(*) Mr. de Keralio avoit enfeigné les mathématiques au
prince.

L'algébre n'étoit pas au quinzieme siecle telle que vous la connoissez. Les méthodes dont on faisoit usage, se bornoient à un certain nombre de cas, & ne fournissoient que des solutions particulieres. Les expressions algébriques n'étoient pas même encore assez simples. Ce fut au seizieme siecle, que Jean Borel, françois, plus connu sous le nom de Buteo, se servit le premier des lettres de l'alphabet; encore ne les employa-t-il que pour désigner les quantités inconnues. Après lui, François Viete, autre françois, imagina d'exprimer encore les quantités connues par ces lettres, & ce seul changement rendit le calcul plus facile & plus lumineux.

C'est ainsi que l'algébre s'est perfectionné

Vous concevez qu'un art est plus parfait, à proportion qu'on le réduit à un plus petit nombre de regles; à quoi on ne peut parvenir, qu'en trouvant des regles plus générales. Or, Viete, s'occupant de cette recherche, découvrit des solutions générales pour des cas, qui auparavant demandoient chacun des solutions particulieres. Toutes ses méthodes étoient simples & ingénieuses; & l'algebre fit de si grands progrès par ses travaux, qu'on regarde ses découvertes comme le germe de celles qui ont été faites après lui.

Viete est encore le premier qui ait appliqué l'algébre à la géométrie. A cet égard Des-

& que la géométrie à la

cartes a néanmoins la gloire de l'invention; par la sagacité avec laquelle il a réussi. A la vérité, il paroît bien facile d'exprimer avec des signes algébriques des lignes & des rapports de lignes: mais le sort des méthodes, lorsqu'elles sont connues, est toujours d'étonner d'autant moins qu'elles sont plus simples; & cependant leur simplicité même est souvent ce qui avoit empêché de les découvrir. Il ne suffisoit pas de voir qu'on peut se servir en géométrie des lettres de l'alphabet; il falloit encore savoir juger des avantages que l'analyse algébrique procureroit à cette science, & trouver des méthodes générales pour en faire l'application avec succès. C'est dans cette partie sur-tout, qu'au jugement des meilleurs mathématiciens, Descartes montre un génie supérieur. Il développa la théorie des courbes avec une sagacité singuliere: il l'étendit à quantité de problèmes difficiles, que la simplicité de ses méthodes rendoit cependant faciles à résoudre: & la géométrie prenant un nouvel essor, fut propre à répandre un nouveau jour sur toutes les parties de la physique, auxquelles on l'applique. Dans le même temps la France avoit un autre géometre, qui faisoit voir presque autant d'invention que Descartes, & qui ayant imaginé des méthodes quelquefois plus simples, a mis sur la voie pour en trouver de plus générales encore. C'est Fermat, conseiller au parlement de Toulouse.

La géométrie des anciens étoit bornée par l'imperfection de ses méthodes. Comme elle étoit assujetie à procéder par une suite de raisonnemens développés, les rapports s'embarrassoient, lorsqu'ils se compliquoient à un certain point, & ils échappoient enfin à l'esprit. En effet, s'il est certain que l'évidence consiste dans l'identité, il ne l'est pas moins que l'identité ne sera sensible qu'à proportion que nous rapprocherons davantage les termes identiques, en substituant une expression abrégée à de longs raisonnemens ; c'est alors qu'on verra sans peine, ou même sans effort, ce qu'on ne pouvoit pas appercevoir auparavant. Tel est l'avantage de l'analyse de Descartes.

Les méthodes se simplifient en substituant des expressions abrégées : c'est ce qui fait l'analyse de Descartes.

La géométrie étoit alors cultivée avec émulation. Vous comprenez que les nouvelles vues des Descartes n'ont pas peu contribué à entretenir ou même à augmenter le goût de cette étude : pour peu qu'on l'aimât, il étoit naturel de l'aimer davantage. On se trouvoit transporté dans un nouveau pays, où tout excitoit la curiosité, & où chacun se flattoit de faire des découvertes. On cherchoit donc : on imaginoit des problêmes difficiles : on se faisoit des défis : c'étoit à qui auroit l'avantage de l'invention. Le pere Mersenne, en relation avec tous les savants, & savant lui-même, avoit surtout le talent d'élever des questions curieuses,

Du temps de ce philosophe, & depuis on a cultivé la géométrie avec passion, & l'analyse s'est perfectionnée de plus en plus.

Q 4

& d'entretenir dans les esprits cette fermentation, qui hâte les progrès des sciences.

Il est des temps où il semble que le génie
devienne contagieux. Cette contagion, qui ne
gagne pas dans tous les siecles, gagna de plus
en plus depuis Descartes jusqu'a la fin du dix-
septieme, & au delà. On inventa de nouvelles méthodes, on les généralisa, on les sim-
plifia, on se fit encore des défis. Wallis, Gré-
gori & Barrow se distinguerent sur-tout dans
cette carriere. Le dernier, en simplifiant une
des méthodes de Fermat, fut au moment de
trouver le calcul différentiel: il ne lui restoit
qu'à généraliser un peu plus. Mais cette découverte étoit réservée à Newton. C'est ainsi que l'analyse fut successivement portée à un
point de perfection, où je ne crois pas que
vous vouliez la suivre. Comme vous connoissez de réputation les autres grands géometres,
je ne vous les nommerai pas, & je passe à autre chose.

Il n'y a point de repos absolu dans l'univers: tout corps se meut réellement. Ce que
nous nommons repos, n'est que l'état d'un
corps qui ne change pas de situation par rapport à d'autres. Le repos n'est qu'apparent.

Par-tout où nous croyons appercevoir du
repos, il y a une tendance à un mouvement relatif; & tout corps qui nous paroît immobile,
se mouvroit à nos yeux, si ses efforts pour se

Il n'y a point de repos réel.

*Il n'y a point de repos rela-
tif, sans une tendance au
mouvement.*

mouvoir n'étoient pas combattus par des efforts contraires. Tout ce qui se repose sur la terre, tend au centre; & ce qui est au centre, tend à la circonférence. En un mot, toutes les parties de la matiere ont une infinité de tendances en tous sens, puisqu'agissant mutuellement les unes sur les autres, chacune est attirée par toutes, & toutes sont attirées par chacune. Vous voyez par là combien dans le principe de la gravitation universelle les causes & les effets se compliquent.

Cette complication de cause & d'effets est ce que la méchanique se propose de démêler & de développer. Cette étude vaste se borne cependant à découvrir les loix du mouvement de l'équilibre; & vous concevez que ces loix étant une fois connues, on aura les principes de la méchanique.

C'est dans les loix du mouvement & dans celles de l'équilibre que sont les principes des méchaniques.

Pour réussir dans ces recherches, il ne suffit pas d'observer: il est évident qu'il faut encore mesurer, calculer; & l'analyse la plus délicate devient absolument nécessaire.

Pour les découvrir il faut donc mesurer & calculer.

La méchanique n'a donc pu faire des progrès, qu'autant que la géométrie en a fait elle-même. Cependant elles se suivent de si près, qu'elles marchent, pour ainsi dire, de front. Aussi les grands hommes dont j'ai déja parlé,

C'est pourquoi la méchanique & la géométrie se cultivent ensemble.

ont-ils cultivé l'une & l'autre en même temps.
Tâchons de nous faire une idée générale de
leurs travaux. Je suivrai l'ordre de leurs découvertes, & pour abréger, je parlerai peu de
leurs méprises.

Galilée fait
voir que des
corps de pe-
santeur inéga-
le tombent a-
vec la même
vitesse.

Le célebre Galilée s'est encore distingué
dans les méchaniques. Les péripatéticiens enseignoient, comme un axiome, que la vîtesse
des corps graves dans leur chûte est en même
raison que leur pesanteur. Galilée combattit
d'abord ce préjugé par une expérience. En présence d'un grand nombre de personnes que la
curiosité avoit attirées, il laissa tomber du haut
d'un dôme des corps de pesanteur fort inégale,
& tout le monde, jusqu'aux Péripatéticiens
mêmes, vit qu'il n'y avoit presque pas de différence dans le temps de leur chûte.

Il y auroit eu lieu de s'étonner, si cette expérience n'eût pas réussi : car la pesanteur d'un
corps n'est que la somme des pesanteurs des parties de matiere qui le composent, & plus de
pesanteur suppose seulement un plus grand
nombre de parties. Or, soit qu'on prenne ces
parties ensemble, soit qu'on les prenne séparément, en égale quantité, ou en quantité inégale, on ne peut pas présumer qu'elles tombe-
ront avec plus de vîtesse les unes que les autres. Dix pieces d'or, chacune d'une once, doi-

vent certainement tomber en même temps. Qu'on en réunisse neuf, elles n'en seront pas plus précipitées dans leur chûte pour avoir été réunies. Elles n'auront donc pas plus de vitesse qu'une piece d'une once.

Lorsque les corps n'ont pas la même densité, la résistance de l'air met une différence sensible dans le temps de leur chûte : mais vous savez que dans la machine pneumatique, la plume tombe avec la même vîtesse que l'or.

Cette expérience de Galilée souleva contre lui tous les vieux professeurs ; de sorte qu'il fut contraint de quitter Pise & de se retirer à Padoue, où on lui donna une chaire.

Alors moins contrarié, il s'occupa de recherches plus difficiles, & il découvrit les loix du mouvement accéléré dans la chûte des corps. Il démontra que dans les temps 1, 2, 3, 4, les espaces parcourus successivement sont 1, 3, 5, 7 ; & que tous pris ensemble, depuis le commencement de la chûte, ils sont comme le quarré des temps.

Il découvre les loix du mouvement accéléré dans la chûte des corps.

Il prit une longue piece de bois dans laquelle il fit creuser un canal ; & l'ayant inclinée de maniere que la lenteur du mobile lui permît de comparer le temps avec l'espace parcou-

Il fait voir que le long d'un plan incliné, elles sont les mê-

ru, il trouva toujours que dans un temps double l'espace étoit quadruple; dans un temps
triple, neuf fois aussi grand, &c. Cette expérience confirmoit ses raisonnements ; & faisoit
voir que le long d'un plan incliné l'accélération suit les mêmes loix que dans la direction
perpendiculaire.

mes, que dans une direction perpendiculaire. (margin note)

Pour se faire une idée plus précise du mouvement accéléré dans l'un & l'autre cas, il r-
présenta des plans inclinés par des lignes tirées
des extrémités du diametre d'un cercle , & il
représenta la direction perpendiculaire par le
diametre même. Quoique toutes ces lignes
fussent inégales, il démontra que le mobile les
parcouroit chacune dans le même temps, qu'il
auroit employé à parcourir le diametre.

L'idée qu'il s'en fait, lui découvre les loix du pendule dans ses vibrations. (margin note)

Cette théorie le conduisit à découvrir les
loix que le pendule suit dans ses vibrations. Il
en vit naître, comme une conséquence, la vérité d'une observation qu'il avoit déja faite.
C'est que les vibrations d'un même pendule
sont isochrones, c'est-à-dire, que les petites se
font dans le même temps que les grandes : il
faut néanmoins qu'elles soient toutes assez petites.

Comparant ensuite des pendules inégaux ;
il découvrit que dans un même temps le nom-

Il détermine le rapport de (margin note)

bre des vibrations eſt réciproquement comme la racine quarrée de la longueur, ou autrement que le quarré de ce nombre eſt réciproquement comme la longueur même. Alors pour meſurer la hauteur des voûtes des égliſes, il n'avoit plus qu'à comparer le nombre des vibrations des lampes qui y ſont ſuſpendues avec le nombre de celles que faiſoit dans le même temps un pendule d'une grandeur connue. Il en fit pluſieurs fois l'expérience.

la longueur du pendule au nombre des vibrations.

Le pendule lui ſervit encore à démontrer, que dans la chûte des corps la vîteſſe n'eſt pas comme la peſanteur. Car deux pendules égaux, dont l'un eſt chargé d'un poids dix fois plus peſant, font leurs vibrations dans le même temps à peu de choſe près.

Juſqu'alors on n'auroit pas imaginé qu'il fût poſſible de tracer la courbe que décrit un corps projeté obliquement. La choſe devint facile à Galilée. Il n'eut qu'à conſidérer le mouvement de projection modifié par le mouvement que produit la peſanteur, dont il connoiſſoit les loix ; & il trouva que cette courbe eſt une parabole. Cette derniere découverte lui fit ſur-tout beaucoup d'honneur : mais toutes doivent lui en faire : car nous y trouvons un germe, qui en ſe développant peu-à-peu, développera le ſyſtême du monde.

Il découvre la courbe que décrit un corps projeté obliquement.

Caftelli &
Torricelli ſes
diſciples.

Caſtelli & Torricelli, diſciples de Galilée, s'appliquerent particulièrement à l'hydraulique, partie des méchaniques, dont la connoiſſance eſt ſur tout néceſſaire en Italie. Le ſecond écrivit auſſi ſur les mêmes ſujets que ſon maître, & il ajouta de nouvelles vues à la théorie des mouvements accélérés. Mais ne voulant parler que des principales découvertes, je paſſe ſur ces détails, pour venir à la peſanteur de l'air.

On voyoit les
effets de la pe-
ſanteur de
l'air & on les
expliquoit par
l'horreur du
vuide.

Pluſieurs expériences démontroient la peſanteur de l'air. On en voyoit les effets dans les ſiphons, les pompes aſpirantes, &c., & on leur cherchoit une autre cauſe dans une certaine horreur, qu'on prétendoit que la nature a du vuide. Lorſque Galilée remarqua que les pompes aſpirantes n'élevent l'eau qu'à la hauteur de trente deux pieds; il en conclut ſeulement que la force de la nature pour éviter le vuide eſt limitée, & que la colonne d'eau en eſt la meſure. En conſéquence il faiſoit du vuide avec les poids qui détachoient un piſton du fond d'un tube.

Galilée, qui
croyoit l'air
peſant, tenoit
lui même à ce
préjugé.

Galilée n'ignoroit pas la peſanteur de l'air: il montre même comment on la peut prouver. Pourquoi donc faut-il que, tenant encore au préjugé de l'horreur du vuide, il n'imagine pas que la colonne d'eau peut être ſoutenue par le contrepoids d'une colonne d'air ? On croiroit qu'il auroit dû faire cette découverte, puisqu'il y touchoit. C'est ainsi que Viete de proche en proche eût pu découvrir jusqu'au calcul différentiel : mais il semble qu'il y ait un terme, où les plus grands esprits s'arrêtent d'eux-mêmes, sans avoir trouvé d'obstacles.

Torricelli franchit ce terme. Pour faire l'expérience du vuide en petit, il remplit de mercure un tube de verre scellé par l'un des bouts. Il jugeoit que quelle que fût la force qui soutenoit une colonne d'eau de trente-deux pieds, elle soutiendroit également tout autre fluide ; & que le mercure pesant environ quatorze fois autant que l'eau, il se soutiendroit à la hauteur d'environ vingt-huit pouces, s'il plongeoit l'orifice du tube dans un vase plein de mercure. Cette expérience ayant parfaitement réussi, Torricelli chercha la cause de ce phénomene, & soupçonna enfin que la masse d'air qui portoit sur le mercure extérieur, étoit le contrepoids qui soutenoit le fluide au dessus de son niveau. Il eût sans doute fait de nouvelles expériences pour s'assurer de cette découverte ; mais il mourut à la fleur de son âge, lorsqu'il pouvoit rendre encore de grands services à la philosophie.

L'expérience de Torricelli fit beaucoup de bruit. Le pere Mersenne, qui en fut informé

L'expérience du mercure qui se soutient dans un tube au dessus de son niveau, fait soupçonner la pesanteur de l'air à Torricelli.

1647

Pascal acheve de démontrer

la pesanteur de l'air.

le premier, en répandit la nouvelle dans Paris, où elle fut répétée ; & Pascal, alors âgé de vingt-trois ans, fit à ce sujet un traité, dans lequel il employoit le principe de l'horreur du vuide, & qui dès ce moment lui fit un nom. Ayant ensuite appris le soupçon que Torricelli avoit eu, il le vérifia en faisant l'expérience dans le vuide : car le mercure ne se soutint plus dans le tube. Il sentoit cependant qu'il falloit plus d'une preuve, pour combattre un vieux préjugé dont il ne s'étoit pas garanti. Il fit donc faire l'expérience de Torricelli sur le Puy-de-dome, haute montagne d'Auvergne. Or, la hauteur du mercure à mi-côte ayant été moindre de quelques pouces qu'au pied, & moindre encore au sommet, on ne put plus douter que ce fluide ne fût soutenu dans le tube par le poids de l'athmosphere. Pascal s'en assura lui-même à Paris : car étant monté sur une tour élevée d'environ vingt-cinq toises, il trouva dans la hauteur du mercure une différence de plus de deux lignes.

Descartes est le premier qui ait expliqué par la pesanteur de l'air l'expérience du mercure suspendu dans le tube.

Descartes au reste est le premier qui ait rejeté le principe de l'horreur du vuide. Avant que Torricelli eût formé ou communiqué ses soupçons sur la suspension du mercure, il l'avoit lui-même expliquée par le poids de l'air. Il prédit le succès de l'expérience qu'on se proposoit de faire sur le Puy-de-dome ; & il pourroit bien en en avoir donné l'idée à Pascal : il la revendique au moins dans une de ses lettres. Quand on pense à la sagacité de ce philosophe, on regrette qu'il ait préféré le plaisir d'imaginer à celui d'observer.

Après la découverte de la pesanteur de l'air, les loix du mouvement devinrent le principal objet des recherches des physiciens géometres. Descartes s'en étoit déja occupé, & avoit établi pour loix générales, que le mouvement subsiste dans un corps avec la même vîtesse & la même direction, tant qu'aucun obstacle ne le détruit pas, ou n'en change pas la vîtesse & la direction ; que tout mouvement ne se fait de sa nature qu'en ligne courbe, que parce que sa direction est continuellement changée par quelque obstacle ; en sorte que si l'obstacle cessoit, le corps s'échapperoit par la tangente, au point où l'obstacle auroit cessé.

Loix générales du mouvement données par Descartes.

Ces loix sont suffisamment démontrées par l'expérience. Mais Descartes n'ayant pas réussi à découvrir les loix particulieres que la nature suit dans le choc des corps, la société royale de Londres en proposa la recherche à ceux de ses membres qui s'appliquoient à perfectionner les méchaniques. Wallis, Wren & Huvghens y travaillerent séparément, se rencontrerent dans les principes, & satisfirent avec le même succès à ce qu'on leur avoit demandé.

La société royale propose la recherche des loix de la nature dans le choc des corps

Tom. XV.　　　　　　R

Il faut d'abord diſtinguer deux ſortes de corps: les corps élaſtiques, dont la figure ſe rétablit après le choc dans ſon premier état; & les corps durs, abſolument privés de reſſort.

Principe général de ces loix. On établit enſuite pour principe général, qu'une force appliquée à mettre un corps en mouvement, lui donne une vîteſſe d'autant moindre qu'il eſt plus grand; & qu'un corps choqué détruit dans le corps choquant autant de mouvement, que le corps choquant lui en communique.

Loix du choc dans les corps parfaitement durs. Suppoſons donc qu'un corps dur, pouſſé avec une certaine vîteſſe, choque un autre corps dur en repos; la force, qui étoit employée à le mouvoir ſeul, les meut tous deux après le choc. La quantité de maſſe en mouvement eſt donc plus grande: la vîteſſe commune aux deux corps eſt donc moindre. Elle ſera, par exemple, les deux tiers de ce qu'elle étoit avant le choc, ſi le corps choquant eſt double de l'autre.

Si un corps en choque un autre qu'il ſuit & qu'il atteint, il ne le frappera qu'avec l'excès de vîteſſe qu'il a ſur lui. Or, cet excès ſe partagera entre les deux, de la même maniere que dans le cas où l'un des deux corps étoit en repos, c'eſt-à-dire, en raiſon des maſſes. Il ne reſte donc qu'à répartir cet excès dans cette proportion, pour déterminer de combien la vîtesse du corps choqué sera accélérée, & de combien celle du corps choquant sera retardée : alors on aura la vîtesse commune.

Enfin si ayant une inégale quantité de mouvement, ils se choquent avec des directions contraires; celui qui a le plus de mouvement détruira tout à-fait le mouvement de celui qui en a moins, & en perdra lui même autant qu'il en aura détruit. Car deux mouvements égaux & directement opposés, doivent se détruire mutuellement. Le corps choquant agira donc avec le surplus qui lui reste comme sur un corps en repos; & ce surplus s'étant réparti en raison des deux masses, ils iront ensemble dans la direction du corps qui avoit le plus de mouvement.

Pour déterminer ensuite les loix, qui ont lieu dans le choc des corps parfaitement élastiques, il suffit de considérer l'effet que le ressort doit produire.

Loix du choc dans les corps parfaitement élastiques.

Lorsqu'un corps de cette espece en choque un autre en repos, il le presse & en est pressé, & cette pression réciproque augmente, jusqu'à ce que de part & d'autre, les ressorts soient aussi bandés qu'ils peuvent l'être. Or, s'ils restoient dans cet état de pression, sans faire d'effort pour se rétablir; il est évident que les deux

R 2

corps feroient mus dans la même direction, &
que la force feroit répartie en raifon des maffes. Il arriveroit feulement que dans la preffion
réciproque, il y auroit une partie du mouvement détruite par la réaction du corps choqué:
car dans ce cas, le corps choquant eft comprimé
par une force, qui le repouffe en arriere, &
qui par conféquent ralentit fon mouvement.
Mais cela n'arrive pas: au contraire, le reffort
des deux corps fe débande avec la même force,
avec laquelle il a été bandé; & comme il appuie également fur les deux, il les repouffe en
fens contraire, en leur diftribuant la force avec
laquelle il réagit.

Si les deux corps font égaux, le corps choquant fera repouffé par la réaction du reffort,
avec une force égale à celle avec laquelle il a
frappé. Il s'arrêtera donc, & le corps, qui étoit
en repos, fera pouffé en avant par la réaction du
même reffort, & prendra la vîteffe qu'avoit le
corps choquant.

Dans la fuppofition où étant égaux, ils feroient mus l'un contre l'autre avec des vîteffes
égales, ils réfléchiront avec la même vîteffe
qu'ils avoient chacun avant le choc; car à l'inftant où le reffort fe débande, il réagit fur tous
deux avec la même force avec laquelle il a été
bandé. Ils ne feront donc que changer de direction.

Chacun des deux ne retourne en arriere, que parce qu il eft pouffé par l'autre, & vous voyez, par conféquent, qu'il fe fait entre eux un échange de vîteffe. L'un reçoit celle de l'autre, & lui rend la fienne. Sur ce principe, vous pouvez prévoir ce qui arriveroit, s'ils fe choquoient avec des vîteffes inégales. On pourroit faire bien d'autres fuppofitions, fuivant la différence des maffes & des vîteffes.

Si d'après ces loix on vouloit trouver ce qui arriveroit dans le choc, lorfque l'élafticité n'eft pas parfaite, on chercheroit d'abord la vî-teffe que chaque corps acquerroit, ou perdroit par le choc, en fuppofant que les corps qui fe choquent font abfolument privés de reffort. Il faudroit enfuite doubler cette vîteffe, fi les corps étoient parfaitement élaftiques, parce que le reffort parfait produit ou détruit autant de vîteffe, que le choc même en produit ou en détruit dans les corps fans reffort. Si la force du reffort n'eft pas entiere, par exemple, fi elle n'eft que la moitié de la for-ce parfaite, elle ne produira que la moitié de la vîteffe que les corps fans reffort acquerroient ou perdroient par le choc, & dans ce cas on augmentera de la moitié la vîteffe acquife ou perdue par le choc fans reffort. Mais c'en eft affez : de plus grands détails nous meneroient trop loin ; il nous fuffit d'appercevoir les prin-

Ces loix peuvent être appliquées aux corps dont l'élafticité n'eft pas parfaite.

R 3

cipes. Nous allons confidérer de la même maniere les recherches d'Huyghens fur les forces
centrifuges.

Vous concevez qu'avec la même vîtelle les
forces centrales feront plus grandes, à proportion que le mobile décrira un plus petit cercle.
Car puifque la courbe s'écarte alors davantage
de la ligne droite, le mobile fait plus d'efforts
pour s'échapper ; & par conféquent, il en faut
plus aufli pour le retenir. Dans ce cas, les forces centrifuges & centriperes font donc néceffairement plus grandes. Vous remarquerez de
même qu'elles le font encore plus, lorfque,
dans un même cercle, un corps fe meut avec
une plus grande vîtelle. Tout cela eft facile.
Mais quel eft le rapport des forces centrifuges
dans ces différentes fuppofitions ? C'eft ce qu'il
falloit déterminer exactement, & ce que Huyghens a tenté le premier.

Dans le cas où des cercles égaux font dé-
crits par des corps de même maffe avec des
vîtelles inégales, il démontra que les forces
centrifuges font comme les quarrés des vîteffes ; c'eft à-dire, neuf fois aufli grandes, fi les
vîtelles font triples. Si, au contraire, avec la
même vîtelle, les circonférences étoient inégales ; les forces centrifuges feroient réfipro-
quement comme les rayons : doubles, fi le ra-

yon n'eft que la moitié : triples, s'il n'eft que le tiers.

Huyghens ne fe contenta pas d'avoir démon-tré ces rapports : il découvrit encore la quan-tité abfolue de force centrifuge dans un mo-bile, qui fe meut avec une vîteffe déterminée. Mais cette théorie feroit trop forte pour nous : il nous fera plus facile de nous faire quelque idée d'une autre invention de ce grand mécha-nicien.

Galilée, qui avoit le premier obfervé l'é-galité de durée entre les ofcillations du pen-dule, avoit eu deffein de s'en fervir pour me-furer le temps, & en avoit fait naître l'idée à quelques aftronomes. Cette recherche deman-doit qu'on trouvât le moyen de perpétuer les vibrations, & de les compter, fans être obli-gé de les fuivre continuellement des yeux. Huyghens occupé de cette découverte, imagi-na de conftruire une horloge avec un pendule, qui en modere le rouage & qui l'affujettit à un mouvement uniforme. Il eft adapté de ma-niere que par fa partie fupérieure il communi-que un mouvement alternatif à un aiffieu, gar-ni de deux petites palettes ; & ces palettes, qui s'engrenent dans une roue, ne laiffent paf-fer qu'une dent à chaque vibration. Cette roue fe meut donc auffi uniformément que le pen-

Il invente l'horloge à pendule.

dule, & elle regle le mouvement du rouage
entier, dont toutes les parties s'engrenent les
unes dans les autres. Enfin le mouvement se
perpétue dans le pendule, parce que le rouage,
à chaque vibration, lui en rend à peu-près la
même quantité, qu'il en perd par le frotte-
ment & par la réfiftance de l'air. Il se meut
par ce moyen jufqu'à ce que le reffort ou le
poids de l'horloge ceffe d'agir. Cette machine
ingénieufe, devenue aujourd'hui fi commune,
fut découverte en 1656.

Il détermine
la longueur
du pendule,
en détermi-
nant le centre
d'ofcillation.

Mais fi on ne connoît pas la longueur d'un
pendule, on ne pourra pas juger de la durée
de ses vibrations, ni s'affurer, par conféquent,
d'en avoir un qui les faffe exactement dans
une feconde, par exemple. Or cette longueur,
comme vous le favez, n'eft pas facile à déterminer. C'eft que tout pendule eft dans le vrai
compofé d'une fuite de poids qui vont toujours
en s'éloignant du centre de fufpenfion. Chacun
de ces poids feroit féparément fes vibrations
dans des temps différents : mais forcés à fe mouvoir enfemble, le plus vîte hâte le plus lent,
& en eft retardé. S'il étoit poffible de les réunir tous dans un point à l'extrémité d'une ligne
mathématique, la longueur du pendule feroit
celle de cette ligne. Or, quoiqu'ils foient répandus dans toute la longueur du pendule,
ils font cependant leurs vibrations, comme

s'ils étoient tous concentrés en un seul point, de la même maniere qu'un corps pese comme si toutes ses parties se ramaſſoient dans ſon centre de gravité. Ce point eſt le centre d'oſcillation qu'il falloit trouver pour déterminer la longueur du pendule: problême difficile, dont Huyghens donna la ſolution.

CHAPITRE VII.

De l'optique & de ses premiers progrès.

A quoi se
bornoient les
connoissances
des anciens
sur l'optique. Les grands progrès de l'optique à la fin du
dix-septieme siecle, & la part qu'elle a eue
à plusieurs découvertes astronomiques, demandent que nous nous représentions les états par
où elle a passé jusqu'à Newton.

Les anciens n'avoient en ce genre que des
connoissances très bornées. Ils ont découvert
la propagation de la lumiere en ligne droite,
& l'égalité de l'angle de réflexion avec l'angle
d'incidence. Ptolomée a même connu la réfraction de la lumiere, lorsque les astres sont
vus à l'horison; découverte qui étoit du ressort d'un astronome. Il en a conclu qu'on se
trompe alors sur le lieu des astres, & cependant
il n'a point imaginé qu'il fallût corriger les hauteurs prises. Il dit que si les objets paroissent
plus grands à l'horison, c'est un effet du jugement de l'ame, qui les jugeant plus éloignés,

fe les repréfente fous un plus grand diametre.
Nous ne favons pas d'ailleurs jufqu'où il a porté fes recherches : parce que fon ouvrage ne
nous eft connu que par quelques citations. Telles font les connoiffances des anciens fur l'optique. Ils n'avoient pas affez d'obfervations
pour expliquer les phénomenes : auffi n'en
donnent-ils que des raifons peu fatisfaifantes
ou même ridicules.

Il faut venir jufqu'au feizieme fiecle, avant
de trouver des découvertes en ce genre : encore fe feront elles bien lentement. Jean-Baptifte Porta, gentilhomme napolitain, qui mourut en 1515, ayant remarqué que les rayons
qu'on laiffe entrer dans une chambre obfcure,
par une ouverture pratiquée dans la fenêtre,
peignent au dedans les objets extérieurs, ajoute qu'il va révéler un fecret dont il a toujours
fait myftere : c'eft qu'en mettant une lentille
convexe à l'ouverture, les images font fi diftinctes, qu'on reconnoît parfaitement les perfonnes qui font dehors. Il dit enfuite que la
cavité de l'œil eft une chambre obfcure. Il devoit donc dire encore que le cryftallin eft la
lentille convexe. Mais il ne fuit pas cette com-
paraifon, & quoiqu'étant médecin, il dût connoître l'organe de la vue, il s'imagine que les
images fe tracent fur le cryftallin.

Jean-Baptifte Porta, a le pre-mier obfervé les rayons qui entrent dans une chambre obfcure, à la-quelle il com-pare l'œil.

Plusieurs années après, Maurolicus de Messi-
ne, un des meilleurs géometres du seizieme
siecle, connut mieux l'usage du cryſtallin: car
il le juge fait pour raſſembler les rayons sur la
rétine. Il explique même sur ce principe pourquoi les presbytes ont la vue longue & voient
mal de près; & pourquoi les myopes ont la
vue courte, & voient mal de loin : & il fait
voir comment le défaut des premiers se corrige avec un verre convexe, & celui des se-
conds avec un verre concave. Il explique encore l'image que forme un miroir concave,
en repréſentant comment les rayons se réunissent dans les points d'un plan oppoſé au miroir. Cependant il n'entre dans aucun détail
sur la maniere dont l'image se fait dans l'œil.
On soupçonne qu'il a pu être arrêté par la difficulté de concilier le renverſement de l'image avec la poſition droite dans laquelle nous
voyons les objets.

Maurolicus a le premier connu l'uſage du cryſtallin.

Pourquoi, demandoit Ariſtote, un rayon
du soleil, ayant paſſé par une ouverture trian-
gulaire, forme-t-il un cercle au delà ? & pourquoi, ſi le soleil se trouve en partie éclipſé,
ce rayon trace-t-il une figure semblable à la
portion du diſque qui n'eſt pas encore cachée?
Ce philoſophe répondoit : c'eſt parce que la lumiere, faite pour repréſenter le corps lumineux,
en reprend la reſſemblance, auſſitôt qu'elle a

Il explique le premier un phénomene propoſé par Ariſtote.

franchi l'obſtacle qui la gênoit. Il ſuppo-
ſoit que la forme des rayons dépend de l'ouverture par où ils paſſent; & par conſéquent,
il étoit bien loin de comprendre, comment
nous voyons les objets ſous toute ſorte de
figures.

Maurolicus a le premier expliqué ce phénomene, en conſidérant que chaque point de l'ouverture eſt le ſommet de deux cônes oppoſés,
dont l'un a ſa baſe ſur le ſoleil, & l'autre ſur
le plan qui le reçoit; il jugeoit avec raiſon
qu'il doit ſe peindre ſur le plan autant de cercles égaux qu'il y a de points dans l'ouverture,
& que plus ces cercles ſeront grands, plus la
figure qui en réſultera approchera d'un cercle
unique. En effet tracez l'ouverture ſur le
plan, & de chacun de ſes points ou ſeulement de ceux du contour décrivez des cercles
égaux; vous verrez qu'en ſe confondant les
uns dans les autres, ils formeront tous enſemble une figure circulaire. L'explication eſt la
même, ſi le ſoleil ne montre qu'une partie de
ſon diſque.

Le commencement du dix-ſeptieme ſiecle
eſt remarquable par une découverte très-fine,
faite par un homme qu'on aſſure avoir été un
fort mauvais phyſicien. Je veux parler de l'explication de l'arc-en-ciel.

Premieres dé-
couvertes ſur
l'arc-en-ciel.

Il y avoit long-temps qu'on avoit observé
que ce phénomene est produit, lorsque des
gouttes de pluie renvoient les rayons du soleil
dans un certain ordre; & on en avoit inutilement cherché la raison dans la seule réflexion
de la lumiere.

Marc Antoi-
ne de Dominis
expliqua l'arc
inférieur en
ne le suppo-
sant que lu-
mineux.

Marc-Antoine de Dominis, archevêque de
Spalatro, imagina de faire entrer le rayon par
le haut de la goutte, de le faire refléchir contre la partie postérieure, & de le faire sortir par
le bas, d'où il arrivoit dans l'œil du specta-
teur. Il y avoit donc une réflexion, précédée
& suivie d'une réfraction; & cela suffisoit pour
expliquer l'arc inférieur, en ne le supposant
que lumineux: mais il falloit encore rendre
raison de l'arc extérieur & des couleurs dont ils
se peignent l'un & l'autre dans un ordre ren-
versé. Il le tenta sans succès.

Descartes
rend raison de
l'arc extérieur

Descartes ayant soupçonné que l'arc extérieur est produit par deux réflexions dans l'intérieur de la goutte, s'en assura par l'expérience. Il vit que le rayon entre par la partie inférieure de la goutte, qu'il s'y réflechit deux fois,
& qu'il en sort par la partie supérieure. Voilà
donc le second arc lumineux.

Il les mesure
l'un & l'autre

Le même philosophe expliqua encore pourquoi l'un de ces arcs est d'environ quarante-

deux degrés, & l'autre de cinquante-quatre. mais il ne rend pas raifon des couleurs, dont ils fe peignent
Mais lorfqu'il voulut rendre raifon des cou-
leurs, il n'y fut autre chofe que de comparer
les gouttes d'eau à de petits prifmes. On ne
favoit pas alors que les rayons font fufcepti-
bles de différentes réfractions, & que s'ils
étoient tous également réfrangibles, comme
on le fuppofoit, le prifme même ne paroîtroit
pas coloré.

Képler, achevant de développer les idées qu'a- Képler explique le premier l'ufage des parties de l'œil.
voient eues Porta & Maurolicus, expliqua le
premier l'ufage de toutes les parties de l'œil.
Il compara cet organe à une chambre obfcure,
dans laquelle les rayons entrent à travers un
verre convexe, & la rétine devint un tableau :
feulement l'œil eft une chambre obfcure plus
compofée.

Les rayons réfléchis de chaque point vifible
d'un objet, font dans chacun de ces points le
fommet d'un cône, qui fe forme & s'allonge
à mefure que les rayons deviennent divergents,
& qui vient appuyer fa bafe fur l'ouverture de
la prunelle. Ils fe brifent dans l'humeur aqueu-
fe, dans le cryftallin, dans l'humeur vitrée ;
& devenant toujours plus convergents, ils forment un nouveau cône, dont le fommet frappe
un point de la rétine.

Imaginez donc que la prunelle eſt la baſe d'autant de cônes oppoſés, qu'il y a de points ſur l'objet ; que les ſommets des cônes intérieurs ſont entre eux dans le même ordre ſur la rétine, que les ſommets des cônes extérieurs ; & que ſeulement cet ordre eſt renverſé.

Lorſque tous les ſommets intérieurs frappent préciſément ſur la rétine, la vue eſt diſtincte ; parce que chacun fait exactement ſur chaque fibre l'impreſſion qu'il doit faire, & que toutes ces impreſſions ſe font enſemble dans le même ordre que les points de l'objet viſible ont entre eux. Il n'eſt pas néceſſaire de ſuppoſer des images: car, dans le vrai, il n'y a d'images nulle part.

Si au contraire les rayons ſe réuniſſent à leur ſommet en deçà ou au delà de la rétine, la vue ſera confuſe ; parce que ceux qui viennent d'un objet, ſe confondront avec ceux qui viennent d'un autre point. Vous comprenez comment avec des verres concaves & convexes on corrige l'un & l'autre défaut.

Mais l'image renverſée l'embarraſſe, & il n'eût pas ſû dire com- Cela ſuffit pour expliquer les ſenſations diſtinctes & confuſes de la vue. Mais ſi on eût demandé à Képler comment nous voyons les objets dans une poſition droite, comment nous

apperce-

appercevons des grandeurs, des diftances, &c.,
il n'en eût pas fû rendre raifon. On voit même que l'image renverfée, qu'il obfervoit au
fond de l'œil, l'embarraffoit beaucoup; & qu'il
eût bien voulu la pouvoir redreffer.

ment nous vo-
yons des gran-
deurs & des
diftances.

Le télefcope de Galilée étoit compofé d'un
objectif convexe & d'un oculaire concave. Képler jugea que deux verres convexes produi-
roient plus d'effet; qu'à la verité les objets paroîtroient renverfés; mais qu'on les verroit plus
éclairés & plus grands, & que d'ailleurs on
pourroit les redreffer avec un troifieme verre
convexe. Il s'en tint cependant à la théorie,
& ce n'eft que quelques années après fa mort,
qu'on a conftruit des télefcopes à deux & à
trois verres convexes.

Le télefcope à trois verres, a deux oculaires.
Il a l'avantage de redreffer les objets: mais il
les repréfente un peu courbes vers les bords,
& il eft fort fujet aux couleurs de l'iris. Pour
corriger ces défauts, on chercha une autre
combinaifon de verres; & on fit des télefcopes à trois oculaires convexes. Ces derniers
font les meilleurs.

D'après cette
théorie on fait
des télefcopes
qu'on perfec-
tionne enco-
re.

Le microfcope fimple a été trouvé par hafard dans le même temps que le télefcope. C'eft
une lentille d'un foyer très court, ou une fphe-

re d'un petit diametre. Le compofé a une lentille pour objectif, & un verre convexe pour oculaire. Il a été connu plus tard.

Les effets de la lumiere dans les téléfcopes & dans les microfcopes, méritoient d'exciter la curiofité des mathématiciens. Ce fut une fource de découvertes pour Képler, qui ne contribua pas moins aux progrès de la dioptrique qu'à ceux de l'aftronomie.

Il fait voir que les verres plans convexes réuniffent les rayons paralleles à leur axe, à la diftance du diametre de la fphere, dont leur convexité eft une portion; & que ceux qui font également convexes des deux côtés, les réuniffent à la diftance du demi-diametre. Ce point, où les rayons paralleles fe réuniffent, eft ce qu'on nomme le foyer d'un verre lenticulaire.

Puifque les rayons paralleles fe réuniffent au foyer, ceux qui partent du foyer, doivent devenir paralleles. S'ils viennent d'un point entre le foyer & le verre, ils refteront divergents, mais moins que s'ils n'euffent pas éprouvé une réfraction. Enfin s'ils arrivent d'un point placé au de-là du foyer, ils deviendront convergents au fortir du verre : & ils fe réuniront dans un point plus rapproché, lorfque l'objet lumineux fera plus loin; & au contrai-

re dans un point plus éloigné, lorſque l'objet
ſera plus près.

Prenez l'objectif de votre lorgnette, & pla-
cez-le entre votre bougie & une feuille de papier ; vous verrez la flamme ſe peindre renverſée. Vous pouvez expliquer ce phenome-
ne avec Képler.

Exemple qui
rend ſenſibles
les premieres
obſervations
de Képler.

Les rayons, qui partent d'un des points de
l'axe du verre de votre lorgnette, ſe répandent
ſur la ſurface du verre, ils ſe rompent en le
traverſant, & devenus convergents ils ſe réuniſſent dans un autre point de ce même axe.
Or, ſi de chaque point de l'objet, vous imaginez des lignes qui coupent l'axe dans le
centre du verre ; elles vous repréſenteront l'a-
xe même des cônes, formés par les faiſceaux
de rayons, & oppoſés à la baſe ; & vous
comprendrez comment les ſommets s'arran-
gent ſur le papier dans un ordre renverſé, &
peignent la pointe de la flamme en bas. Vous
remarquerez encore qu'à meſure que vous éloi-
gnez la bougie, vous êtes obligé d'approcher
le verre du papier, & que la diſtance de l'i-
mage au verre diminue, comme la grandeur
de l'image. Ainſi, lorſque les objets à une
médiocre diſtance s'éloignent ou s'approchent,
le point de réunion eſt plus près ou plus loin :
mais lorſqu'ils ſont très éloignés, le point de

réunion est toujours au foyer des rayons parralleles, parce que la divergence des rayons s'évanouit.

Pour concevoir ensuite les effets des télescopes & des microscopes, il faut remarquer, avec Képler, que nous ne saurions voir distinctement les objets, lorsque les rayons qui viennent à notre œil, sont convergents ; car ils se réuniroient en deçà de la rétine ; & comme ils n'y arriveroient qu'après s'être dispersés, ils n'y formeroient que de petits cercles ronds, qui se confondroient les uns avec les autres. Il est donc nécessaire que les rayons soient au moins parallèles à l'axe de l'œil, ou même un peu divergents.

Si vous présentez un verre convexe à un objet fort éloigné, l'image de cet objet se peindra au foyer des rayons parallèles, parce qu'alors la divergence est nulle. En pareil cas, votre œil placé entre le foyer & le verre, ne recevroit que des rayons convergents & n'auroit qu'une vue confuse. Mais si, sans éloigner l'œil, vous faites passer les rayons par un autre verre qui soit concave, vous changerez leur première direction. Alors devenus un peu divergents, au lieu de se réunir au foyer de l'objectif, ils iront se réunir sur votre rétine. L'objet, vu sous un plus grand angle, vous paroîtra plus grand. Vous le verrez même plus diſtinct & plus éclairé, parce qu'il enverra une plus grande quantité de rayons dans votre œil. Voilà préciſément l'effet que produit le téleſcope de Galilée.

Explication des téleſcopes à deux verres convexes.

Dans les téleſcopes à deux verres convexes, l'oculaire eſt placé de maniere qu'il a ſon foyer au foyer de l'objectif; & par conſéquent au lieu où l'objectif peint une image renverſée de l'objet (*). Cette image devient donc l'objet de l'oculaire même, c'eſt elle que vous regardez par ce ſecond verre. Or, puiſqu'elle eſt au foyer, les rayons qui partent de chacun de ſes points deviennent, en ſe rompant dans l'oculaire, paralleles ou médiocrement divergents; & ils vont peindre ſur la rétine une autre image, qui étant dans la même ſituation que l'objet, le doit faire paroître renverſé.

A trois

Votre bougie vous paroîtra renverſée, ſi vous la regardez à travers un verre convexe, tenu à une certaine diſtance de l'œil. C'eſt qu'en effet vous ne regardez pas la bougie, mais ſon image renverſée qui eſt entre vo-

---

(*) Quoiqu'il n'y ait point proprement d'image, en eſt forcé, pour abréger, de parler comme s'il y en avoit.

S 3

tre œil & le verre. Or, la même chose arrive, quand on regarde par l'oculaire convexe d'un télescope. Vous comprenez que
d'autres verres convexes peuvent redreſſer cette
image, & vous faire appercevoir les objets
dans leur vraie poſition.

L'apparence
de grandeur
eſt ſur - tout
ſenſible dans
le microſco-
pe.

Quant à l'apparence de grandeur, ſous laquelle les verres convexes repréſentent les
objets, le microſcope la rend ſur-tout ſenſible. Mettez une mouche un peu au delà du
foyer d'une lentille, à treize lignes, par
exemple, ſi le foyer eſt à un pouce; il ſe formera à treize pouces ſe l'autre côté, ou environ, une image douze fois auſſi grande que
la mouche. Or, c'eſt cette image que vous regardez par l'oculaire convexe, & cet oculaire
la groſſit encore.

Pour expli-
quer parfaite-
ment ces phé-
nomenes, il
falloit déter-
miner avec
préciſion le
rapport de
l'angle de ré-
fraction à
l'angle d'in-
cidence.

Pour expliquer parfaitement tous ces phénomenes, il falloit découvrir la loi que ſuivent les réfractions de la lumiere: mais Képler ne l'a connue qu'à peu-près. Il remarqua qu'en paſſant d'un milieu plus denſe dans
un plus rare, le rayon s'écarte de la perpendiculaire; & qu'il s'en approche, en paſſant
d'un plus rare dans un plus denſe. Il obſerva
même, que lorſqu'il tombe avec une certaine obliquité ſur une ſurface plane de verre,
il ſe briſe de maniere qu'en ſortant il ſe trouve

parallele à la surface ; & que si l'obliquité augmente encore, il réfléchit au lieu de pénétrer dans le verre. Enfin il remarqua, que lorsque l'angle d'incidence ne passe pas trente degrés, l'angle de réfraction, qui se fait dans le verre, en est le tiers à peu de chose près ; & cette derniere observation est le fondement de toute sa théorie.

Cette approximation ne suffisoit pas. Il falloit déterminer avec précision le rapport des deux angles, & découvrir une loi générale pour tous les cas. Celle de Képler étoit particuliere aux rayons qui passent de l'air dans des surfaces sphériques, semblables aux verres des télescopes, & ce n'étoit qu'un à peu près.

Képler ne le détermine qu'à peu près, & pour un cas particulier.

C'est Descartes qui trouva long-temps après le rapport des deux angles, & qui en donna la démonstration. Il est vrai cependant que Snellius, mathématicien hollandois, avoit fait cette découverte avant lui : mais il pouvoit n'en avoir pas connoissance. Quant à la cause des réfractions de la lumiere, Descartes & d'autres tenterent inutilement de la découvrir, parce qu'ils ne raisonnoient que d'après des hypotheses.

Descartes a suppléé en cela à ce qui manquoit à la théorie de Képler.

Depuis le milieu du dix-septieme siecle, la dioptrique & la catoptrique continuerent à

Le pere Grimaldi pro-

S 4

être fort cultivées. On s'appliqua sur-tout à
perfectionner les télescopes, les microscopes,
les miroirs ardents, & la théorie de la lumiere. Cependant si on connoissoit les loix qu'elle suit en se brisant, & en se réfléchissant; on
n'avoit pas encore imaginé ce qui lui arrive,
lorsqu'elle ne fait qu'effleurer certains corps. Ce
fut en 1666, que le pere Grimaldi découvrit
dans les rayons une nouvelle propriété, qui
étonna d'autant plus, qu'elle mettoit en défaut
tous les principes connus. Ayant présenté dans
une chambre obscure un cheveu à un rayon de
lumiere, il fut d'abord frappé de la longueur
de l'ombre; & il s'assura bientôt que le rayon,
s'étant partagé, avoit un peu fléchi de côté &
d'autre, au lieu de continuer en ligne droite.
Newton a depuis confirmé cette inflexion de
la lumiere, & en a beaucoup varié les expériences.

mier remar-
qué l'inflec-
tion des ra-
yons.

Pourquoi voit-on les objets derriere un miroir? pourquoi paroissent-ils plus près & plus
petits, si le miroir est convexe; plus grands &
plus éloignés, s'il est concave? En un mot,
d'après quel principe peut-on déterminer en
général le lieu apparent des objets, vus par
réflexion, ou par réfraction? Voilà des questions qui furent agitées.

Phénomenes
qu'on n'expli-
quois pas en-
core.

Il me semble qu'on peut répondre, que
nous jugeons des lieux apparents d'après les ha-

bitudes, que nous avons prifes en jugeant des lieux réels. Lorfque je vous vois, par exemple, derriere le miroir, c'eft que j'ai appris à vous voir dans la direction & dans la diftance où vous me paroiffez, & que les rayons réfléchis agiffent fur ma rétine de la même maniere, que fi vous étiez en effet dans cette direction & dans cette diftance. Un verre lenticulaire rapproche, éloigne, groffit, diminue. Suffit-il de mefurer des angles pour en trouver la raifon? C'eft à quoi les mathématiciens fe bornent. Cependant ils ne donneront point de réponfes fatisfaifantes, tant qu'ils négligeront de confidérer les habitudes de voir que nous avons contractées dès l'enfance. Il n'eft pas douteux qu'il ne faille avoir égard à ces habitudes, comme à l'action des rayons. Mais on n'avoit pas encore affez réfléchi fur la part que les jugements de l'ame ont aux phénomenes de la vue.

CHAPITRE VIII.

Grandes découvertes.

Les découver-
tes précéden-
tes ne font que
des prélimi-
naires à de
plus grandes.
L es découvertes dont j'ai parlé dans les derniers chapitres, ne font que des recherches préliminaires à de plus grandes découvertes, auxquelles on ne pouvoit arriver , qu'autant que
l'aftronomie, la géométrie, la méchanique &
l'optique, de plus en plus perfectionnées, continueroient à fe donner des fecours mutuels,
toujours plus grands. Il nous refte à jeter un
coup d'œil général fur les derniers progrès de
ces fciences, & à les fuivre jufqu'où Newton
les a laiffées.

On trouve les
nœuds & l'in-
clinaifon d'u-
ne planete in-
férieure, en
obfervant fon
paffage fur le
difque du fo-
leil.
Les deux principaux éléments de la théorie
d'une planete, font la pofition de fes nœuds, &
l'inclinaifon de fon orbite à l'écliptique. Sans
ces obfervations, il feroit impoffible d'en déterminer le cours. Or, pour avoir ces éléments,
lorfqu'il s'agit d'une planete inférieure , il fuffit de l'obferver fur le difque du foleil, & de

tracer fa route, en remarquant fur-tout l'inftant & le lieu de fon entrée & de fa fortie.
Car cette portion de l'orbite fera trouver l'angle qu'elle fait avec l'écliptique, & le lieu
où elle la coupe.

Mais le paffage de mercure fur le difque
du foleil arrive rarement dans un fiecle, & celui de vénus eft encore plus rare. Il étoit même difficile, avant la découverte des télefcopes, d'obferver la premiere de ces planetes,
& de ne pas la confondre avec quelques taches
du foleil. Képler, lui-même y avoit été trompé en 1607, & avoit cru voir mercure, lorfqu'il n'avoit vu qu'une tache. Il reconnut fon
erreur, & après avoir fait de nouvelles obfervations, il prédit en 1629 le paffage de mercure fur le foleil pour le 7 novembre 1631. Il
mourut précifément l'avant-veille, avec le re-
gret, fans-doute, de n'avoir pu vérifier fón
calcul.

Képler prédit
le paffage de
mercure fur le
difque du fo-
leil.

Il ne s'étoit pas trompé. Tous les aftronomes attendoient avec impatience le moment
de faire cette obfervation : mais Gaffendi paroît être celui à qui elle réuffit le mieux. Cependant les nuages ne lui permirent de voir
mercure, que lorfqu'il étoit affez avancé fur
le difque. Il le prit même d'abord à la petitef-
fe pour une tache; car il s'attendoit à le trou-

Gaffendi l'ob-
ferve, & per-
fectionne la
théorie de cet-
te planete.

ver d'une ou de deux minutes de diamettre apparent. Cependant il le reconnut bientôt à la
rapidité de son cours; il en détermina la route
sur le disque; il corrigea de quelques minutes les observations de Képler; & ayant mesuré le diametre apparent, il l'estima de vingt se-
condes. Il conjectura dès-lors que celui de vénus n'excéderoit pas de beaucoup une minute,
ce qui fut vérifié quelques années après.

D'après les
tables de Kép-
ler, Horoxes
prédit le paf-
fage de vénus
fur le difque
du foleil:
l'obferve &
marque avec
plus de préci-
fion le cours
de cette pla-
nete.

Képler avoit aussi annoncé pour la même
année le passage de cette planete sur le soleil.
Il n'eut pas lieu, ou s'il arriva, ce fut pendant
la nuit, & il ne fut pas visible en Europe. Sur
la parole de Képler, on ne l'attendoit plus de
tout le siecle. Mais cet astronome n'y avoit pas
fait assez attention: car d'après ses tables mêmes, il devoit arriver le 4 décembre 1639.
Cette méprise fut apperçue par Horoxes, jeune
astronome anglois, qui prédit le passage de vénus, & qui l'observa jusqu'au coucher du soleil. Quoique son observation eût été courte,
il détermina mieux qu'on n'avoit encore fait, la
position des nœuds & d'autres éléments du
mouvement de cette planete. Depuis 1639
on n'a pu observer ce phénomene qu'en
1761.

Halley fait
voir qu'en ob-

Jusqu'alors on n'avoit eu d'autre objet dans
les observations, que de perfectionner la théo-

rie des planetes inférieures. Depuis, c'eſt-à-dire, en 1691, Halley, grand aſtronome anglois, a démontré qu'on en peut faire uſage pour déterminer la parallaxe du ſoleil, & ſavoir à un cinq-centieme près, la diſtance où nous ſommes de cet aſtre. Il ſuffit pour cela d'obſerver de deux endroits, tels qu'il les déſigne, la durée du paſſage de vénus ſur le diſque. Mercure ne ſeroit pas ſi propre à cette obſervation, parce qu'ayant un mouvement plus rapide, deux obſervateurs, placés dans deux lieux différents, ne trouveroient pas aſſez d'inégalité dans la durée de ſon paſſage.

ſervant de deux endroits la durée de ce paſſage, on peut déterminer la parallaxe du ſoleil à peu de choſe près.

En 1655 on fit de nouvelles découvertes dans le ciel. Huyghens, qui avoit fort perfectionné les verres des téleſcopes, apperçut que ces deux globes, que Galilée avoit cru voir des deux côtés de ſaturne, ſont un anneau, & il s'en aſſura en ſuivant ce phénomene dans tous ſes aſpects.

Huyghens découvre l'anneau & le quatrieme ſatellite de ſaturne; & Caſſini les quatre autres.

Cette découverte lui en fit faire, la même année, une autre, celle d'un des ſatellites de ſaturne, le quatrieme. Ce fut pour ce grand homme, un des plus ſavants en géométrie, & des plus ingénieux en méchanique, une occaſion de faire un ſyſtème, qui prouve combien les meilleurs eſprits ont de la peine à ſe tenir en garde contre les mauvaiſes manieres de raisonner, quand elles sont autorisées depuis plusieurs siecles. Parce qu'il n'y a que six planetes principales, que ce nombre est appellé parfait par les mathématiciens, & que son satellite de saturne, joint avec notre lune aux quatre de jupiter, complettoit le nombre de six; il s'imagina que le nombre des planetes du second ordre étoit complet, & qu'il n'en falloit pas chercher davantage. Mais Cassini découvrit les quatre autres quelques années après.

Celui-ci don-
ne la théorie
des satellites
de jupiter, &
découvre la
rotation de
cette planete
& celle de
mars.
Cassini est encore célebre pour avoir découvert la rotation de jupiter & de mars sur leur axe, & sur-tout pour avoir donné la théorie des satellites de Jupiter : entreprise dans laquelle on avoit échoué jusqu'alors, & dont les meilleurs astronomes commençoient à désespérer. Louis XIV l'attira en France.

Cette théorie
confirme les
deux analo-
gies de Képler.
Je ne parle pas de plusieurs inventions qui ont rendu les observations plus exactes & plus précises; telles que l'application qu'on fait, depuis Picard, du télescope au quart de cercle, & le micromerre imaginé pour mesurer le diametre apparent des astres, & perfectionné depuis. Je remarque seulement que plus on a perfectionné la théorie de jupiter & de saturne, plus on a été convaincu que le systême de Copernic est le véritable, & que les deux ana-

logies de Képler sont les loix de la nature. Car chacune de ces planetes avec ses satellites est une image du grand systême solaire.

En observant, on trouve souvent ce qu'on ne cherchoit pas, & ce qu'on ne se seroit jamais flatté de trouver. Comment imaginer, par exemple, qu'on déterminera le temps, que la lumiere emploie pour venir du soleil jusqu'à nous? C'est cependant une découverte qui a été faite, lorsqu'on ne songeoit qu'à perfectionner la théorie des satellites de jupiter.

En observant les éclipses du premier satellite, Cassini découvre le temps que la lumiere emploie à venir du soleil jusqu'à nous.

Quand la terre, passant entre le soleil & jupiter, est au point où l'éclat des rayons n'empêche pas de voir la planete, on observe que les émersions du premier satellite hors de l'ombre arrivent plus tard, à mesure que la terre avance vers le point où le soleil & jupiter sont en conjonction, & ce retardement est enfin de quinze à seize minutes. Quand, au contraire, la terre retourne de la conjonction à l'opposition, les émersions se font toujours plus tôt, & les dernieres qu'on peut observer, anticipent de quinze à seize minutes. On s'assure d'autant plus de cette observation, que les éclipses de ce satellite sont très-fréquentes, puisqu'il acheve sa révolution en moins de quarante-deux heures & demie.

De ce fait, reconnu par tous les astronomes, Cassini conclut d'abord que la lumiere emploie plus de seize minutes à traverser le diametre de l'orbite : je dis plus de seize, parce que la corde qui aboutit aux deux points, où l'on commence, & où l'on finit d'observer, est plus courte que le diametre. En effet, cette différence qui croît à mesure que la terre s'éloigne, & qui décroît réguliérement à mesure qu'elle se rapproche, ne prouve-t-elle pas que le mouvement de la lumiere est progressif ?

Raisons qui font juger à Cassini même que cette découverte est fausse.

Cassini cependant rejeta bientôt cette conséquence, considérant que si elle étoit vraie, la même inégalité auroit lieu dans les éclipses des autres satellites. Or, il ne la trouvoit pas la même, & encore remarquoit-il à cet égard beaucoup de variété d'un satellite à l'autre. Leurs éclipses ne lui paroissoient sujettes ni aux mêmes accélérations, ni aux mêmes retardements. Mais ces observations sont si délicates, qu'il faut des années, avant d'être assuré de les avoir faites avec assez de précision.

A Maraldi.

Maraldi donnoit encore de la vraisemblance au raisonnement de Cassini, son oncle. Si cette inégalité, disoit-il, provenoit du mouvement progressif de la lumiere, les éclipses des satellites seroient tour-à-tour accélérées & retardées, suivant que jupiter iroit tour-à-tour de son aphélie à son périhélie. Or, ajoutoit-il, on ne remarque pas qu'en pareil cas le plus grand

grand & le moindre éloignement de jupiter retarde & accélere le moment des éclipses. Ce
même astronome paroissoit encore prouver son
sentiment par des observations, d'après lesquelles l'inégalité paroît moindre pour le premier
satellite que pour les autres.

D'après l'accélération & le retardement des
éclipses, Roëmer avoit aussi jugé que le mouvement de la lumiere est progressif ; & c'est
contre lui que Cassini combattoit un sentiment qu'il avoit abandonné. Halley se joignit
à Roëmer. Il avoit perfectionné la théorie des
satellites de jupiter. Il rapporta des observations, qui prouvent que l'inégalité est la même
pour le second & pour le troisieme que pour
le premier.

Roëmer &
Halley la dé-
fendent.

Il faut considérer que de tous les satellites,
le premier est celui qui se meut le plus régulie-
rement, & dans lequel on peut par conséquent
démêler cette inégalité avec plus de précision.
Le mouvement des autres est moins régulier,
& leur entrée dans l'ombre est si lente, que le
vrai moment de leur immersion n'est pas facile à déterminer. Il ne faut donc pas s'étonner,
si les plus habiles astronomes ont eu d'abord
de la peine à s'accorder, & si le mouvement
progressif de la lumiere étoit encore un problême à résoudre au commencement de ce
siecle.

Pound en prouve la vérité.

Pound, observateur exact, a enfin levé tous les doutes à ce sujet. Il s'assura par des observations continuées pendant plusieurs années, que l'inégalité est non-seulement la même pour tous les satellites; mais encore qu'elle a lieu, lorsque jupiter va à son périhélie, & revient à son aphélie. Les difficultés de Cassini & de Maraldi ne subsistent donc plus.

Elle a été confirmée depuis, lorsqu'on a découvert la cause de l'aberration des étoiles.

La découverte du mouvement progressif de la lumiere a depuis été confirmée par une autre découverte, plus fine encore, & à laquelle elle a conduit. Quoique celle-ci soit bien postérieure, puisqu'elle n'a été faire que vers 1725, je crois devoir la rapprocher de la premiere. Il s'agit de la cause de l'aberration des fixes, la plus grande preuve de sagacité qu'aucun astronome ait jamais donnée. Bornons nous à nous en faire une idée, & contentons nous des résultats.

Les astronomes cherchent une preuve du mouvement de la terre dans la parallaxe des fixes.

Lorsque Copernic eut tiré la terre du repos, où elle étoit depuis Ptolomée, les astronomes en prouverent le mouvement d'après l'analogie, & d'après l'explication simple des phénomenes. Comme il eût été à desirer d'en avoir une preuve plus directe, ils la cherchent dans la parallaxe des fixes. Cette parallaxe est l'angle sous lequel d'une étoile on verroit le demi-diametre de l'orbite de la

terre (*). Si elle eſt ſenſible & que la terre
ſe meuve en effet, autour du ſoleil, il faut
néceſſairement que les fixes paroiſſent changer
de ſituation par rapport au zénith & par rapport au pole.

Pour le comprendre imaginons que les fixes
ſont à une diſtance qu'il eſt facile de meſurer,
& dans cette ſuppoſition élevons une ligne perpendiculaire ſur le centre du plan de l'écliptique. Pendant la révolution périodique de la
terre, nous tournons autour de cette ligne; &
puiſque nous ne nous appercevons pas de
ce mouvement, ce ſont les fixes, que je ſup-
poſe peu éloignées, qui doivent nous paroître
tourner dans le ciel.

Comment
cette paralla-
xe, ſi elle a-
voit lieu,
prouveroit ce
mouvement.

Si de votre œil vous tirez une ligne par une
de ces étoiles placée dans la perpendiculaire au
plan de l'écliptique; cette ligne formera par
ſon mouvement deux cônes oppoſés au ſommet
dont l'un aura ſa baſe ſur le plan de l'écliptique,
& l'autre la ſienne ſur le petit cercle décrit dans
le ciel. Sur quoi vous remarquerez qu'en re-
gardant cette étoile le long de cette ligne, le
point du cercle où vous la verrez ſera toujours

(*) Cette parallaxe eſt celle qu'on nomme annuelle.
La parallaxe diurne eſt celle qui a pour baſe le demi-diametre de la terre.

T 2

directement opposé au point où vous serez dans
l'orbite de la terre. Si vous voulez observer
de la même maniere un autre endroit du ciel,
vous n'avez qu'à incliner la perpendiculaire &
avec elle les deux cônes; vous continuerez de
remarquer le même phénomene, avec cette feule différence que l'étoile décrira une ellipse:
mais elle vous paroîtra toujours dans un point
opposé à celui où vous êtes.

D'après le mouvement apparent de cette
étoile, vous pourrez juger du mouvement réel
de la terre, comme je jugerois des tours que
vous avez faits dans votre cabinet, si je favois
feulement les différentes fituations que les objets immobiles ont eues fuccefiivement avec
votre zénith, qui fe promenoit le long du
plancher.

Un pareil phénomene dans le ciel feroit
donc une démonstration du mouvement de la
terre; & on le découvriroit, fi les fixes
avoient une parallaxe fenfible; parce qu'alors
elles feroient par rapport au pole ou au zénith
dans des fituations qui varieroient fenfible-
ment.

Mais fi, vu la distance où elles font de nous,
l'orbite de la terre n'est qu'un point, elles n'ont
plus de parallaxe. Les deux lignes, qui avec
le diametre de l'orbite auroient dû former un

triangle, fe confondent alors avec la ligne élevée fur le centre du plan de l'écliptique, & les
trois n'en font qu'une. Dans ce cas le feul mouvement réel de la terre ne peut plus produire
de mouvement apparent dans les fixes ; & nous
devons les voir dans le même repos, que fi
nous étions fur le foleil.

Il y a dans les fixes des mouvements apparents, qu'on nomme aberrations, parce que jufqu'à Bradley on n'en a pas connu la caufe. Si
ces aberrations faifoient toujours voir l'étoile
à l'extrémité de la ligne, où la révolution de la
terre la devroit faire appercevoir, on en recon-
noîtroit la caufe dans le mouvement de la terre. Mais cela n'eft pas. L'étoile, au contraire, eft
toujours dans les points, où elle ne devroit pas
être ; & cependant il eft à craindre que la ref-
femblance de ces aberrations avec les ellipfes
que nous venons de décrire, n'occafionne des
méprifes.

L'abetration
des fixes ne
prouve pas
qu'elles aient
une parallaxe.

Depuis qu'on obferve les cieux avec de
meilleurs inftruments, on y a découvert tant
de petites irrégularités, qu'il eft bien difficile
de décompofer tous ces mouvements apparents,
& d'en féparer ceux qui peuvent être pro-
duits par la révolution périodique de notre
globe. Le chofe eft d'autant plus difficile, que
la parallaxe des fixes, fi elles en ont, eft peu

T 3

ſenſible ; & que par conſéquent les changements de ſituation ſont bien petits pour être ,
obſervés , & ſuivis avec toute la préciſion néceſſaire.

Galilée a le premier imaginé des moyens
pour trouver cette parallaxe, & après lui plu-
ſiers aſtronomes l'ont cherchée : mais leurs ré-
ſultats ne ſont point tels qu'ils devroient être ,
& même ils ne s'accordent pas ; de ſorte qu'on
n'en peut rien conclure.

En 1725 Bradley , profeſſeur d'aſtronomie
à Oxford , tenta cette entrepriſe. Il fit ſes obſervations avec un ſoin & une ſagacité ſingu-
liere. Mais il ne découvrit que des variations
toutes différentes de celles que la parallaxe devoit produire. Cependant ce ne ſont pas des
aberrations , comme on l'avoit cru juſqu'à lui.
Ce ſont des mouvements réguliers : l'étoile paroît décrire une petite ellipſe ; & ce phénomene peut avoir trompé des aſtronomes , qui auront cru y trouver une preuve de la parallaxe
des fixes.

C'étoit déja une choſe aſſez fine que de découvrir ces petites ellipſes, de démêler qu'elles
ſont différentes de celles que la révolution ſeule de la terre pourroit faire paroître, & de remarquer que l'étoile paroît toujours dans un au-
point que celui où l'on auroit dû la voir,

fi fon apparence étoit feulement l'effet de la révolution périodique. Mais il étoit bien ingénieux d'imaginer d'en trouver la caufe dans le
mouvement annuel de la terre, combiné avec
le mouvement progreffif de la lumiere; & vous
concevez que, pour développer cette idée,
Bradley a dû employer une théorie fubtile,
dans laquelle nous ne le pouvons pas fuivre.

Si la terre étoit en repos, ou fi la lumiere arrivoit dans l'inftant, le fpectateur verroit
toujours l'étoile immobile au même point; parce que la lumiere viendroit toujours à lui directement de ce point, & que fa fenfation retour-
neroit par la même ligne à l'étoile. Mais dès
que la lumiere a un mouvement progreffif, &
que la terre fe meut avec une vîteffe qui a un
rapport fenfible à celle de la lumiere; ces deux
mouvements combinés doivent faire paroître
l'étoile fuivant une autre direction dans un autre point du ciel.

Pour rendre d'abord la chofe fenfible, tenez un plomb fufpendu au deffus d'une feuille
de papier: fi pendant que vous le laiffez tomber perpendiculairement, vous donnez à la
feuille un mouvement horifontal, vous verrez
que par rapport à cette feuille, le plomb paroîtra fe mouvoir obliquement, & décrire la
diagonale d'un parallélogramme. L'apparence

T 4

sera donc la même que si la feuille eût été immobile, & que le plomb eût obéi tout-à-la
fois à deux forces qui l'auroient poussé en même temps, l'une suivant la direction perpendiculaire, & l'autre suivant la direction horison-
tale. Or, si vous vous représentez le rayon par
le plomb qui tombe, & si vous supposez que
votre œil est le point de la feuille, qui, mu
horisontalement, va rencontrer le plomb, vous
sentirez que vous devez voir l'étoile suivant
une direction oblique, & par conséquent dans
un autre lieu que celui où elle est.

Pour donner à cette preuve sensible un tour
plus géométrique, supposons que votre œil soit
placé au point A, de l'orbite C
de la terre, que l'étoile que
vous observez soit au point
C, & qu'ayant tiré la ligne
A B, tangente de l'orbite
de la terre au point A, votre vîtesse suivant la direc-
tion A B, soit à celle de la lumiere comme la
tangente A B, est à la distance de l'étoile C A.

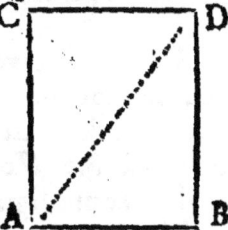

Dans cette supposition, si la particule de
lumiere, qui part de l'étoile C, étoit portée
dans votre œil, suivant les deux directions &
les deux vîtesses C A & B A, elle parcourroit
une diagonale semblable à D A; car c'est la

loi que fuit tout corps, lorfqu'il eft mu par
deux forces, dont les directions forment un angle. Dans ce cas vous verriez donc l'étoile en
D, fuivant la direction A D.

Mais que la particule de lumiere foit portée fuivant les deux directions & les deux vîteffes C A & B A, ou que n'ayant que la direction & la vîteffe C A, votre œil aille la
rencontrer, fuivant la direction & la vîteffe
A B, le réfultat des directions & des vîteffes
combinées fera toujours le même. Dans le fecond cas comme dans le premier, vous verrez donc l'étoile fuivant la direction de la diagonale du parallélograme C A B D.

Dès que le rayon vient à vous obliquement,
vous le rapportez obliquement: il ne peut plus
retourner de votre œil à l'étoile, il fe dirige
un peu à côté. Votre rayon vifuel fait donc un
angle avec une ligne, qui feroit tirée directement
de l'étoile à votre œil; & tournant autour de
cette ligne à mefure que vous êtes tranfporté
dans l'orbite de la terre, il décrit une petite ellipfe, que l'étoile paroît elle-même décrire.

Comment
l'étoile paroît
décrire une
ellipfe.

Cette ellipfe eft la bafe d'un cône, dont le
fommet eft dans votre œil. Mais puifque, attendu la diftance, l'orbite de la terre n'eft qu'un
point, cette même orbite eft, ainfi que votre

Que cette el-
lipfe eft la ba-
fe d'un cône,
dont le fom-
met eft dans

œil, le fommet du cône; & votre rayón vifuel a décrit ce cône de la même maniere, que fi partant du centre du plan de l'écliptique, il avoit eu le même mouvement autour de la ligne dirigée à l'étoile.

Vous pouvez donc remarquer actuellement la différence qui fe trouve entre ces dernieres ellipfes, & celles que nous avons tracées plus haut, lorfque nous fuppofions que les fixes ont une parallaxe fenfible. Les unes fe forment avec un feul cône ; les autres fe forment avec deux ; & par conféquent, pendant que la terre fe meut dans fon orbite, il faut qu'à chaque inftant où vous obfervez l'étoile, le point auquel vous la rapporrez dans les unes, foit tout différent de celui où vous la rapportez dans les autres.

Cette théorie ingénieufe & fubtile, qui explique parfaitement toutes les apparences de l'aberration des étoiles, a été reçue avec applaudiffement de tous les aftronomes, & s'eft toujours trouvée conforme aux obfervations. Vous voyez qu'après avoir cherché dans la parallaxe des fixes une preuve directe du mouvement de la terre, on l'a trouvée dans les aberrations, où on ne la cherchoit pas. Cette théorie démontre également le mouvement progreffif de la lumiere. Les calculs de Bradley s'accordent même avec ceux qu'on avoit déja faits : car, selon lui, elle emploie environ huit à neuf minutes à venir du soleil à nous.

Tels ont été les progrès de l'astronomie. Il nous reste à considérer comment ils ont contribué à ceux de la géographie,

Les Grecs avoient laissé la géographie dans un état bien imparfait. Vous pouvez juger ce que c'étoit que leurs cartes, puisqu'Hypparque, qui florissoit entre 168 & 129 avant Jésus-Christ, est le premier qui ait imagé de déterminer la position des lieux par la longitude & par la latitude.

Hypparque a le premier cherché la longitude & la latitude des lieux.

Vous savez qu'on a les longitudes par l'intervalle qui s'écoule entre les temps, où de deux lieux, places sous différents méridiens, on observe un même phénomene dans le ciel. C'est que l'angle que forment les plans des deux méridiens donne la distance qu'on cherche, lorsque sa valeur est connue par le temps que le soleil met à passer d'un méridien à l'autre. Hypparque, qui vraisemblablement a le premier connu ce moyen de juger des longitudes, se servoit des éclipses de lune : mais comme il n'avoit pas de mesures exactes du temps, & que ces éclipses sont fort rares, il n'a pas pu ne pas tomber dans bien des méprises.

Il se servoit à cet effet des éclipses de lune.

Environ deux cents cinquante ans après, Ptolomée travailla sur les principes d'Hyppar-

On doit à Ptolomée les

principes de la
construction
des cartes de
géographie.

que. Ses cartes sont même les premières où la longitude & la latitude ont été marquées. Cependant, comme les observations lui manquoient presque toujours, il a été obligé de juger de la position des lieux, d'après des moyens très sujets à erreur. Les astronomes étoient alors fort rares, & on ne connoissoit encore qu'une très-petite partie de l'Asie, de l'Afrique & de l'Europe. Ce qu'on doit sur-tout à Ptolomée, c'est d'avoir le premier donné les principes géométriques de la construction des cartes de géographie, & des diverses projections propres à représenter la terre en tout ou en partie.

Depuis les
progrès de
l'astronomie,
la géographie
se perfection-
ne ; & on dé-
termine
mieux les lon-
gitudes, de-
puis qu'on
peut observer
les éclipses des
satellites de
jupiter.

Depuis les progrès de l'astronomie dans le dix-septieme siecle, la géographie en pouvoit faire également ; & elle en fit en effet de rapides, principalement par les travaux de l'académie des Sciences. Il y avoit alors d'habiles astronomes dans toute l'Europe. L'horloge d'Huyghens étoit une mesure exacte du temps ; & les satellites de jupiter, dont la révolution est si courte que chaque jour quelqu'un d'eux s'éclipse, offroient, par leurs immersions & leurs émersions, des phénomènes instantanés, qui sont bien plus propres à déterminer les longitudes que les éclipses de la lune & du soleil. Les tables du mouvement de ces satellites, que Cassini avoit construites, dispensoient même d'un second observateur : car il suffisoit d'observer le moment de l'immersion ou de l'émersion, vue dans le lieu dont on vouloit avoir la longitude, avec le moment marqué par Cassini pour le lieu d'où il avoit observé.

Ces moyens sont suffisants sur terre : mais pour les progrès de la navigation, il faudroit pouvoir prendre les longitudes sur mer.

Mais on n'avoit pas encore de moyens pour prendre les longitudes sur mer.

On a sur mer assez exactement l'heure du lieu où l'on est. Il ne resteroit qu'à la pouvoir comparer avec celle du lieu d'où l'on est parti ; puisque la différence entre l'une & l'autre donneroit la différence en longitude. Si le mouvement de l'horloge n'étoit pas altéré par celui du vaisseau, il suffiroit de s'être embarqué avec une horloge, qu'on auroit réglée sur le midi avant son départ. Mais le pendule même, qui doit régler le rouage, le dérange ; parce qu'il ne peut plus faire ses oscillations dans des temps égaux. Huyghens, jaloux de remédier à cet inconvénient, en chercha long-temps le moyen, & crut enfin l'avoir trouvé. Il publia dans les journaux de Leipsick de 1693, qu'il pouvoit faire décrire au pendule une courbe, avec laquelle il lui conserveroit, même sur mer, le mouvement le plus égal. Malheusement il mourut peu de temps après avec son secret.

S'il étoit possible d'observer d'un vaisseau les satellites de jupiter, on n'auroit pas lieu de

Le moment où la lune fait

un triangle a-
vec deux fi-
xes, y feroit
propre fi on
connoiffoit
parfaitemens
la théorie de
cette planete.

tegretter la découverte que Huyghens peut avoir faite. C'eft ce que la longueur des télefcopes & leur peu de champ ne permettent pas à un obfervateur toujours troublé par l'agitation de la mer. Vous avez vu comment Maupertuis, après avoir remarqué ces défauts des horloges & des télefcopes, propofe de prendre en mer les longitudes, en obfervant le moment où la lune fait un triangle avec deux étoiles fixes. En effet, ce feroit un phénomene, qu'on pourroit voir à l'œil nu, ou du moins avec une lunette courte & d'un grand champ. Mais, comme il le reconnoît, cette méthode ne fera praticable, que lorfque la théorie de la lune aura été perfectionnée. On a depuis peu imaginé une horloge, avec laquelle on peut prendre ces longitudes fur mer.

Picard & Snel-
lius mefurent
un degré du
méridien par
une fuite de
triangles

La connoiffance de la grandeur de notre globe eft fans doute néceffaire à la géographie; & vous favez qu'elle ne l'eft pas moins, pour s'affurer du vrai fyftême du monde. On crut qu'il fuffifoit de mefurer un degré du méridien, parce qu'on fuppofoit alors la terre parfaitement fphérique. Picard en fut chargé par l'accadémie, & il y travailla pendant le cours des années 1669 & 1670. Le réfultat fut pour un degré 57060 toifes.

Au commencement du dix-feptieme fiecle, Snellius, ce mathématicien dont nous avons parlé à l'occasion des loix de la réfraction, avoit déja mesuré un degré du méridien par une suite de triangles liés. Il est même l'auteur de cette méthode simple & exacte. Picard la suivit, & vous en avez vu l'explication dans Maupertuis.

Le degré du méridien, suivant l'ouvrage imprimé de Snellius, est de 55011, toises. Mais il reconnut lui-même avoir fait des erreurs, qu'il corrigea. Cependant il n'eut pas le temps de faire réimprimer son livre ; & on n'a su que long-temps après sa mort que ses corrections donnoient au degré 57033 toises, ce qui diffère peu de la mesure de Picard. Je ne parle pas de celle du pere Riccioli, qui par une méthode peu exacte, a trouvé le degré de 62650 toises. On a depuis fait quelques corrections à la mesure de Picard. Mais je vous ai donné ailleurs l'histoire de toutes les tentatives, qu'on a faites pour déterminer la figure de la terre.

En 1671 & 1672 les académiciens travaillerent à une carte de la France. Les anciennes étoient si grossierement faites qu'elles avançoient la Bretagne de plus de trente lieues dans la mer. Ces terres, que de mauvais géographes avoient ajoutées à la France, ressemblent assez aux conquêtes, qui, a la paix, laissent un royaume dans ses premieres limites.

Leurs résultats different peu l'un de l'autre.

Pendant que ces opérations ſe faiſoient en
France, Richer avoit été envoyé à l'île de
Caïenne, pour déterminer divers éléments de
la théorie du ſoleil. Il s'agiſſoit de ſon entrée
dans l'équateur, de ſa parallaxe, de la déclinai-
ſon de l'écliptique, & de pluſieurs autres phénomenes, qu'on obſerve à notre latitude avec
moins de préciſion, parce que nous voyons le
ſoleil trop obliquement. Ce fut alors qu'il fit
l'obſervation du retardement du pendule; phénomene dont on fut étonné, & qui parut d'abord
fort douteux; quoiqu'on eût dû le prévoir, puiſqu'il eſt l'effet de la rotation de la terre. Mais
ſi dans les temps des hypotheſes, on haſardoit
volontiers des conjectures; il étoit naturel qu'on
devînt plus circonſpect, depuis qu'on étudioit
d'après l'expérience.

Galilée avoit découvert les loix de la chûte
des corps, & montré la courbe qu'ils décrivent,
lorſqu'ils ſont projetés obliquement à l'horiſon;
Képler avoit obſervé les deux loix, que les planetes ſuivent dans leur cours; Huyghens avoit
donné la théorie des forces centrales dans les
mouvements circulaires; & Picard venoit de
donner une meſure plus exacte de notre globe.
Ces premieres découvertes ſont les éléments
de tout le ſyſtême de notre monde: mais pour
découvrir ce ſyſtême dans ces éléments, il falloit ſans doute le génie de Newton. Eſſayons
de ſaiſir par quelle ſuite d'idées ce philoſophe

a

a été conduit de découvertes en découvertes.
C'est ce que je me propose dans le chapitre
suivant; mais je ne vous donnerai qu'une ébau-
che imparfaite, & je n'irai pas même bien avant.
C'eût été à Newton à nous donner l'histoire de
ses pensées; & on doit regretter que les grands
hommes tels que lui, se bornant à montrer le
terme où ils sont arrivés, négligent de faire
connoître le chemin qu'ils ont tenu.

CHAPITRE IX.

De la gravitation universelle découver-te par Newton.

LA gravité fait décrire une courbe aux projectiles, qui sont jetés obliquement à l'horison, près de la surface de la terre. Cette force aura-t-elle lieu à une plus grande distance? cessera-t-elle tout-à-coup? ou diminuera-t-elle seulement dans une certaine proportion?

Un corps que nous jetons obliquement à l'horison, décrit une courbe.

La lune pourroit donc n'être qu'un projectile, lancé à une certaine distance. Si elle ne pesoit pas vers la terre, elle continueroit à se mouvoir dans une ligne droite. Il se peut donc que la courbe, dans laquelle elle se meut, soit l'effet de sa gravité combinée avec sa force de projection. Dans ce cas elle tomberoit sur la terre, si son mouvement de projectile étoit détruit; & elle observeroit dans sa chûte les loix des corps pesants.

La lune seroit elle donc un projectile?

Tout corps qui décrit une parabole à la surface de la terre, tombe à chaque instant; parce qu'il s'éloigne de la tangente, suivant laquelle il continueroit à se mouvoir s'il ne pesoit pas.

En ce cas elle
doit tomber à
chaque inf-
tant suivant
la loi de la
chûte des
corps.

Or, puisque la lune s'abaisse continuellement au dessous de sa tangente, elle tombe donc
continuellement vers la terre. Il ne reste plus
qu'à savoir, si les espaces parcourus suivent la
loi de la chûte des corps.

L'orbite de la lune est à peu de chose près
un cercle, dont le rayon est soixante fois le
demi-diametre de la terre: sa circonférence est
donc environ soixante fois la circonférence d'un
grand cercle de notre globe.

Or, il est dé-
montré qu'el-
le gravite sui-
vant cette loi.

Or, d'après les mesures prises d'un degré
du méridien, ce cercle a de circonférence
123249600 pieds de Paris. En multipliant ce
nombre par 60 on aura la circonférence de l'orbite de la lune; & puisqu'elle achève sa révolution dans 27 jours 7 heures & 43 minutes,
il sera facile de trouver l'arc qu'elle parcourt
dans une minute.

Dès qu'on a cet arc, on a la quantité de
l'abaissement au dessous de la tangente. Il ne s'a-
git plus que de calculer. Or, on trouve que dans

une minute la lune est tombée de 15 $\frac{1}{12}$ pieds de Paris.

« Supposons que la gravité augmente à proportion que le quarré de la distance diminue. Dans cette supposition, la lune tombant près de la surface de la terre, parcourroit dans une minute 60 fois 60 15 $\frac{1}{12}$ pieds. Elle parcourroit donc dans une seconde une espace moindre de 60 fois 60, c'est-à-dire, 15 $\frac{1}{12}$ pieds. Or, cette gravité est précisément la même que celle des corps terrestres. On peut donc présumer qu'un boulet de canon, à la distance de la lune, peseroit en raison inverse du quarré de sa distance; & que sa gravité seroit moindre de 60 fois 60; puisque la lune, à la surface de la terre, graviteroit comme le boulet, & que sa gravité seroit plus grande de 60 fois 60. Cela seul rend déja assez probable que la gravité augmente & diminue dans la proportion supposée; & c'est une preuve que la lune obéit dans son mouvement aux loix de la gravité, ainsi que les corps qui tombent perpendiculairement sur la terre, ou qui tombent en décrivant une ligne courbe. En effet, elle descend à chaque instant, & il est aussi démontré qu'elle gravite, que si elle tomboit librement jusques sur la terre.

En seroit-il de même de tou- Mais si cela est, toutes les planetes gravitent, puisqu'elles se meuvent toutes dans des

lignes courbes; & par conséquent la gravitation
suivra dans chacune les mêmes loix : c'est ce
dont il faut s'assurer.

Supposons qu'à une certaine distance du soleil, mercure soit lancé dans une direction perpendiculaire à celle de la gravité, qui l'attire
vers le centre de cet astre ; & que la force centrifuge, qui résulte du mouvement de projection, soit égale à la force centripete, qui n'est
autre chose que la gravité même. Dans ce cas,
il est évident que mercure décrira un cercle.
Car s'il est à chaque instant poussé par une force, qui tend à le faire échapper par la tangente; il est encore à chaque instant attiré vers le
soleil par une force égale, qui le fait descendre
au dessous de la tangente. Il faudra donc qu'il
se meuve circulairement, sans pouvoir jamais
s'approcher ni s'éloigner du centre de son mouvement.

Supposition
dans laquelle
mercure dé-
criroit une or-
bite circulaire
autour du so-
leil.

La force de projection étant la même, la
gravité, qui le retiendra dans une orbite circulaire, sera plus ou moins grande suivant la distance à laquelle il aura été projeté. Elle sera
plus grande, si la distance l'est moins, parce
qu'alors l'arc, décrit en temps égal, sera d'autant plus courbe que ce cercle sera plus petit,
& par conséquent mercure descendra davantage au dessous de la tangente. Par la raison con-

V 3

traire, la gravité fera moindre, fi la diftance eft plus grande.

Mais fi la diftance demeurant la même, la vîteffe de projection étoit augmentée ; il feroit néceffaire d'augmenter auffi la gravité, pour retenir mercure dans le même cercle. Suppofons que la projection foit double en vîteffe, l'arc parcouru fera double. Or, dans ce cas, comme on le démontre en géométrie, le corps projeté defcend quatre fois autant au deffous de la tangente ; il eft donc quatre fois autant attiré vers le centre. Donc mercure, projeté avec une force double, ne peut être retenu dans le même cercle, qu'autant qu'il eft attiré vers le foleil avec une gravité quadruple.

Suppofition dans laquelle il décriroit une ellipfe. La gravité peut prévaloir fur la force centrifuge qui naît de la force de projection, ou la force centrifuge fur la gravité ; & dans l'un & l'autre cas mercure décrira une ellipfe.

Dans le premier, il doit tomber au dedans du cercle, s'approcher du foleil à proportion que fa gravité prévaut & defcendre avec un mouvement accéléré. La gravité pourroit prévaloir au point que mercure tomberoit dans le foleil.

Dans le second cas, cette planete doit être emportée hors du cercle, & s'éloigner du soleil à proportion que sa force centrifuge est plus grande que sa gravité. Cette force pourroit être si supérieure, que mercure s'éloigneroit toujours.

Suppofons que les deux forces foient combinées dans une telle proportion, que la planete ne puiffe ni tomber dans le foleil ni s'en éloigner continuellement ; alors la gravité qui la fait defcendre de l'apfide fupérieure, ne peut que la rapprocher, & en accélérer le mouvement. Or, lorfque le mouvement en ligne courbe s'accélere, la force centrifuge augmente. Elle ira donc toujours en augmentant, jufqu'à ce que mercure foit arrivé au point où il eft le plus près du foleil, c'eft-à-dire, à fon apfide inférieure. Parvenue alors à fon dernier accroiffement, elle prévaut: mercure s'éloignera donc du foleil: il remontera donc avec un mouvement retardé à fon apfide fupérieure ; d'où fa gravité le fera redefcendre, parce qu'elle vaincra fa force centrifuge. C'eft ainfi que ces deux forces prévalant tour-à-tour, une planete peut décrire une ellipfe.

Quoique de l'apfide fupérieure à l'apfide inférieure, la force centrifuge aille toujours en augmentant, la planete fe rapproche conti-

V 4

nuellement du soleil , parce que dans toute
cette partie de son cours , la gravité continue de prévaloir sur la force centrifuge. Mais
le moment où la planete arrive à son apside
inférieure , est celui où la force centrifuge va
prévaloir à son tour ; & quoique cette force
aille ensuite en diminuant, elle éloigne la planete & la fait remonter à l'apside supérieure,
parce que dans toute cette partie de l'orbite
elle continue de prévaloir sur la gravité, qui
l'a vaincue dans l'autre partie & qui va la
vaincre encore. Telle est la maniere dont ces
deux forces se combinent , & sont alternativement supérieures l'une à l'autre.

Dans la sup-
position que
la gravité di-
minue dans la
même raison
que le quarré
des distances
augmente,
Newton fait
voir comment
une planete
va continuel-
lement d'une
apside à l'au-
tre.

Il s'agissoit de déterminer dans quelle proportion les forces doivent être combinées
pour ramener continuellement une planete d'u-
ne apside à l'autre. C'est où Newton entre dans
de grandes recherches, & résout les proble-
mes les plus difficiles. Il nous suffira d'observer , comme un résultat de ses démonstra-
tions, que lorsque la gravité diminue dans
la même raison que le quarré des distances augmente, une planete avec quelque force finie
qu'elle ait été projetée , est forcée à se mouvoir dans une section conique ; qu'il faut une
force de projection déterminée pour l'obliger
à se mouvoir dans une ellipse ; & que cette
force est différente dans les différentes sections coniques.

Il n'en seroit pas de même, si la gravité diminuoit, dans la même raison que le cube des distances augmente. Dans cette supposition il est démontré qu'un corps projeté avec une certaine force perpendiculairement à l'horison, s'éloignera toujours avec un mouvement retardé, & ne retombera jamais. Les mêmes principes démontrent que s'il étoit projeté obliquement, il décriroit une spirale, en s'éloignant toujours du centre de gravitation.

C'est ce qui n'auroit pas lieu, si la gravité diminuoit dans la même raison que le cube des distances augmente.

Puisque les planetes font leurs révolutions dans des ellipses, il est évident que la gravité n'agit pas en raison inverse du cube des distances. Mais agit-elle en raison inverse du quarré, ou dans une moindre proportion? c'est ce qu'il reste à chercher.

La gravité agit-elle donc en raison inverse du quarré des distances, ou en moindre raison?

Képler a observé qu'un rayon, tiré d'une planete au centre de son mouvement, décrit des aires égales en temps égaux. Or, cette observation est non-seulement une preuve de la gravitation des planetes, elle conduit encore à découvrir la loi que suit la gravité.

Un corps, mu dans une courbe, est toujours dirigé vers un même point, s'il décrit des aires égales en temps égaux.

Vous savez que des triangles font égaux, lorsqu'ils ont des bases & des hauteurs égales. Or, supposons un corps qui se meut d'un mouvement égal, dans une ligne droite, il parcourra des espaces égaux en temps égaux,

& fi nous imaginons un rayon tiré de ce corps
à un point fixe, hors de la ligne de projection, ce rayon décrira des aires égales en temps
égaux : car tous les triangles ont des bafes
égales fur la ligne de projection; & ayant tous
auffi leur fommet au même point, ils ont
encore des hauteurs égales.

Si nous fuppofons enfuite que ce corps,
fans perdre fa premiere force de projection,
reçoive une nouvelle force qui agiffe dans la
direction du rayon au point fixe; alors il
obéira aux deux, & parcourra une diagonale.
Mais les aires feront encore égales en temps
égaux : car les triangles auront une bafe commune fur la premiere diftance du corps au
point donné, & ils auront une même hauteur
puifqu'ils font entre les mêmes lignes paralleles.

Que cette feconde force continue d'agir,
qu'elle croiffe, ou qu'elle décroiffe, elle ac-
célérera ou retardera le mouvement du corps:
mais elle ne changera rien à la grandeur des
aires, qui regagneront d'un côté ce qu'elles
perdront de l'autre; parce que les triangles,
formés dans des temps égaux, auront fucceffivement l'un avec l'autre une bafe commune,
& une même hauteur. Les aires feront donc
néceffairement toujours égales ; & la fecon-

de force ne peut que changer la premiere direction du corps & le faire mouvoir dans une courbe.

Puisqu'il est démontré que les aires sont égales en temps égaux, lorsqu'un corps est toujours dirigé vers un même point; nous ne pouvons pas douter que l'inverse de cette proposition ne soit également vraie. Il est donc évident qu'un corps, qui se meut dans une courbe, est toujours dirigé vers un même point; toutes les fois que nous pouvons remarquer cette égalité entre les aires & les temps. En effet, si dans des temps égaux il étoit tour-à-tour dirigé à des points différents, les aires seroient nécessairement inégales.

Or, la lune décrit des aires égales en temps égaux autour du centre de la terre: il en est de même des satellites, soit autour de jupiter, soit autour de saturne, & des planetes autour du soleil. La lune est donc dirigée vers le centre de la terre, les satellites de jupiter vers le centre de jupiter, ceux de saturne vers le centre de saturne, & toutes les planetes vers le centre du soleil. Mais cette direction est une loi que suit la gravité dans les corps pesants, puisque nous voyons qu'ils tendent vers le centre de notre globe. La lune, les satellites & les planetes pesent donc vers le centre de leur révolution. Quelques

Donc chaque planete dans son cours est toujours dirigée vers un même centre.

inégalités qu'on remarque dans leur mouvement & sur tout dans celui de la lune, confirment cette conséquence, bien loin de la combattre. Car si la lune ne décrit pas des aires exactement égales en temps égaux, c'est qu'elle est tout-à-la fois dirigée vers deux points différents, vers le centre de la terre & vers le centre du soleil. Ces inégalités prouvent même que la gravitation est universelle, c'est à dire, que les corps célestes gravitent réciproquement les uns vers les autres ; & tous ensemble vers un centre commun, dont le centre du soleil s'approche, ou s'éloigne suivant leur position.

Mais la puissance qui retient les planetes dans leurs orbites, est elle la gravité même ?

De ce que la puissance, qui retient les planetes dans leurs orbites, a la même direction que la gravité, j'ai conclu qu'elle est la gravité même. Peut être cette conséquence est-elle trop précipitée. En effet, il faut encore s'assurer que cette puissance agit avec la même quantité de force ; & si nous le démontrons, elle sera semblable en tout à la gravité, que nous remarquons dans les corps terrestres.

Elle sera la gravité si les espaces, que parcourt une planete en

Nous mesurons la force par l'espace parcouru dans un temps donné, & nous observons que les espaces sont comme les quarrés des temps. C'est la seconde & la derniere loi que fuit la gravité. Or, en fuppofant que la puiffance qui retient les planetes dans leurs orbites, fuit encore cette loi, nous rendrons raifon de leurs révolutions, jufqu'à découvrir dans quelle proportion la gravité augmente ou diminue fuivant les diftances.

tombant au deffous de la tangente, font comme les quarrés des temps.

L'orbite de la lune ne différant pas beaucoup d'un cercle, on en peut confidérer les différentes portions, comme autant d'arcs de même courbure à peu de chofe près.

Or, c'eft ainfi que cette puiffance agit fur la lune, & elle la fait graviter en raifon inverfe du quarré des diftances.

Il eft encore certain qu'à proportion que la lune s'approche de la terre, elle fe meut avec plus de vîteffe. Elle parcourt donc dans des temps égaux un plus grand arc à fa moindre diftance qu'à fa plus grande. Elle defcend donc davantage au deffous de la tangente. Elle eft donc dirigée vers la terre par une puiffance qui agit avec plus de force.

Or, pour prendre le cas le plus fimple, fuppofons que fa moindre diftance foit la moitié de fa plus grande. Dans cette fuppofition, elle parcourroit à fon périgée un arc double de celui qu'elle parcourroit dans un temps égal à fon apogée: elle tomberoit par conféquent autant au deffous de la tangente en une minute, dans la partie inférieure de fon orbite, qu'en deux dans la partie fupérieure. La première

loi de Képler le démontre : car si les arcs parcourus n'étoient pas dans cette proportion,
les aires ne seroient pas égales en temps
égaux.

Supposons ensuite que la lune étant à sa
moindre distance, son mouvement de projection fût détruit ; elle tomberoit alors autant
vers la terre en une minute, qu'elle seroit
tombée en deux, si son même mouvement de
projection eût été détruit à sa plus grande distance : & dans l'un & l'autre cas elle descen-
droit avec un mouvement accéléré comme celui des autres corps ; parce que la puissance
qui la feroit descendre, agit sans cesse, & peut
être considérée comme une multitude d'impressions successives.

Si les espaces que parcourroit la lune en
tombant perpendiculairement de son apogée
sont les mêmes que ceux que parcourt tout
corps dans sa descente, elle devroit tomber en
deux minutes quatre fois autant qu'en une,
puisque les espaces sont comme les quarrés des
temps. Par conséquent à son périgée, où nous
supposons qu'elle est la moitié moins éloignée
de la terre, elle devroit, dans des temps
égaux, tomber quatre fois autant qu'à son
apogée.

Or si, comme tous les corps qui sont à
la surface de la terre, la lune est en effet assu-

jettie à cette loi; elle doit la fuivre également,
foit qu'elle décrive une orbite, foit qu'elle
tombe perpendiculairement. Car la force de
projection ne peut pas empêcher l'effet de la
puiffance qui dirige la lune vers le centre de
notre globe : elle peut feulement changer la
direction perpendiculaire en une ligne courbe.

Mais nous venons de voir que dans la fuppofition, où la moindre diftance de cette planete feroit la moitié de fa plus grande, elle
parcourroit à fon périgée des arcs doubles de
ceux qu'elle parcourroit dans des temps égaux
à fon apogée. Elle tombetoit donc quatre fois
autant au deffous de la tangente, puifque tous
les arcs qu'elle décrit font de même courbure:
elle parcourroit donc en defcendant, quatre
fois autant d'efpace; la puiffance, qui la di-
rigeroit vers la terre, feroit donc quadruple:
elle augmentetoit donc, comme le quarré des
diftances diminueroit; c'eft-à-dire qu'elle feroit
comme 4 à 1, lorfque les diftances feroient
comme 1 à 2.

Nous n'avons choifi cette fuppofition que
pour fimplifier davantage; & il eft évident que
les mêmes principes ont lieu dans toute autre.
Quel que foit donc le rapport qu'il y ait entre la plus petite & la plus grande diftance de
la lune, il eft démontré qu'elle obéit dans fa

descente à toutes les loix des corps pesants:
Elle gravite donc vers le centre de la terre;
& nous voyons que sa gravité agit en raison
inverse du quarré des distances.

C'est donc la gravité qui retient la lune dans son orbite.

La même puissance qui fait tomber les corps
avec un mouvement accéléré, & qui contenant toutes les parties de la terre autour du
centre, les empêche de se dissiper, retient
donc encore la lune dans son orbite & l'attire
vers la terre, avec une force qui augmente &
diminue, comme le quarré des distances diminue & augmente.

Or, les observations démontrent qu'il en est de jupiter par rapport à ses satellites & de saturne par rapport aux siens, comme de la terre par rapport à la lune.

Or, les observations démontrent que les satellites de jupiter sont assujettis dans leurs révolutions aux mêmes loix que la lune. Leur
gravité est dirigée au centre de leur planete
principale, puisqu'un rayon tiré de chacun
d'eux à ce centre, décrit des aires égales en
temps égaux. A chaque instant ils tombent
au dessous des tangentes de leur orbite, à proportion que le quarré de leur distance diminue.

Jupiter est donc par rapport à ses satellites
ce qu'est la terre par rapport à la lune. Les
mêmes raisonnements ont lieu dans l'un &
l'autre cas; & puisque les principes sont les
mêmes, les conséquences ne sauroient être
différen-

différentes. Toutes les parties de jupiter gravitent donc vers un centre commun. C'est
cette gravité, qui fait toute la force de leur
union; & qui agissant en raison inverse du
quarré des distances, retient chaque satellite
dans l'orbite qu'il parcourt. Les observations
autorisent à dire la même chose de saturne &
de ses satellites.

L'analogie suffiroit pour faire juger des planetes principales, dans le grand systême solaire, par les planetes secondaires dans les systêmes de la terre, de jupiter & de saturne. Mais
l'observation démontre encore que la même
loi regle les mouvements de tous les corps célestes. Car soit que l'on compare les mouvements d'une planete avec ceux d'une autre,
ou les mouvements de chacune dans les différentes parties de son orbite elliptique, on
découvre qu'elles sont toutes dirigées vers le
soleil par une puissance, qui croît comme le
quarré des distances diminue. Les cometes,
qui se meuvent dans des ellipses si excentri-
ques, ne sont pas une exception à cette loi,
puisqu'elles descendent avec un mouvement
accéléré, & remontent avec un mouvement
retardé, décrivant toujours des aires égales en
temps égaux; & la différence qu'on remarque
entre les ellipses des corps célestes, vient
uniquement des différents degrés de force

*Il en est de même du so-
leil par rap-
port aux pla-
netes & aux
cometes.*

Tom. XV. X

avec lesquels ils ont été projetés à certaines distances du soleil. En un mot, c'est le même principe qui les regle tous dans leurs mouvements, c'est la gravité combinée avec la force de projection ; & les sections coniques dans lesquelles ils se meuvent, ne sont différentes, que parce que les forces avec lesquelles ils ont été projetés, sont différentes elles-mêmes.

La gravitation des corps vient de la gravitation des parties dont ils sont composés ; & par conséquent la force de la gravité est à distances égales, comme la quantité de matiere. La gravitation est donc mutuelle entre tous les corps célestes ; & elle agit en raison directe, si on n'a égard qu'aux masses, comme elle agit en raison inverse, si on a égard aux distances. C'est une action & une réaction par lesquelles tous les corps se balancent mutuellement. La terre gravite vers la lune de la même maniere que la lune gravite vers la terre : il en est de même de jupiter par rapport à ses satellites, de saturne par rapport aux siens, des planetes les unes par rapport aux autres, & du soleil par rapport à toutes les planetes. Ces conséquences sont démontrées par les irrégularités qu'on observe dans le mouvement de jupiter & de saturne, lorsqu'ils sont en conjonction, & par celles qu'on remarque encore dans le mouvement des lunes de jupiter, de saturne & de la terre. Ainsi la gravitation est un principe

La graviation est un principe universel, par lequel les corps célestes s'attirent réciproquement en raison directe des masses & en raison inverse du quarré des distances.

universel, qui réglant tous les corps célestes
dans leurs cours, concilie jusqu'aux mouvements les plus irréguliers, ou plutôt varie les
mouvements sans produire d'irrégularités réelles, & entretient l'harmonie dans toutes les
parties du système.

Quand on a prouvé que la gravité suit la
raison inverse des quarrés des distances ; il ne
faut plus que des calculs pour découvrir en
quelles raisons sont entre elles les vîtesses des
planetes, qui font leurs révolutions à différentes distances d'un centre commun : & c'est de
la sorte que Newton a tiré de son principe la
démonstration de la seconde analogie de Képler ; que les quarrés des temps périodiques
font comme les cubes des distances mo-
yennes.

La seconde analogie de Képler suit du principe de Newton.

Je m'arrête, Monseigneur : de plus grands
détails demanderoient de trop grands calculs.
S'il vous reste quelque curiosité, vous trouverez des écrivains qui la satisferont mieux que
moi : mais comme votre précepteur, je crois
avoir assez fait, si je vous ai donné une
premiere idée des découvertes d'un grand
homme ; & vous comme prince, vous aurez
bien d'autres calculs à faire que ceux de Newton, si jamais vous avez un peuple à gouverner.
Je n'ai traité dans cette occasion, comme dans
beaucoup d'autres, des matieres qui sont éloi-

gnées de votre genre, que parce que je suis
perfuadé qu'un prince doit favoir de tout : mais
je ne penfe pas qu'il doive tout favoir. Bornez-
vous donc, Monfeigneur, dans ces fortes de recherches; & n'oubliez jamais que votre premier
devoir eft d'apprendre votre métier. Je ne vous
parle pas des découvertes de Newton fur la lumiere, parce qu'on en fera quelque jour les
expériences devant vous.

CHAPITRE X.

Confidérations fur le progrès des fcien-
ces & fur celui des lettres.

QUAND on confidere le progrès des connoiffances depuis Copernic, il femble qu'on voie
l'univers fe former peu-à-peu.

Dès qu'on a fu obferver, on a été rapide-ment de dé-couvertes en découvertes.

Remarquez fur-tout, Monfeigneur, qu'-
auffitôt qu'on a fu obferver, on a été conduit
de découvertes en découvertes. Le chemin de
la vérité s'ouvroit enfin : il fe frayoit à mefure
qu'on avançoit davantage : les vérités à découvrir touchoient les unes aux autres ; & elles paroiffoient tellement liées, que fi nous admi-
rons à jufte titre les génies auxquels nous en
devons la connoiffance, nous fommes étonnés de les voir quelquefois s'arrêter tout-à-
coup, & laiffer échapper une découverte à laquelle ils touchent.

Newton eft certainement de tous les philofophes celui qui a le mieux connu cette rou-

Newton n'a été plus loin,

te, que trace une suite de vérités liées les unes aux autres. Aussi s'est-il élevé aux plus sublimes connoissances. J'en conclus que celui qui a fait une premiere découverte, est capable d'en faire d'autres, toutes les fois qu'il est doué d'assez de sagacité, pour appercevoir cette liaison dont je parle. Voilà ce qui caractérise l'homme de génie. Il doit ce qu'il est à cette liaison qu'il apperçoit ; & c'est par elle qu'il va rapidement de connoissances en connoissances. Quelques découvertes dues au hasard, comme les télescopes & les microscopes, auroient pu se faire par la seule liaison des idées ; si ceux qui portoient des lunettes, avoient su réfléchir sur l'usage dont elles leur étoient. Mais pendant des siecles les savants ont été avides de connoissances, sans savoir en acquérir. Ils ne ressemblent que trop souvent à ces chiens de chasse, qui, avec beaucoup d'ardeur & peu d'odorat, sautent par dessus le gibier sans l'appercevoir. Il faut qu'en faveur de la justesse, ils me passent cette comparaison.

que parce qu'il a mieux connu la liaison des vérités.

Je vous ai fait voir ailleurs que tout l'art d'écrire porte sur le principe de la plus grande liaison des idées ; parce qu'en effet l'art de penser n'a pas d'autre principe lui-même. A proportion que nous sommes capables de suivre cette liaison, notre esprit s'étend davantage : il

La liaison des idées fait la folie, la raison & toutes les qualités de l'esprit.

voit chaque chose à sa place: il embrasse à la fois une multitude d'objets: & les appercevant avec netteté, il les expose avec précision.

Plus vous réfléchirez sur l'histoire de l'esprit humain, plus vous vous convaincrez de l'universalité de ce principe. Locke a remarqué que les fausses liaisons d'idées font la folie, & il s'est arrêté là. Il étoit cependant facile de conclure que la vraie liaison des idées fait la raison; & en réfléchissant un peu sur cette conséquence, ce philosophe eût vu que ce principe est l'unique cause de toutes les qualités de l'esprit.

Ce chemin étoit certainement le plus court pour découvrir l'universalité de ce principe; & vous croirez, peut-être, que c'est celui que j'ai pris. Point du tout: je ne fais presque que de m'en appercevoir; & actuellement que je suis arrivé, je vois que j'ai fait de grands détours.

Il y a des hommes de génie, qui ne paroissant pas suivre la trace que laisse la liaison des idées, semblent penser de grandes choses comme par inspiration. Mais lorsqu'on rapproche leurs vues, on voit facilement comment ce qu'ils ont dit de mieux tient à ce qu'ils ont dit de bien; & comment ils ont été conduits,

Ceux qui pensent comme par inspiration, obéissent à leur insu au principe de la plus grande liaison des idées.

X. 4

à leur infu, par le feul principe qui fait bien penfer. Je crois que s'ils avoient connu ce principe, ils n'auroient prefque dit que de bonnes chofes; & qu'on ne trouveroit pas dans leurs écrits des vues hafardées, des idées mal déterminées, des notions trop généralifées & des penfées fauffes.

C'est ce principe qui a guidé tous les bons efprits au renouvellement des lettres; & qui les a ramenés au vrai, lorfque les Grecs de Conftantinople les avoient égarés dans une érudition pédante. Alors toutes les fciences & tous les arts firent à la fois des progrès rapides. On en eft étonné; & cependant il feroit bien plus étonnant que le génie, qui avoit appris à fe conduire dans quelques genres, n'eût pas fu fe conduire également bien dans tous. Puifque toutes nos études tiennent les unes aux autres, elles doivent s'éclairer & contribuer mutuellement à leurs progrès. La marche de l'efprit eft la même dans chacune; l'objet change feulement; & quiconque fait apprendre une chofe, & fait comment il l'a apprife, eft capable d'en apprendre beaucoup d'autres.

La langue italienne s'eft perfectionnée la premiere. Auffi c'eft en Italie que les beaux-arts ont commencé avec le goût; & Galilée eût donné à fa patrie la gloire d'être le berceau de la vraie philofophie, fi l'Allemagne n'avoit pas produit Copernic, Tycho-Brahé & Képler.

La France, encore grossiere & barbare, n'avoit proprement ni langue, ni arts, ni sciences, lorsqu'au seizieme siecle l'érudition grecque & latine s'y répandit. Cette révolution devoit accroître, & accrut la barbarie; parce qu'on n'étoit pas capable de chercher dans les anciens une élégance qu'on ne sentoit pas. C'étoit assez de faire connoître qu'on les avoit lus, & avec quelque peu de choix qu'on puisât dans leurs écrits, on étoit sûr de se faire une grande réputation.

tandis qu'en France où la langue étoit grossiere, parce qu'on y manquoit de goût, il n'y avoit encore ni arts ni sciences.

La langue étoit pauvre; & maniée par des esprits qui ne savoient pas penser, elle le paroissoit encore plus qu'elle ne l'étoit. Si les mots manquoient quelquefois, si les constructions étoient dures & embarrassées, si les expressions figurées étoient exagérées & sans goût, en un mot, si le style n'avoit ni netteté, ni précision; c'étoit plus la faute des écrivains que de la langue même. En effet, le françois de ce siecle a des graces dans Marot & dans Amiot, qu'il ne faut pas confondre avec leurs contemporains: mais le pédantisme grec & latin permit rarement de les imiter.

On est étonné que François I, que les savants appellent le pere des lettres parce qu'il

Aussi François I ne peut par

être le restau-
rateur des let-
tres.
les protégez, n'en ait pas encore été le restaurateur. Il les eût sans doute fait fleurir davantage, s'il les eût protégées avec plus de
discernement: mais il encouragea la fausse érudition plus que le goût, & ses successeurs sui-
virent son exemple. Lorsque les princes n'ont
pas des lumieres au dessus de leur siecle, ils estiment sur parole, & ils se laissent égarer par
le public qui se trompe.

Ronsard . . . . . .
Réglant tout, brouilla tout, fit un art à sa mode,
Et toutefois long-temps eut un heureux destin :
Mais sa muse en françois parlant grec & latin,
Vit dans l'âge suivant par un retour grotesque,
Tomber de ses grands mots le faste pédantesque.

Mauvais goût
des François
dans le seizie-
me siecle.
Ce Ronsard, né sous François I en 1525,
a vécu sous les regnes de Henri II, de François
II, de Charles IX & de Henri III. Comblé des
bienfaits, & même de l'amitié de ces princes,
sur-tout de celle de Charles IX, il fut regardé lui-même comme le prince des poëtes. Les
savants applaudirent à ses vers, parce qu'ils y
trouvoient du grec & du latin; & lorsqu'il mourut en 1585, toutes les muses le célébrerent à
l'envi. Vous pouvez juger, à cette réputation
éclatante, du goût qui dominoit dans le seizieme siecle.

On pourroit croire que les guerres civiles, & sur-tout les disputes de religion auroient nui aux progrès des lettres. Il est vrai que tout ce qui sortoit des écoles, étoit très-capable de corrompre le goût, s'il y en avoit eu ; & que les questions qu'on agitoit avec enthousiasme, & pour lesquelles on s'égorgeoit, ont dû entraîner beaucoup d'esprits, qui auroient pu s'appliquer à d'autres études avec plus de succès. Mais la principale cause du peu de progrès des lettres, c'est le mauvais goût, surchargé d'une érudition pédante. Il étoit répandu partout, il regnoit à la cour parmi les vices, & il ressembloit tout-à-fait aux mœurs.

Les guerres & les disputes de religion n'ont point empêché de cultiver la poësie. Le seizieme siecle a produit un grand nombre de poëtes. Recherchés par les grands, protégés par les souverains, chéris même par Charles IX, qui se piquoit de faire des vers, il ne leur manquoit que du goût pour perfectionner leur art. Ils n'en auroient eu que trop d'occasion dans ces temps malheureux, où parmi les horreurs & les crimes, on s'occupoit continuellement de galanterie, de fêtes, & de plaisirs : mais le fanatisme qui étouffoit tout sentiment d'humanité, permettoit-il de sentir avec cette délicatesse qui caractérise le vrai goût ?

Enfin Malherbe vint. Il connut le premier le caractere de notre langue ; il l'assujettit aux regles du bon sens ; & tout-à-coup il se fit dans les lettres une révolution semblable à celle qu'é prouvoit alors la philosophie. Ronsard & ses semblables tomberent dans le mépris, non par un retour grotesque, comme dit Despreaux, mais par un changement très judicieux. Les bons esprits se hâterent d'entrer dans la route qui leur étoit ouverte : le dix-septieme siecle produisit de grands poëtes & de grands orateurs, comme de grands philosophes : en un mot, tous les arts, toutes les sciences, cultivés à la fois & avec le même discernement, se perfectionnerent ensemble. Je ne vous dirai rien de ces écrivains célebres qui ont fixé notre langue : assez d'autres ont disserté sur leurs ouvrages. Il vaut mieux les lire, & vous en avez déja lu plusieurs.

Dans le dix-septieme siecle où le goût commence en France, les arts & les sciences y sont cultivés avec succès.

Lorsque nous eumes de meilleurs écrivains, nous fimes une étude plus particuliere de notre langue : étude qui devint à la mode plus qu'aucune autre, parce qu'elle paroissoit à la portée du plus grand nombre. Il parut des volumes d'observations sur le langage, & ces questions, souvent frivoles, faisoient les délices des conversations. Cette manie donna naissance à ce qu'on nomma *les Puristes.*

Mais le goût dégénéranten manie produisit le purisme ;

Avant le dix-septieme siecle on écrivoit sans regles, & les poëtes se permettoient tout, sous prétexte de licence. Depuis on tomba dans l'excès opposé, & on voulut, avec des regles arbitraires, mettre des entraves au génie. C'est que les grammairiens qui entreprirent de se rendre les législateurs du langage, n'avoient pas le goût des hommes de talents, qui se contentoient de bien écrire, sans donner leurs observations sur la langue. Ils calquerent la grammaire latine : ils prirent pour regle, que ce qui n'a pas été dit, ne peut pas être dit, sur le principe que l'usage est le seul maître des langues; & en conséquence tout nouveau tour leur parut vicieux, ou du moins hasardé. Ils ne s'appercevoient pas qu'une langue ne peut se perfectionner, qu'autant que l'usage change lui-même. Ils ne s'appercevoient pas même qu'ils étoient à la fin contraints d'approuver des expressions qu'ils avoient d'abord condamnées; & ils continuoient de dire qu'il ne faut employer que celles dont on s'est déja servi.

En marge : & les grammairiens qui se firent les législateurs du langage, donnerent des entraves au génie.

L'analogie est l'unique regle. Quand on la connoît, on peut se permettre tous les tours qui ne s'en écartent pas. C'est ce qu'ont fait les grands écrivains, qui ont enrichi notre langue. Peut-être même l'auroient-ils enrichie davantage, si la pédanterie des grammairiens ne les avoit pas quelquefois rendus timides. Racine

En marge : L'analogie est l'unique regle pour juger si un tour est françois.

est un de ceux à qui elle a le plus d'obligation.

L'érudition étudoit à perpétuer le mauvais goût.

Pendant que le langage & la philosophie se
perfectionnoient, l'érudition, toujours pédante, tendoit à perpétuer le mauvais goût. Il est
vrai qu'on étudioit l'histoire avec un peu de critique : les disputes de religion en avoient fait
une nécessité. Mais la prévention aveugle pour
l'antiquité subsistoit dans toute sa force : on
continuoit de prodiguer l'érudition : on ne raisonnoit que par autorité : on ne pensoit que
d'après les anciens ; & on jugeoit uniquement
sur leur parole.

On demanda si la préférence est due aux modernes ; &
ce fut une grande dispu-
te.

Alors les partisans des anciens & les partisans des modernes formerent deux sectes, qui
se traiterent réciproquement avec mépris. Elles
éleverent une dispute qui a duré jusqu'à nos
jours. Il s'agissoit de savoir à qui la préférence
est due des anciens ou des modernes : question
qui n'a jamais été bien traitée ; parce que les
partisans des anciens n'avoient lu que les
anciens, & que les partisans des modernes
étoient de beaux esprits, qui ne connoissoient pas les progrès que la philosophie avoit
faits de leur temps. Les vrais philosophes
ne se mêlerent jamais dans cette dispute,
ils étoient sans doute trop sûrs d'avoir l'a-
vantage, pour ne pas dédaigner d'entrer en
lice.

Les érudits accoutumés à raisonner sur des hypotheses, à l'exemple des sectes anciennes, étudierent l'histoire avec cet esprit, & expliquerent jusqu'au temps fabuleux avec des suppositions. Étoient-ils embarrassés sur un fait, sur une époque, sur une généalogie, ils faisoient une hypothese, & ils la donnoient pour l'histoire même. Ils n'avoient pas encore appris que, pour être historien, il faut des monuments, comme il faut des observations, pour être philosophe. Nous avons déja eu occasion de remarquer, que lorsque les philosophes étoient mauvais, les critiques ne l'étoient pas moins. Aujourd'hui que la vraie philosophie est plus répandue, la critique en est devenue meilleure ; & l'on commence à reconnoître qu'on ignore l'histoire d'un temps, quand les événements n'ont pas laissé de traces. Mais ceux qui les premiers ont élevé des doutes contre la crédule érudition ont causé de grands scandales.

La critique étant plus saine, on pourroit étudier aujourd'hui l'antiquité avec plus de fruit. Mais il est à craindre qu'on ne tombe dans un autre excès ; & qu'après avoir porté l'érudition jusqu'au pédantisme, on ne la néglige tout-à-fait.

D'après cet exposé de l'histoire des sciences & des lettres, vous voyez que le goût a com-

[note marginale:] Les érudits chercherent dans les hypotheses ce que les monuments ne leur apprenoient pas & la critique se formoit lentement.

[note marginale:] Ou...tes d...progrès du

l'esprit en dif-
férents genres
mencé avec l'étude des langues vulgaires ; qu'il
s'eſt perfectionné, lorſqu'il avoit déja fait aſſez
de progrès pour puiſer avec diſcernement dans
les anciens ; que la vraie philoſophie ſe montrant preſque auſſitôt , nous avons eu de bons
philoſophes après avoir eu de bons poëtes ; &
que la ſaine critique a été la derniere à ſe former.

CHAPI-

CHAPITRE XI.

Des progrès de la politique.

Il est une science qui étoit fort imparfaite avant le dix-septieme siecle, qui l'est encore à bien des égards, & qui se perfectionne tous les jours, au moins quant à la théorie: c'est la politique.

En étudiant les différents gouvernements, & en observant la conduite des bons & des mauvais princes, vous avez déja pu vous faire quelque idée de cette science. Cependant vous ne sauriez dire tous les objets qu'elle embrasse. L'idée que vous en avez est donc incomplete, & il s'agit aujourd'hui de vous en faire une plus étendue.

La politique peut être considérée par rapport aux nations étrangeres, & par rapport aux peuples qu'on a à gouverner.

L'objet de la politique, par rapport aux nations étrangeres, est d'en connoître le droit pu-

Marginal notes:

Il importe à un prince de se faire une idée complete de la politique.

Double objet de la politique.

Objet de la politique par

rapport aux nations étran-gères.

blic, le gouvernement, les forces, les intérêts, les préjugés, les mœurs, les vues, les moyens & le caractere de ceux qui ont part à l'adminis-tration.

Son objet par rapport aux peuples à gou-verner.

Par rapport aux peuples à gouverner, la po-litique embrasse encore un plus grand nombre d'objets. Tels sont les mœurs, es préjugés, l'industrie & le nombre des citoyens ; l'étendue des terres, leur valeur & les moyens de les améliorer ; les loix, les abus qui se sont intro-duits, les changements à faire, les obstacles auxquels on doit s'attendre, & la conduite à tenir pour les vaincre ; l'agriculture, la milice, les finances, le commerce, les arts ; en un mot, toutes les parties économiques.

Elle doit em-brasser toutes les parties de l'économie publique.

Puisque le souverain doit également sa pro-tection à tous les citoyens ; il est de sa politi-que de protéger toujours également l'industrie qui les fait vivre. Tous les arts qui contribuent au bien commun, ont plus ou moins de droits à la faveur, à proportion qu'ils sont plus ou moins utiles à la société entiere. C'est l'utilité générale que l'homme d'état doit toujours se proposer : il ne seroit ni juste, ni prudent de la sacrifier à l'utilité de quelques membres, & d'oublier les arts généralement utiles ou né-cessaires, pour ne s'occuper que des arts moins utiles ou frivoles. Vous voyez que l'économie publique demande un genie vaste, qui connoisse tout, qui pese tout, & qui dirigeant tous les ressorts du gouvernement, les entretienne dans une harmonie parfaite.

Il seroit difficile, ou plutôt impossible de trouver un pareil génie. Les hommes d'état, les mieux intentionnés & les plus habiles, ont fait des fautes par ignorance ou par précipitation, tant il est difficile de tout voir & de tout combiner, sans tomber quelquefois dans l'erreur. Tel excelle dans des parties, qui est médiocre dans d'autres; & il se trouve naturellement porté à sacrifier les choses qu'il sait moins conduire, aux progrès de celles qu'il conduit mieux. Mais les hommes d'état ne nuisent jamais plus, que lorsqu'ils veulent se mêler de tout. Il seroit plus sage de se borner à prévenir les abus, & d'ailleurs de laisser faire. Sans doute qu'ils tiendroient tous cette conduite, s'ils vouloient toujours le bien, & s'ils connoissoient mieux les ressorts de l'économie publique.

Les hommes d'état ne réussiront jamais mieux qu'en laissant faire.

Voilà, Monseigneur, l'étude à laquelle vous devez principalement vous appliquer. Comme un duc de Parme a peu d'intérêts à démêler avec les nations, vous pouvez vous borner à une connoissance imparfaite de la politique, qui régle la conduite de souverain à

Y 2

souverain: mais vous ne devez jamais négliger de connoître les choses qui peuvent contribuer à la meilleure administration, si vous voulez être un jour en état de faire le bonheur d'un peuple, que vous êtes destiné à gouverner.

Je viens de vous donner une idée générale des différentes parties de la politique. Voyons maintenant quels ont été les progrès de cette science.

Les anciens philosophes ne se sont pas appliqués à toutes les parties de l'économie politique. Il ne s'agit pas de rechercher ce que les anciens philosophes ont écrit sur cette matiere. Bornés à la morale & à la législation, ils ne se sont pas appliqués aux autres parties de l'économie politique, & ils ont d'ordinaire fondé leurs systêmes sur des principes qu'ils n'avoient pas pris dans la nature de l'homme. Vous ayant suffisamment entretenu de leurs opinions, nous jugerons aujourd'hui de l'état de la politique en considérant la conduite des peuples.

Les nations de l'Asie n'ont jamais pu avoir d'idée de la vraie politique. Les nations de l'Asie, accoutumées de tout temps au despotisme, n'ont pu se faire que des idées fausses du droit naturel & du droit des gens. Les révolutions, auxquelles elles étoient exposées, nuisoient d'autant plus aux progrès du gouvernement, qu'elles les assujettissoient à des barbares, qui ne connoissoient d'autre vertu que le courage. La paix, qui fuccédoit à ces révolutions, amolliffoit les conquérants, & en même temps étouffoit dans le vaincu des lumieres, dont le vainqueur faifoit peu de cas. On fe conduifoit uniquement d'après les coutumes que l'ufage paroiffoit confacrer, & dont on s'étoit fait une habitude, fans les avoir examinées. Enfin le joug de la fuperftition, qui entretenoit l'ignorance, ne laiffoit pas la liberté de penfer; & le monarque adoré fur fon trône ne connoiffoit d'autre loi que fa volonté. Or, eft-il poffible qu'un peuple, qui ne fent que la néceffité de céder à la force, fe faffe des idées du droit naturel; & qu'un defpote, qui, fe voyant maître d'un vafte empire, croit n'avoir à redouter aucune puiffance, foupçonne qu'il a des devoirs à remplir envers fes fujets, & des ménagements au moins à garder avec les nations voifines? Il ne faut donc pas s'attendre à trouver les commencements de la politique parmi les peuples de l'Afie.

Les Grecs fe trouverent dans des circonftances plus heureufes, lorfque, las des défordres, ils demanderent des loix aux efprits les plus éclairés. Une expérience qui tâtonne, introduit les abus, comme les réglements les plus fages: elle les autorife, elle les multiplie, elle permet rarement de les corriger. Les républiques de la Grece, formées par des légiflateurs,

De tous les peuples anciens, les Grecs font ceux qui ont eu les idées plus faines fur le droit naturel.

se gouvernerent par des loix plutôt que par des coutumes. Leur législation, ouvrage du génie, ne fut pas uniquement l'effet lent des circonstances. Elles s'éclairerent mutuellement, & elles eurent de bonne heure pour citoyens des hommes d'état. Voilà pourquoi les Grecs sont de tous les peuples de l'antiquité payenne, ceux qui ont eu les idées les plus saines sur le droit naturel.

Cependant au siecle même de Solon, la morale n'étoit encore qu'à sa naissance. Elle se bornoit à quelques maximes, exprimées avec précision ; & il ne paroît pas qu'on l'eût assez approfondie pour en développer tout le systême. La célébrité, que les sept sages acquirent par leurs apophthegmes, prouve assez que la morale étoit une science toute nouvelle pour les Grecs. Il faut même convenir que la plupart de ces sentences n'étoient pas ignorées des Barbares : mais il semble que la connoissance qu'en avoient les Egyptiens, les Chaldéens & d'autres, bornée à la spéculation, fut réservée aux savants. Les Grecs, au contraire, enseignoient la pratique de ces maximes, parce qu'ils les pratiquoient. Ils ont prouvé par l'applaudissement, avec lequel ils les ont reçues, qu'ils étoient capables de connoître & d'aimer la vertu, & ils ont été vertueux.

Cependant au temps de Solon la morale étoit à sa naissance.

Le droit des gens ne leur étoit pas inconnu.
Comme chaque république étoit foible par elle-
même, & que celles qui acqueroient le plus de
puissance, avoient des temps de foiblesse; elles
eurent toutes souvent occasion d'éprouver qu'au
lieu de se nuire, elles devoient se donner mutuellement des secours, & s'opposer de concert
à toute entreprise injuste. Les foibles sont faits
pour réclamer la justice, & pour s'en faire des
idées plus exactes.

Une chose a pu contribuer encore à donner aux Grecs une idée aussi saine du droit des
gens; c'est qu'ils se regardoient en quelque
sorte comme un seul peuple, sorti d'une même
famille. Mais ils n'étendoient pas ce droit des
gens aux barbares. Ils les traitoient au contraire
comme des ennemis naturels, contre lesquels
ils se croyoient tout permis. Cete erreur pouvoit avoir pour cause le mépris qu'ils conce-
voient pour les autres nations, & les injustices
qu'ils en avoient reçues.

Les républiques de la Grece, en considérant
leur position & leurs intérêts, apprirent encore
l'art de négocier, & de contracter des alliances
pour maintenir une sorte d'équilibre entr'elles.
Cet art passa chez les Perses, lorsqu'ils eurent
éprouvé les forces des Grecs. Le grand roi employa les négociations, & s'occupa des moyens

de divifer des peuples qu'il craignoit de voir réunis contre lui. Philippe de Macédoine ufa dans la fuite du même artifice pour les fubjuguer.

Ils n'ont pas eu des principes fur toutes les parties de l'économie publique. Les progrès du commerce & des arts font une preuve que les gouvernements de la Grece n'on' pas négligé l'économie politique. Je doute cependant qu'aucune république eût un plan qui en développât toutes les parties ; & il me paroît qu'à cet égard les Grecs n'avoient pas de fcience fondée en principes, mais feulement des connoiffances pratiques, dues à l'expérience.

Les Romains n'ont connu ni le droit naturel ni le droit des gens. Un gouvernement, conquérant par fa conftitution, ne permet pas de remonter aux vrais principes du droit naturel & du droit des gens. Auffi les Romains ne les ont-ils point connus. prefque toujours fupérieurs en forces, s'ils ont voulu par prudence paroître juftes, ils ont rarement fenti le befoin de l'être en effet. Conduits par les circonftances, ils fe font trouvés dans le chemin de l'ambition, & ils l'ont fuivi. L'art militaire a été l'unique étude, à laquelle ils aient été portés par la nature du gouvernement, en forte qu'ils n'en pouvoient pas faire d'autres, fans s'écarter de l'efprit qui dominoit dans la république. Bons foldats, ils pouvoient vaincre avec de mauvais généraux par l'effet de la discipline feule , & ils en ont fouvent eu de bons. Enhardis par leurs fuccès, ils fe perfuaderent bientôt que les dieux les deftinoient à l'empire du monde. Dès-lors toutes leurs entreprifes parurent juftes à leurs yeux.

Ils ont peu connu l'art de négocier, parce qu'une puiffance dominante commande & négocie peu, ou du moins ne négocie qu'autant qu'elle a intérêt de paroître refpecter les droits des nations. D'ailleurs les peuples foibles venoient d'eux-mêmes au devant du joug ; & fe croyant protégés contre leurs ennemis, ils aidoient à les fubjuguer, pour être bientôt fubjugés eux-mêmes

& fort peu l'art de négocier.

Les cités voifines oferent d'abord réfifter ; mais, n'ayant pas fu réunir leurs forces, elles firent des efforts inutiles. Quelques-unes commencerent à rechercher l'alliance du vainqueur, foit par l'impuiffance de conferver autrement quelque efpece de liberté , foit dans l'efpérance de partager avec lui les dépouilles des vaincus. Cet efprit gagna peu-à-peu toute l'Italie. Il devoit fe répandre à mefure que les armes des Romains feroient de plus grands progrès. Les cités les plus belliqueufes fuivirent donc les unes après les autres l'exemple de celles qui s'étoient foumifes les premieres. Elles oublierent infenfiblement qu'elles avoient une patrie , & elles

Ce font les peuples mêmes qui leur ont appris comment ils devoient fe conduire , pour les fubjuguer les uns par les autres.

n'eurent plus d'autre ambition que d'être Ro=
maines. Ce fut dans ces circonstances que la
république s'apperçut qu'elle avoit des peines
& des récompenses pour se les attacher ; & la
conduite habile qu'elle tint, fut moins son ouvrage, que celui de tous les peuples d'Italie.

Ils n'ont eu que des usages pour conduire les différentes parties de l'économie publique.

Pauvres d'abord parce qu'ils ne connoissoient pas les richesses, & assez riches parce que
cette ignorance les rendoit sobres, les Romains
commencerent à piller des peuples aussi pauvres qu'eux ; & cet amour du pillage croissant
avec les conquêtes, ils s'e richirent enfin des
dépouilles des nations. La guerre suppléa au
commerce qu'ils ne connoissoient pas ; & ils
ne transporterent les arts à Rome, que parce
que les arts étoient une partie des dépouilles
des peuples subjugués. Si vous parcourez donc
leur histoire, vous reconnoîtrez qu'ils n'ont jamais été dans le cas d'approfondir toutes les
parties de l'économie politique ; & que par
conséquent, bien loin de songer à en former
un corps de science, ils ne se sont conduits à
cet égard qu'après des coutumes.

Les Barbares qui ont enva-hi l'empire d'occident, ignoroient ab-solument tout.

La barbarie, qui avoit commencé avec la
décadence de l'empire romain, couvrit enfin
toute l'Europe. Vous ne vous attendez pas à
trouver des notions du droit de la nature & des
gens, ni les vrais principes d'une sage administra-

tion parmi des nations féroces, qui ne connoiſ-
ſent d'autres loix que la force. Si quelquefois
elles ont été conduites par de grands hommes,
tels qu'un Théodoric le Grand & un Charle-
magne, elles ont été heureuſes, ſans être capables de remonter aux principes de leur bonheur; & l'art de gouverner paroiſſoit un ſecret
réſervé à quelques génies, bien ſupérieurs à leur
ſiecle.

ce qui peut
contribuer au
bonheur des
ſociétés civi-
les.

Le déſordre s'accrut avec le gouvernement
féodal, & fut porté au comble lorſque la puiſſance eccléſiaſtique foula aux pieds les loix
qu'elle devoit faire reſpecter par ſon exemple.
On n'eut plus aucune idée du droit de la nature
& des gens; il ne reſta aucune trace du droit
public, on viola ſans remords la foi des traités,
ſouvent même on s'y crut autoriſé par le ſouverain pontife; les nations ne connurent plus
de lien; les ſujets oublierent la fidélité qu'ils
devoient à leur prince; l'aſſaſſinat des rois fut
regardé comme une action pieuſe; & les maximes les plus monſtrueuſes, enſeignées par des
prêtres, prirent la place d'une religion, qui
n'aime que la juſtice & la paix. Ces abus continuerent & ſe multiplierent juſqu'au dix-ſep-
tiéme ſiecle, & finirent par des guerres de religion, où le fanatiſme & l'ambition armerent
les peuples & les citoyens, & répandirent des
flots de ſang dans toute l'Europe.

Ils ſe porte-
rent aux der-
niers excès, &
ils parurent
s'y autoriſés
par la religion
même.

Il y avoit deux siecles que les nations s'observoient mutuellement. Elles négocioient, elles traitoient, elles s'allioient. Mais ces alliances n'étoient que des ligues formées sant objet, & conduites sans dessein. Les passions, toujours aveugles, régloient les démarches des souverains, qui ne connoissoient ni leurs intérêts, ni leurs forces, ni leurs droits; & cependant l'Europe étoit baignée de sang

Il étoit temps de remédier à des désordres, qui, ruinant le vainqueur comme le vaincu, faisoient le malheur général de l'Europe. Il s'agissoit de montrer aux peuples ce qu'ils se doivent les uns aux autres, & de combattre par conséquent l'ignorance, les préjugés & la superstition qui les armoient.

Pour remplir cet objet, il falloit créer une science qu'il étoit bien difficile d'enseigner au nations. Grotius osa le premier le tenter, dans son *droit de la guerre & de la paix*; ouvrage auquel il travailla les premieres années de la guerre de trente ans, & qu'il publia en 1625.

L'Allemagne, qui cherchoit alors des secours pour défendre sa liberté contre les entreprises de Ferdinand II, trouva bientôt après dans Gustave-Adolphe un héros & un conquérant. De ce moment ses provinces furent con-

tinuellement ravagées, autant par ses propres
troupes, que par les armées étrangeres, qui
erroient les unes & les autres, comme des hor-
des dans un pays où tout seroit au premier occupant. Il n'y avoit donc point alors de nation,
qui sentît mieux le besoin d'un droit des gens,
établi sur de bons principes, & généralement
reconnu. Aussi l'ouvrage de Grotius eut-il en
Allemagne le plus grand succès ; il y fut enseigné dans les écoles, & il eut de bonne heure
le sort des livres anciens, c'est-à-dire, qu'il fut
fort commenté & fort obscurci.

Quoique Grotius eût pour objet d'établir
les principes du droit naturel, du droit des gens
& du droit public, & de résoudre d'après ces
principes les questions qui intéressent le bonheur des peuples, il intitula son ouvrage *le droit
de la guerre & de la paix*. Il parut par-là se
renfermer dans un plan moins étendu que celui
qu'il se proposoit : mais il usa de cet artifice,
parce qu'il écrivoit dans un temps où ce titre
devoit, plus que tout autre, attirer l'attention
des puissances de l'Europe. Il eut la gloire d'a-
voir pour lecteur le grand Gustave, qui desi-
rant de s'attacher un écrivain dont il estimoit
les talens, étoit au moment de l'appeller à son
service, lorsqu'il fut tué en 1632 à la bataille
de Lutzen. Peu de temps après, le chancelier
Oxenstiern, qui ne l'estimoit pas moins, se fit

Pourquoi Grotius donna à cet ouvrage le titre *droit de la guerre & de la paix*.

un devoir de fe conformer aux intentions du
roi fon maître, & nomma Grotius ambaffadeur
de Suede à la cour de France.

Cet ouvrage
eft digne d'é.
loges & de cri-
tiques. L'eftime de Guftave & celle d'Oxenftiern
fuffifent pour déterminer la vôtre. Grotius eft
en effet un homme de génie, qui commence
à répandre la lumiere. Malgré les progrès que
faifoit l'efprit humain, les puiffances de l'Europe, dans la plus grande ignorance des matieres qu'il traite, ne fongeoient pas même à s'en
inftruire; & il femble leur enfeigner l'art de dé-
fricher des terres, que la barbarie avoit jufqu'a-
lors laiffées fans culture. Cependant fes principes ne font pas toujours exacts; il ne les dé-
veloppe pas affez; il manque de méthode. Il
raifonne avec profondeur: mais il eft difficile
de le fuivre, parce qu'il n'a pas fu faifir cet ordre fimple, qui ne fe trouve que dans la plus
grande liaifon des idées, & qui rejette tout ce
qui eft fuperflu. Enfin il embarraffe fes raifonnements, en produifant l'érudition pour les
éclaircir, & il juge d'après l'autorité, quoiqu'il
fût capable de mieux juger par lui-même. Malgré ces défauts, qui font ceux de fon fiecle,
fon ouvrage mérite d'être étudié. Il a créé une
fcience qui feroit la plus utile fi elle étoit connue; & il a éclairé ceux qui, après lui, s'y font
appliqués avec plus de fuccès.

Ses vues étoient faines : on n'en peut pas dire autant de Thomas Hobbes. Génie pénétrant, celui-ci eût été fait pour développer les principes du droit de la nature & des gens, s'il eût été capable de raifonner fans prévention. Il avoit de l'ordre, de la méthode, de la netteté, de la fagacité : mais bien loin d'être en garde contre les préjugés, que l'éducation lui avoit donnés, & que les circonftances où il vivoit, nourriffoient en lui, il ne fit un fyftême que pour les établir. Naturellement porté aux paradoxes, il fecoua tout-à-fait le joug de l'autorité : il crut juger par lui-même, lorfqu'il pofa des principes, qui choquoient les idées les plus reçues : & il les prit pour des vérités, parce qu'ils le confirmoient dans des opinions, qu'il avoit adoptées fans examen.

Hobbes, plus méthodique, fe fit fur la même matiere des principes d'après fon éducation & d'après les circonftances où il vivoit.

Né en Angleterre en 1588, & ayant vécu jufqu'en 1679, Hobbes vit naître les diffentions fous les Stuarts, & fut témoin des guerres qui déchirerent fa patrie. Les maximes des Épifcopaux, dans lefquelles il avoit été élevé, lui infpiroient de la haine contre les Presbytériens ; & l'animant d'un zele outré pour la monarchie, elles lui faifoient voir dans le monarque une puiffance de droit arbitraire, fans bornes, & dont la volonté feule a force de loi. Les malheurs de l'Angleterre, qu'il attribuoit à la démocratie, le confirmerent dans cette penfée.

Élevé dans la religion anglicane, & perfuadé que la démocratie étoit la caufe de tous les troubles, il donne au monarque une autorité arbitraire & fans bornes.

Il crut que l'autorité illimitée du prince étoit absolument néceſſaire pour maintenir la tranquillité dans l'état ; jugeant que la paix dépend du commandement, le commandement des armes, & que les armes ne peuvent aſſurer l'obéiſſance, ſi elles ne ſont entre les mains d'un ſeul.

Pour établir ce deſpotiſme, il imagine un état de nature, & il met le droit dans la force ſeule.

Afin d'établir le deſpotiſme, il cherche les principes du droit dans un état de nature, qu'il imagine comme un état de guerre de tous contre tous ; & il ſe repréſente le droit que chacun a de ſe conſerver, comme un droit qui s'étend ſur tout, même ſur les perſonnes. Dans cette hypotheſe, il eſt évident que tout eſt au plus fort, que la force ſeule fait le droit, & que par conſéquent l'autorité la plus injuſte devient légitime, ſi elle eſt ſoutenue par la force.

Cependant pouvoit-il perſuader aux peuples de ſe ſoumettre lorſqu'il leur repréſentoit le ſouverain comme un deſpote de droit.

Hobbes auroit dû voir que ſes principes pouvoient être auſſi favorables à Cromwel qu'à Charles I. Si d'ailleurs il eût remarqué que la puiſſance arbitraire, que s'arrogeoient les Stuarts, avoit été le prétexte de la révolte des preſbytériens ; il auroit jugé que ces rebelles n'étoient pas faits pour croire au deſpotiſme, & que le moyen de les ramener à l'obéiſſance n'étoit certainement pas de leur offrir ſans déguiſement un deſpote dans le ſouverain. Les ouvrages dans leſquels cet écrivain établit ſa

doctrine,

doctrine, font le traité du Citoyen & fon Lé-viathan. Le premier parut en 1642, & l'autre quelques années après.

Le droit de la nature & des gens, que Pu-fendorff publia en 1672, eft plus méthodique & mieux raifonné, que tout ce qu'on avoit fait jufqu'alors en ce genre. Cet écrivain judi-cieux, avec moins de génie que Grotius & que Hobbes, a mieux réuffi, parce qu'il a fu profi-ter des erreurs de l'un & de l'autre, comme de leurs lumieres. Cependant il n'avoit point en-core affez de philofophie pour développer & raffembler toutes les parties de cette fcience dans l'ordre le plus exact, & d'après les princi-pes les plus fimples.

On a beaucoup écrit depuis fur le droit de la nature & des gens; & les queftions les plus importantes me paroiffent fuffifamment éclair-cies, fi les puiffances de l'Europe veulent être équitables. Mais après vous avoir montré cette fcience dans fes commencements, il feroit inu-tile de vous parler de tous les écrivains qui en ont cultivé quelques parties : car il vous im-porte bien plus d'étudier leurs ouvrages, que de favoir ce que j'en penfe. Je vous les indi-querai, quand il en fera temps; & je vous pré-parerai à les lire avec fruit, autant du moins que j'en ferai capable. C'eft dans le dix-hui-

Pufendorff a mieux réuffi que Grotius & que Hobbes, quoique fon ouvrage foit encore bien imparfait.

Depuis on a beaucoup é-crit fur les mê-mes objets, & on a traité tou-tes les parties de l'économie publique.

Tom. XV. Z

tiéme fiecle qu'on s'eft fur-tout appliqué à ce
gente d'étude, & qu'on a plus travaillé pour
votre inftruction. Aucun des objets de la politique n'a été oublié. On a écrit fur les gouvernements, fur les loix, fur le droit public, fur
l'art de négocier, fur les finances, fur le commerce, fur les manufactures, fur l'agriculture,
fur l'art de la guerre, en un mot fur toutes les
parties de l'écoromie publique. Je ne vous cite-
rai que l'*efprit des loix* de M. de Montefquieu,
ouvrage où il y a des grandes vues & beaucoup
de génie.

CHAPITRE XII.

Des progrès de l'art de raisonner.

Il vous paroîtra peut-être étonnant, que j'aie oublié de faire l'histoire de la métaphysique : mais c'est que je ne sais pas ce qu'on entend par ce mot. Aristote, croyant créer une science, s'avisa de ramasser toute les idées abstraites & générales, telles que l'être, la substance, les principes, les causes, les relations, & d'autres semblables. Il considéra toutes ces idées dans un traité préliminaire, qu'il appella *Sagesse premiere, philosophie premiere, théologie*, &c Après lui Théophraste, ou quelque autre péripatéticien, donna le nom de métaphysique à ce ramas d'idées abstraites. Voilà donc la métaphysique : c'est une science où l'on se propose de traiter de tout en général, avant d'avoir rien observé en particulier, c'est à-dire, de parler de tout, avant d'avoir rien appris ; science vaine, qui ne porte sur rien, & qui ne va à rien. Puisque nous nous élevons des idées

Ce que c'est que la métaphysique des péripatéticiens.

Z 2

particulieres aux notions générales, celles-ci ne sauroient être l'objet de la premiere des sciences.

C'est à l'ana-lyse à nous conduire de découverte en découverte. Comme il est nécessaire d'analyser les objets pour nous élever à de vraies connoissances, il faut absolument mettre de l'ordre dans nos idées, en les distribuant dans des classes différentes, & en donnant à chacune des noms, auxquels nous les puissions reconnoître. C'est-là tout l'artifice des notions plus ou moins générales. Si les analyses ont été bien faites, elles nous conduisent de découvertes en découvertes ; parce qu'en nous montrant comment nous avons réussi, elles nous apprennent comment nous pouvons réussir encore. Le caractere de l'analyse est de nous conduire par les moyens les plus simples & les plus courts.

Elle est la vraie méthode de toutes les sciences. On pourroit la nommer mé-taphysique. Cette analyse n'est pas une science séparée des autres. Elle appartient à toutes : elle en est la vraie méthode, elle en est l'ame. Je la nommerai métaphysique, pourvu que vous ne la confondiez pas avec la science premiere d'Aristote.

Elle suppose que nous con-noissons l'ori-gine & la gé-nération de Cette métaphysique n'est pas même la premiere science. Car sera-t-il possible d'analyser bien toutes nos idées, si nous ne savons pas ce qu'elles sont & comment elles se forment ?

Il faut donc avant tout en connoître l'origine & la génération. Mais la science qui s'occupe de cet objet n'a pas encore de nom, tant elle est peu ancienne. Je la nommerois psychologie, si je connoissois quelque bon ouvrage sous ce titre.

toutes nos idées : science nouvelle qui n'a point de nom.

Comme on n'a fait de bonnes grammaires & de bonnes poëtiques, qu'après avoir eu de bons écrivains en prose & en vers ; il est arrivé qu'on n'a connu l'art de raisonner, qu'à proportion qu'on a eu de bons esprits, qui ont bien raisonné dans différents genres. Vous pouvez juger par-là que cet art a fait ses plus grands progrès dans le dix-septieme & dans le dix hui-tieme siecles.

L'art de rai-sonner ne s'est perfectionné, que dans le dix-septieme & dans le dix-huitieme sie-cles :

En effet la vraie méthode est due à ces deux sie-cles. On l'a d'abord connue dans les sciences, où les idées se forment naturellemnt, & se dé-terminent presque sans difficulté. Les mathé-matiques en sont la preuve. On n'a pas été aussi heureux dans les sciences, dont l'objet ne tombe pas sous les sens ; parce qu'il n'étoit pas aussi facile de déterminer le nombre & la quali-té des idées, qui entrent dans la composition de chaque notion complexe. Telle est la politique. Aussi est-il arrivé à Grotius & à Pufendorff de déterminer souvent mal leurs idées & d'être par conséquent dans l'impuissance d'analyser bien les sujets qu'ils traitent.

plus prompte-ment dans les mathémati-ques, plus len-tement dans les autres sciences.

Z 3

Avant le renouvellement des lettres on ne le connoissoit pas.

Je n'ai pas le courage de vous parler de ceux qui avant le renouvellement des sciences, ont tenté d'enseigner l'art de raisonner. Si des Tartares vouloient faire une poëtique; vous pensez bien qu'elle seroit mauvaise, parce qu'ils n'ont pas de bons poëtes. Il en est de même des logiques, qui ont été faites avant le dix-septieme siecle.

Ce n'est que vers la fin du seizieme siecle qu'on a pu en donner de regles.

Il n'y avoit alors qu'un moyen pour apprendre à raisonner; c'étoit de considérer les sciences dans leur origine & dans leurs progrès. Il falloit d'après les découvertes déja faites, trouver les moyens d'en faire de nouvelles; & apprendre en observant les égaremens de l'esprit humain, à ne pas s'engager dans les routes qui conduisent à l'erreur. Une pareille entreprise demandoit un génie sage, juste, étendu. Tel fut Bacon, chancelier d'Angleterre.

C'est ce que Bacon entreprend dans son ouvrage du *rétablissement des Sciences*.

Né en 1561, il a été contemporain de Képler & de Galilée, il a vécu sous les regnes d'Elisabeth & de Jacques I, & il est mort en 1626, la seconde année du regne de Charles I.

Son grand ouvrage a pour titre *du rétablissement des sciences*. Fait pour les embrasser d'un coup d'œil & pour y répandre la lumiere, il guide l'esprit humain, que les Grecs avoient égaré, & à qui la barbarie & la superstition

paroiſſoient avoir fermé pour toujours le chemin de la vérité. Dans le plan qu'il trace des
ſciences, il montre les progrès qu'elles ont faits
& les cauſes qui les ont retardées ; il enſeigne
les moyens de contribuer à leur avancement,
& d'en écarter l'erreur ; il indique les recherches qui ont été négligées juſqu'à lui ; il crée
de nouveaux objets d'étude ; en un mot, il ſemble mettre ſous les yeux, comme dans un tableau, toutes les découvertes qui ont été faites,
& toutes celles qui reſtent à faire. Tel eſt l'objet de la premiere partie de ſon ouvrage, qu'il
intitule *de l'accroiſſement des ſciences.* C'eſt en
obſervant les ſciences dans ce point de vue,
qu'il découvre l'unique méthode à ſuivre, il
l'expoſe dans ſon *novum organum* ; la ſeconde
& la principale partie de ſon ouvrage.

On lui reproche de changer la ſignification
des mots, d'en créer de nouveaux, & d'affec-
ter un langage qui n'eſt qu'à lui. Il pouvoit
uſer de cette liberté, puiſqu'il avoit des vues
toutes neuves : mais il eſt vrai qu'il en abuſe
quelquefois. C'eſt encore avec fondement
qu'on ſe plaint des ſubdiviſions qu'il multiplie
trop. Je ne ſais même, ſi, en diviſant les ſciences & les arts par rapport aux trois facultés
de l'entendement, la mémoire, l'imagination
& la raiſon, il a ſuivi l'ordre le plus ſimple
& le plus naturel. Cette diviſion eſt au moins

Reproches
qu'on lui fait,
& qu'on peut
lui faire.

Z 4

tout-à-fait arbitraire, & il me semble qu'il eût
été mieux de considérer les sciences en elles-
mêmes: car on les confond, quand on les dis-
tingue par rapport à trois facultés, qui ne s'oc-
cupent pas d'objets tout-à-fait différents, &
dont au contraire le concours est nécessaire dans
toutes nos études. Je pourrois ajouter que le
nombre de trois, auquel on réduit les facultés
de l'entendement, n'est pas lui-même une division exacte. Ce n'est que le résultat d'une
analyse, grossiérement faite: résultat qu'on reçoit par convention, & qu'on rejeteroit, si on
analysoit mieux.

Réflexions de ce philosophe sur la méthode. Lorsque je me propose de vous faire connoître la méthode de Bacon, mon dessein n'est
pas de traduire son *novum organum*, ni même
de vous en donner une analyse complete. J'en
extrairai seulement les choses, qui vous mon-
treront la marche de l'esprit de ce philosophe,
& qui vous apprendront à guider le vôtre. Afin
d'exciter votre attention, supposez que c'est
lui qui va vous parler.

Excès où tombent ceux qui veulent s'ins-truire. »Les hommes ne connoissent bien ni leurs
» richesses, ni leurs forces; jugeant celles-là
» plus grandes qu'elles ne sont, & celles-ci
» plus petites. Tantôt persuadés que tout a été
» dit, & que nous sommes venus trop tard
» pour prétendre à des découvertes; ils croient

» savoir tout ce qu'il est possible de connoître, » & ils estiment fortement jusqu'à des sciences » qu'ils n'entendent pas. D'autres fois se mé- » fiant trop d'eux-mêmes, ils désespérent de pé- » nétrer dans la nature, qui leur paroît incom- » préhensible, & ils se consument dans des oc- » cupations frivoles. On diroit que les Grecs » & après eux les Barbares, ont élevé des co- » lonnes au dernier terme où ils sont arrivés; » & nous avons la simplicité de croire que nous » ne pouvons pas aller plus loin.

» Les arts se perfectionnent, les progrès » en sont même rapides tandis que les sciences » n'avancent pas, ou que même elles dégéne- » rent. Elles ont été long-temps comme des » eaux jaillissantes, qui ne peuvent s'élever au » dessus du niveau d'où elles sont tombées. » C'est ainsi qu'elles ont jailli chez les Romains: » mais chez les barbares elles ont peu jailli, » encore ont-elles été fort bourbeuses. Il n'en » a pas été tout-à-fait de même des arts, par- » ce que les artistes, forcés à prendre l'expé- » rience pour guide, peuvent toujours trouver » de nouvelles ressources dans la nature : res- » sources dont les philosophes sont privés, par- » ce qu'ils ne consultent que leurs préjugés & » leur imagination.

Les observations & les expériences doivent être nos seuls guides dans la recherche de la vérité.

» Il faut donc se soumettre à la nature, » pour s'en rendre maître. On ne la connoît

» qu'autant qu'on obſerve : & puiſque nous ne
» pouvons pas la forcer à être telle que nous
» l'imaginons, c'eſt à nous à la voir telle qu'el-
» le eſt. Peut-être ne ſe cache-t-elle pas autant
» qu'on le penſe ; ou du moins elle ne ſe cache
» ſouvent que pour ſe faire découvrir. Elle
» joue en quelque ſorte avec nous, & ſe mo-
» quant de ceux qui la cherchent où elle n'eſt
» pas, elle ſe laiſſe volontiers ſaiſir par ceux
» qui l'épient.

Mais les phi-
loſophes ont
mieux aimé
penſer, com-
me par inſpi-
ration.

　　　» Après avoir jeté un coup d'œil ſur quel-
» ques effets, les philoſophes ſe ſont hâtés de
» faire des principes généraux : & comme ſi
» la verité devoit leur être révélée par une inſ-
» piration intérieure, ils ont interrogé leur ima-
» gination , & accommodant la nature à leurs
» principes, ils ont rendu des oracles.

Ils reſſem-
blent à des
hommes, qui
tenteroient de
dreſſer un o-
béliſque, ſans
le ſecours
d'aucune ma-
chine.

　　　» Mais il ne faut pas croire que par cette
» voie, l'eſprit humain puiſſe s'élever à de
» vraies connoiſſances. Si dans les méchaniques
» les hommes n'avoient employé que leurs
» mains, comme dans les ſciences ils n'ont
» employé que leur eſprit , les arts ſeroient
» encore à créer. En effet, pourroit on, par
» exemple , ſans le ſecours des machines dreſ-
» ſer un obéliſque, quand même on multiplie-
» roit les bras, quand on choiſiroit les plus forts ?
» Comment donc les génies , quoique choiſis,

» quoique en grand nombre, avanceront - ils
» dans les fciences, fi, dénués de de tout fecours,
» ils font abandonnés à eux-mêmes.

» Il femble qu'on ait fenti la néceffité d'u-
» ne bonne méthode ; mais on y a penfé trop
» tard, & lorfque l'efprit imbu des préjugés,
» avoit déja contracté toutes fortes de mauvai-
» fes habitudes. La dialectique n'a jamais été
» propre à le corriger : elle l'entretient plutôt
» & le confirme dans fes erreurs; parce que ce
» n'eft qu'un jargon, qui apprend à difputer fur
» tout, & qui n'apprend point à fe faire des
» idées. Il faut d'autres machines que les regles
» des fyllogifmes pour aider l'efprit.

*Il faut d'au-
tres machines
que les regles
des fyllogif-
mes pour ai-
der l'efprit.*

» Il feroit ridicule de prétendre faire mieux
» qu'on a fait, fi nous n'avions pas d'autres
» moyens que ceux qui ont été employés juf-
» qu'à préfent. Mais fi connoiffant la foibleffe
» de notre efprit, nous l'aidons des fecours
» dont il a befoin; il fera raifonnable de fe pro-
» mettre plus de fuccès. Celui qui éleve de
» grands poids avec un levier, ne fe pique pas
» d'être plus fort que celui qui fe fert feulement
» de fes bras. Nous n'avons donc pas la vanité
» de nous croire fupérieurs en génie : mais le
» hafard nous a fait trouver un levier, & nous
» nous propofons de nous en fervir.

Il faut d'a-
bord écarter
les préjugés.

» Il s'agit d'abord d'écarter les préjugés, espè-
» ces d'idoles, dont l'ignorance & la superstition
» font l'objet de notre culte. Non-seulement
» les préjugés nous ferment le chemin de la
» vérité; mais encore, lorsque nous y sommes
» engagés, ils s'offrent continuellement à nous,
» semblables à ces fausses lueurs, qui se mon-
» trent dans les ténebres, & qui nous égarent.

1 Espece de
préjugés, ido
la tribus.

» Les premiers préjugés sont ceux que je
» nomme *idola tribus*. Il y a des défauts de fa-
» mille dans les maisons des princes : il est dif-
» ficile de s'en défaire ; on ne le veut pas mê-
» me, parce qu'on croiroit dégénérer. La fa-
» mille d'Adam est dans le même cas : elle a
» des préjugés qui nous sont communs à tous.
» Il faudroit être quelque chose de plus qu'hom-
» me, pour n'y point participer ; comme il
» faudroit être quelque chose de plus que prin-
» ce, pour n'en avoir pas quelques défauts.

» Les préjugés de famille sont en grand
» nombre, parce qu'ils sont fondés sur la na-
» ture de l'entendement, qui d'ordinaire accom-
» mode tout à lui, au lieu de s'accommoder
» aux choses. Trop paresseux pour analyser la
» nature, nous nous hâtons d'abstraire, & de
» nous faire des principes généraux : nous sup-
» posons des ressemblances parfaites, lorsqu'au
» premier coup d'œil nous ne voyons pas des

» différences ; nous imaginons un certain ordre,
» que nous nommons régulier, parce que nous
» le concevons plus facilement : nous aimons à
» juger d'après les premieres impreſſions que
» nous avons reçues dans l'enfance, trouvant
» plus commode de les prendre pour regles ,
» que de les rappeller à l'examen : nous nous
» arrêtons ſur les choſes qui nous frappent im-
» médiatement les ſens, pour n'avoir pas la
» peine de porter la vue au delà ; enfin tou-
» jours jouets de nos paſſions, ſi elles changent,
» nous ne tenons plus à nós opinions ; ſi elles
» ne changent pas , nous y tenons avec opiniâ-
» treté. C'eſt que notre eſprit qui ſe repoſe
» dans ces principes généraux, dans ces reſſem-
» blances , dans cet ordre prétendu régulier ,
» dans les impreſſions de l'enfance, & en géné-
» ral dans tout ce qui lui plaît , croit n'avoir
» plus rien à chercher.   Telles ſont les prin-
» cipales cauſes des *préjugés de famille.*

    » Une autre eſpece de préjugés, que je nom-
» merai *idola ſpecus,* ont leurs ſources dans le
» tempérament de chaque individu, dans ſon
» éducation, dans ſes habitudes, & dans les
» circonſtances particulieres, ou même fortui-
» tes où il s'eſt trouvé. Par ce concours de cau-
» ſes , qui produit une infinité de préjugés dif-
» férents, notre entendement devient comme
» un antre obſcur, où la lumiere ne pénétre

a Eſpece, *idol*
la ſpecus.

» jamais, & où nous prenons des ombres pour
» des choses réelles.

Espece, ido-
la fori.

» Dans le commerce que les hommes ont
» entre eux, ils se communiquent mutuelle-
» ment des préjugés, que chacun se fait à soi-
» même, & que je nomme *idola fori*. Ces pré-
» jugés viennent du vice des langues, qui est
» tel, que nous faisons prendre à ceux qui
» croient juger comme nous, des opinions
» que nous n'avons pas. Car les mots que l'u-
» sage fait, sont si mal déterminés, qu'on a
» souvent bien de la peine à saisir notre pensée,
» & que nous en avons tout autant à l'expli-
» quer. On croit corriger ce défaut avec des
» définitions. Mais les définitions sont com-
» posées de mots; en sorte qu'il arrive que les
» mots ne produisant que des mots, nous nous
» embarrassons de plus en plus. Combien de ques-
» tions, d'opinions & de disputes sont nées
» du seul abus du langage?

Espece, ido-
la theatri.

» Enfin il y a des préjugés qui nous vien-
» nent des chefs de secte, & que j'appelle *ido-*
» *la theatri*; parce que les systêmes philosophi-
» ques ne sont que des fables, ainsi que les pie-
» ces qu'un poëte met sur le théâtre. Seule-
» ment les philosophes observent un peu moins
» les regles de la vraisemblance.

» Il seroit impossible de faire l'énumération
» de tous nos préjugés, & même inutile de le
» tenter; car il suffit de les considerer dans leurs
» causes, pour apprendre à s'en garantir. On
» voit alors qu'il faut commencer par douter,
» & que notre doute doit se répandre sur tou-
» tes nos idées sans exception. Elle doivent
» toutes nous paroître suspectes; parce que si
» nous en conservions quelques unes, sans les
» avoir examinées, elles pourroient nous jeter
» dans de nouvelles erreurs, & donner naissan-
» ce à de nouveaux préjugés. Il faut donc con-
» sidérer l'entendement humain comme une
» table rase, où nous avons tout effacé, & où
» il s'agit de graver d'après de bons desseins.

Pour détruire tous ces préjugés, il faut commencer par douter & regarder notre entendement comme une table rase.

» Nous terminerons nos idées dans de jus-
» tes proportions, si commençant aux percep-
» tions, qui viennent immédiatement des sens,
» nous nous élevons par degrès d'abstractions
» en abstractions, sans jamais perdre de vue les
» choses que nous entreprenons d'analyser. Il
» faut que l'esprit s'appuie toujours sur les faits:
» l'expérience & l'observation sont comme des
» poids, qui doivent sans cesse le ramener à la
» nature & l'empêcher de prendre trop d'es-
» sor.

Comment nous déterminerons les idées que nous graverons sur cette table.

» Je dis l'expérience & l'observation: car
» il ne suffit pas d'observer la nature dans le

» cours qu'elle fuit d'elle-même & librement;
» il faut encore la violenter par des expérien-
» ces, la tourmenter, la vexer.

» Les faits que nous aurons recueillis, nous
» conduiront d'abord à des axiomes peu géné-
» raux. Ces axiomes nous indiqueront des ex-
» périences & des observations, qui ayant été
» faites, nous découvriront de nouveaux faits;
» & ces faits, fuivant l'analogie qu'ils auront
» avec les premiers, étendront ou limiteront
» les axiomes, & les détermineront avec pré-
» cision.

» Si nous allons de la sorte des faits aux
» axiomes, & des axiomes aux faits, pour re-
» monter encore aux axiomes, & ainsi conti-
» nuellement; nous généraliferons avec ordre,
» & nos principes, puisés dans la nature, offri-
» ront des idées exactes que l'expérience ou l'ob-
» fervation aura déterminées. Il faut fur - tout
» monter & defcendre par degrès, fans jamais
» fe laffer dans cette route pénible, fans jamais
» franchir d'intervalle. Car le chemin de la vé-
» rité étant rempli de haut & de bas, il eft
» plus fage de defcendre pour remonter, &
» de ramper en quelque forte fur les faits, que
» de s'élancer de hauteur en hauteur. Ceux
» qui veulent s'élever tout - à - coup au plus
» haut, n'y arrivent jamais.
                                            Voilà

Voilà, Monseigneur, la manière dont Bacon étudioit la nature. Il s'est sur-tout appliqué à la philosophie expérimentale. Il en a été le restaurateur, ou plutôt le créateur : car si avant lui on avoit des morceaux d'histoire naturelle, ce n'étoient que des matériaux pour la philosophie naturelle, qu'on ne connoissoit pas encore. Depuis ce philosophe cette science n'a fait des progrès, qu'autant qu'on s'est tenu dans la route qu'il avoit ouverte.

Bacon a ouvert la route à ceux qui se sont appliqués à l'histoire naturelle.

Je viens de vous donner une idée bien abrégée de sa méthode, & quoique j'aie tâché d'en conserver l'esprit, j'avoue que je vous l'ai exposée à ma manière, qui n'est pas la meilleure en elle-même, mais qui doit être plus à votre portée, parce vous y êtes plus accoutumé. Il semble que j'aurois dû joindre des exemples aux préceptes : mais il sera bien mieux que vous en trouviez vous même; & vous en trouverez, si vous cherchez dans votre mémoire avec quelque attention.

Descartes a perfectionné l'art de raisonner en géométrie. Les autres sciences ne lui ont pas la même obligation. Il a reconnu, comme Bacon, qu'il faut commencer par douter de tout; mais il s'est trouvé fort embarrassé dans son doute, parce que croyant que les idées sont innées, il n'imaginoit pas les devoir refaire. Il s'est donc vu dans la nécessité de continuer

Le préjugé des idées innées n'a pas permis à Descartes de raisonner dans toutes les sciences aussi bien qu'en géométrie.

de douter, ou de raifonner d'après fes préjugés, & il a pris ce dernier parti.

Infuffifance de la principale regle qu'il s'eft faite. La principale regle qu'il s'eft faite, & que
fes fectateurs font valoir comme un grand prin-
cipe, eft qu'il faut s'affurer de l'évidence, &
ne rien affirmer que fur des idées claires & diftinctes. Cependant ni lui, ni aucun Cartéfien
n'a fu nous apprendre à quel figne on peut reconnoître l'évidence, ni comment nos idées
font claires & diftinctes. Cela n'eft pas étonnant, puifqu'ils ne favent pas même dire ce
que c'eft qu'une idée. Ils n'en parlent au moins
que d'une maniere fort vague. Ils fe font, fur-
tout, égarés en phyfique, parce qu'ayant négligé l'obfervation & l'expérience, ils fe font
hâtés de voler aux principes, & ils ont bâti
des fyftêmes. Ils auroient dû étudier Bacon.

Locke a en-trepris de re-graver l'en-tendement humain. Ce dernier philofophe regrettoit que perfonne n'eût encore entrepris d'effacer toutes
nos idées, & d'en graver de plus exactes fur
l'entendement humain, comme fur une table
rafe. Locke ne laiffe plus lieu à de pareils re-
grets. Perfuadé qu'on ne peut connoître l'efprit qu'en obfervant, il s'eft ouvert & frayé
une route, qui n'avoit point été battue avant
lui. Il a pu former ce deffein & tenter de l'e-
xécuter, en confidérant les progrès que les
fciences devoient de fon temps à l'expérience

& à l'obſervation : mais il a la gloire que ſes découvertes n'ont été préparées par aucun de ceux qui avoient écrit avant lui ſur l'entendement humain.

Après avoir démontré qu'il n'y a point d'idées innées, il remonte à l'origine de nos idées, il en explique la génération, il analyſe l'entendement ; il montre l'abus des mots, il fait voir l'uſage qu'on en doit faire, il indique les moyens d'étendre nos connoiſſances ; il écarte les obſtacles qui s'y oppoſent ; il meſure les différents degrés de certitude, & il marque les bornes de l'entendement.

Objet de ſon ouvrage.

Si je me ſuis fait, pour vous inſtruire, une méthode ſimple & claire, ſi j'ai réuſſi à vous donner des connoiſſances, ou du moins à vous préparer à en acquérir ; c'eſt à ce philoſophe, Monſeigneur, que j'en ai ſur-tout l'obligation, puiſque c'eſt lui qui a le plus contribué à me faire connoître l'eſprit humain. Je ne puis pas dire, comme il l'auroit pu lui-même, que perſonne ne m'a ouvert la route dans laquelle je ſuis entré ; car il me l'a ouverte & même applanie dans bien des endroits. Je ne ſuis que plus embarraſſé à vous parler de ce grand eſprit ; parce que ſi je le critique, on m'accuſera de le vouloir déprimer ; & ſi je le loue, on formera contre moi d'autres ſoupçons. Il

Combien je dois à ce philoſophe.

faut bien cependant que je vous dise ce que j'en pense. Je le ferai en peu de mots, & je ne m'appesantirai ni sur les critiques, ni sur les louanges.

Éloge & critique de son ouvrage.　　Ses ouvrages font son éloge. *L'essai sur l'entendement humain* est celui qui a le plus de rapport au sujet de ce chapitre. Il est neuf pour le fond & en général pour les détails; & Locke y montre une sagacité singuliere, soit qu'il observe, soit qu'il raisonne d'après ses observations. Mais il manque d'ordre: en négligeant de mettre les choses en leur place, il tombe dans des répétitions; il ne rapproche pas les observations qui peuvent s'éclairer mutuellement; il n'en recueille pas toutes les conséquences; il laisse échapper des vérités, qu'il sembloit devoir saisir; & il devient quelquefois obscur & même peu exact. L'analyse qu'il donne de l'entendement humain est imparfaite. Il n'a pas imaginé de chercher la génération des opérations de l'ame: il n'a pas vu qu'elles viennent de la sensation, ainsi que nos idées, & qu'elles ne sont que la sensation transformée: il n'a pas observé que l'évidence consiste uniquement dans l'identité, & il n'a pas connu que la plus grande liaison des idées est le vrai principe de l'art de penser. Il touchoit presque à toutes ces découvertes; & il eût pu les faire, s'il eût traité son sujet avec plus de méthode.

Ce philosophe a reconnu une partie des défauts que je reproche à son ouvrage : mais,
comme il le dit lui-même, il n'avoit pas le
courage de le recommencer. Cependant ce qu'il
avoit fait étoit peut-être plus difficile que ce
qu'il laissoit à faire, & d'ailleurs avec un génie
fait pour vaincre les obstacles, il n'auroit pas
dû se décourager. Il nâquit en Angleterre en
1632, & mourut en 1704.

CHAPITRE XIII.

De l'utilité des sciences.

Quoiqu'on ait beaucoup écrit pour & contre les sciences, ce chapitre sera court: car il y aura peu de choses à dire, si nous établissons bien l'état de la question.

Quel est le caractère de la vraie science. La lumiere est le caractere de la vraie scien- ce: Il ne faut donc pas regarder comme scien- ces ce que les sophistes enseignoient avant So- crate, & ce que les sectes grecques ont enseigné depuis ce philosophe.

Les sciences ténébreuses des barbares n'ont été que des fléaux. Ces fausses sciences ont passé chez les Ro- mains, où elles ont continué d'être fausses; & chez les barbares où elles sont devenues tout- à-fait monstrueuses. Elles n'avoient éclairé ni les Grecs ni les Romains, elles aveuglerent tout-à-fait les barbares; & nous voyons croître les désordres, à mesure que ce qu'on appelloit science, se défigure davantage. Alors les cho- ses en viennent au point, que les hommes ne conservent aucune idée de leurs devoirs. En- traînés par leur avidité, enhardis par le senti-

ment de leurs forces ; tour-à-tour intimidés &
rassurés par la superstition, ils ne paroissent
avoir de réflexion, qu'autant qu'il en faut pour
se rendre criminels. Il faut donc regarder toutes ces sciences ténébreuses, comme autant de
fléaux de la société.

Mais demander si les vraies sciences sont
utiles, c'est demander s'il est avantageux d'être
éclairé : question qui mérite à peine une réponse.

Les vraies sciences sont utiles, parce qu'elles éclairent.

La science du gouvernement est celle que
les Grecs ont le mieux connue, parce que c'est
celle sur laquelle ils ont eu le plus de lumieres.
Cependant cette science est la seule à laquelle
on n'ait pas donné le nom de science. Formées
par des législateurs éclairés, les républiques
de la Grece ont été heureuses & florissantes.
Les lumieres leur ont donc été utiles.

Les Romains, conduits uniquement par les
circonstances, ont été moins éclairés. Cependant la forme du gouvernement qui dirigeoit
leurs études, leur a fait apprendre tout ce qu'-
il leur importoit de savoir, comme citoyens
d'une république conquérante. Les lumieres
leur ont donc encore été utiles. Mais ils ont
eu le malheur de créer la jurisprudence ; fausse science que les Grecs ne connoissoient
pas.

Le regne de Constantin est le temps où le
jour est sur sa fin, & où la nuit va commencer.

Les ténebres s'épaiffiffent de fiecle en fiecle.
Les étincelles que jetent quelques hommes de
génie, ne peuvent pas les diffiper ; & les peuples font toujours plus malheureux.

Enfin la lumiere reparoît au feizieme fiecle.
Elle croît d'abord lentement: mais elle ne ceffe pas de croître, & elle éclaire enfin toutes les
nations. Alors les difputes ceffent infenfiblement; les fectes difparoiffent ou fe tolerent; le
fanatifme s'éteint; les guerres de religion n'en-
fanglantent plus la terre : il paroît même qu'il
ne doive plus naître d'héréfies, ou que s'il en
naît, elles troubleront peu le monde, parce
qu'elles n'auront pas de grands fuccès. Les lumieres ou les vraies fciences nous ont donc
auffi été utiles.

Plus de lu-
mieres nous
rendroit plus
heureux.

Quel feroit le fiecle le plus heureux ? celui
où les princes feroient affez éclairés, pour mettre eux-mêmes des bornes à leur puiffance, &
pour reconnoître que les guerres ruinent à la
longue les vainqueurs & les vaincus: vérité
que l'E   pe devroit avoir apprife.

Toutes les
vraies fciences
tendent direc-
tement ou in-
directement à
l'avantage de
la fociété.

On dira peut-être que les lumieres ne tendent pas toutes à l'avantage de la fociété ; &
je conviens qu'elles n'y tendent pas toutes immédiatement. Mais celles qui paroiffent y contribuer le moins, y contribuent d'une maniere
indirecte. C'est que toutes les fciences, quand
elles font vraies, s'éclairent mutuellement. Les
découvertes en apparence les plus inutiles, fi

nous les devons à l'obfervation ; nous apprennent au moins à obferver & à raifonner ; & le politique s'inftruit à l'école du philofophe, qui ne croit pas lui donner des leçons fur le gouvernement. Vous pouvez remarquer que fi on étudie aujourd'hui avec fuccès l'économie politique , cette étude a été préparée par les lumieres de la philofophie , qui l'ont précédée.

Je ne parlerai point du bien ni du mal que font les arts. La difcuffion feroit trop longue , & d'ailleurs l'hiftoire vous en inftruira mieux que moi. Elle vous en a montré les avantages & les inconvénients. Ils font utiles en général: mais il faut beaucoup de difcernement dans le prince qui les protege ; parce qu'ils ne font pas tous de la même utilité, & que ceux qui font utiles dans certaines circonftances , peuvent être nuifibles dans d'autres. Au refte quoique les arts de goût puiffent être plus ou moins protégés fuivant le befoin , ils ne doivent jamais être tout-à-fait bannis ; fi , comme je l'ai fait voir, l'efprit ne s'éclaire qu'après que le goût s'eft formé.

Il n'en eft pas de même de tous les arts.

CHAPITRE XIV.

Des obstacles qui s'opposent encore aux bonnes études.

Les études se ressentent en core des siecles d'igno rance où l'on en fit le plan.

LA maniere d'enseigner se ressent encore des siecles où l'ignorance en forma le plan : car il s'en faut bien que les universités aient suivi les progrès des académies. Si la nouvelle philosophie commence à s'y introduire, elle a bien de la peine à s'y établir ; & encore on ne l'y laisse entrer qu'à condition qu'elle se revêtira de quelques haillons de la scholastique.

Les établisse ments faits pour l'avance ment des sciences font la critique des universités.

On a fait pour l'avancement des sciences des établissements auxquels on ne peut qu'applaudir. Mais on ne les auroit pas faits sans doute, si les universités avoient été propres à remplir cet objet. On paroît donc avoir connu les vices des études ; cependant on n'y a point apporté de remedes. Il ne suffit pas de faire de bons établissements : il faut encore détruire les mauvais, ou les réformer sur le

plan des bons , & même fur un meilleur , s'il
eft poffible.

Je ne prétends pas que la maniere d'enfeigner
foit auffi vicieufe qu'au treizieme fiecle. Les
fcholaftiques en ont retranché quelques défauts,
mais infenfiblement , & comme malgre eux.
Livrés à leur routine , ils tiennent à ce qu'ils
confervent encore ; & c'eft avec la même paffion qu'ils ont tenu à ce qu'ils ont abandonné.
Ils ont livré des combats pour ne rien perdre :
ils en livreroient pour défendre ce qu'ils n'ont
pas perdu. Ils ne s'apperçoivent pas du terrain
qu'ils ont été forcés d'abandonner : ils ne pré-
voient pas qu'ils feront forcés d'en abandonner
encore : & tel qui défend opiniâtrément le refte des abus qui fubfiftent dans les écoles , eût
défendu avec la même opiniâtreté des chofes
qu'il condamne aujourd'hui , s'il fût venu deux
fiecles plus tôt.

Il reftera tou-jours dans les écoles des dé-fauts, dont on ne les corri-gera pas.

Les univerfités font vieilles , & elles ont les
défauts de l'âge : je veux dire qu'elles font peu
faites pour fe corriger. Peut-on préfumer que
les profeffeurs renonceront à ce qu'ils croient
favoir , pour apprendre ce qu'ils ignorent ?
Avoueront-ils que leurs leçons n'apprennent
rien , ou n'apprennent que des chofes inutiles ?
non : mais , comme les écoliers , ils continue-
ront d'aller à l'école pour remplir une tâche. Si

elle leur donne de quoi vivre, c'est assez pour eux ; comme c'est assez pour les disciples, si elle consume le temps de leur enfance & de leur jeunesse.

Pourquoi les académies ont contribué à l'avancement des sciences. La considération dont les académies jouissent, est un aiguillon pour elles. D'ailleurs les membres, libres & indépendants, ne sont pas astreints à suivre aveuglément les maximes & les préjugés de leur corps. Si les vieillards tiennent à de vieilles opinions, les jeunes ont l'ambition de penser mieux ; & ce sont toujours eux qui font dans les académies les révolutions les plus avantageuses aux progrès des sciences.

Les professeurs de l'université sont forcés à se conformer au plan reçu. Les universités ont perdu beaucoup de leur considération, & avec la perte de la considération, l'émulation se perd tous les jours. Un professeur qui a du mérite, se dégoûte, lorsqu'il se voit confondu avec des pédants que le public méprise, & lorsque voyant ce qu'il faudrait faire pour se distinguer, il juge qu'il seroit imprudent à lui de le tenter. Il n'oseroit changer entiérement tout le plan d'étude, & s'il veut hazarder seulement quelques changements légers, il est obligé de prendre les plus grandes précautions.

Les écoles confiées à des Si les universités ont ces défauts, que sera-ce des écoles confiées à des ordres religieux,

c'eft-à-dire, à des corps qui ont une façon de
penfer à laquelle tous les membres font obligés de s'affujettir ? Si par hazard ces écoles font
mauvaifes, peut-on raifonnablement fuppofer
qu'elles deviendront bonnes un jour ?

ordres reli-
gieux font pi,
res encore.

Quand nous fortons des écoles , nous avons
à oublier beaucoup de chofes frivoles, qu'on
nous a apprifes; à rapprendre des chofes utiles, qu'on croit nous avoir enfeignées; & à étudier les plus néceffaires, fur lefquelles on n'a
pas fongé à nous donner des leçons.

Nos, écoles
font peu pro-
près à nous
inftruire.

De tant d'hommes qui fe font diftingués depuis le renouvellement des lettres, y en a-t-il
un feul qui n'ait pas été dans la néceffité de recommencer fes études fur un nouveau plan ?
Ceux qui ont cru avoir appris quelque chofe
dans nos écoles, ont-ils eu plus de connoiffances ou plus de préjugés? & ceux qui ont cru
n'y avoir rien appris, & qui s'en font dégoûtés de bonne heure, n'ont-ils pas toujours été
les meilleurs efprits ? Si ces derniers nous
avoient dit comment ils fe font inftruits; nous
ne ferions plus dans le cas de chercher de bonnes méthodes. Il eft bien étonnant que vivant
avec des hommes qui ont acquis des connoiffances en tous genres, nous ne fachions pas
comment on en peut acquérir.

Si c'est hors des écoles que nous commen-
çons à nous instruire, à quoi servent-elles
donc ?

Elles n'ont produit aucun bon livre élémen-
taire. Ce sont elles cependant qui devroient
nous apprendre les éléments des sciences.

A peine ose-
t-on y enfei-
gner les ma-
thématiques;
Il y a des sciences sur lesquelles nous avons
de bons livres pour nous instruire. Telles sont,
par exemple, celles que nous comprenons sous
le nom de mathématiques. Or, on ne les enfei-
gne pas dans nos colleges; ou du moins si quelques professeurs en donnent des leçons, il n'y
a pas bien long-temps; ils s'écartent en cela
du plan généralement reçu; ils n'oseroient
s'étendre sur un sujet, qui n'est pas entré dans
la premiere institution des universités; ils n'en
ont pas même le loisir: car il ne leur est pas permis de ne pas enseigner ce que les autres enfei-
gnent; & on ne tolere leurs leçons sur des objets utiles, qu'à condition qu'ils n'oublieront
pas les choses frivoles qu'on ne veut pas perdre. Il faut savoir gré à ces professeurs d'avoir
profité des livres, que leurs confreres n'ont
pas faits. C'est à eux que les écoles ont l'obligation d'être moins mauvaises qu'elles ne l'ont
été : & elles seroient encore meilleures aujourd'hui, si ces bons esprits avoient été les
maîtres de faire leurs leçons sur des sujets à

leur choix, & avec la méthode qu'ils auroient
voulu.

Si les meilleurs professeurs sont forcés à
n'enseigner que superficiellement les sciences
sur lesquelles nous avons de bons livres élé-
mentaires, on peut bien juger qu'ils n'ont pas
imaginé d'enseigner celles sur lesquelles nous
n'en avons pas. Il arrive de-là qu'on oublie
précisément les plus nécessaires aux citoyens,
qui doivent un jour conduire les autres.

& on néglige les sciences les plus nécessaires aux citoyens.

Les écoles ayant commencé dans des cloîtres, il étoit naturel que l'instruction des ordres religieux en fût le principal objet, & qu'on
s'occupât peu des choses qu'il auroit fallu enseigner aux autres citoyens. Voilà pourquoi nous
passons notre enfance à nous fatiguer pour ne
rien apprendre, ou pour n'apprendre que des
choses qui nous sont inutiles; & nous sommes
condamnés à attendre l'âge viril pour nous instruire réellement.

Tels sont les préjugés qui sont un obstacle
aux bonnes études. Il semble qu'après en avoir
parlé, je devrois peut-être essayer de tracer un
nouveau plan. Mais si j'en avois connu un
meilleur que celui que j'ai suivi avec vous, je
l'aurois préféré. Il ne me reste donc rien à vous
dire sur ce sujet, sinon que je regrette de n'a-
voir pas été capable de faire mieux.

C'eſt à vous, Monſeigneur, à vous inſtruire déſormais tout ſeul. Je vous y ai déja préparé & même accoutumé. Voici le temps qui va décider de ce que vous devez être un jour : car la meilleure éducation n'eſt pas celle que nous devons à nos précepteurs ; c'eſt celle que nous nous donnons nous-mêmes. Vous vous imaginez peut-être avoir fini ; mais c'eſt moi, Monſeigneur, qui ai fini ; & vous, vous avez à recommencer.

FIN du quinzieme volume.